Ullstein

W0171057

Palmen, Sonne, weißer Strand und glasklares Meer – wer hätte noch nie von solch einem Südsee-Idyll geträumt? Rollo Gebhard, der erste Deutsche, der zweimal allein die Welt umsegelte, macht diese Träume wahr. Im Mai 1983 startet er zu seiner dritten Weltreise, diesmal zusammen mit seiner späteren Frau Angelika Zilcher. Auf der Route der Wikinger geht es über Norwegen und Island mit Gebhards neuer *Solveig IV* bei Sturm und Kälte nach Grönland. Doch 200 Seemeilen vor Kap Farvel bringt eine Monstersee das 13 m lange Schiff zum Kentern. Mit letzter Kraft erreichen Rollo und Angelika als Nothafen St. John's auf Neufundland.

Danach aber ist ihre Reise vom Glück begünstigt. Über New York, die Inland-Wasserwege der USA und das Bermudadreieck führt der Kurs in die Karibik und durch den Panamakanal in den weiten Pazifik. Auf den Galapagos-Inseln gelingen dem Autor phantastische Aufnahmen der urzeitlichen Tierwelt und ein Interview mit der über 80jährigen Zeugin des blutigen Dramas um den Berliner Zahnarzt Dr. Ritter und die mannstolle Gräfin Wagner.

Nach einem Besuch Rapa Nuis, der Osterinsel mit ihren Steinfiguren und Opferhöhlen, segelt *Solveig* zur legendären Felseninsel Pitcairn weiter, wo noch heute direkte Nachkommen der Meuterer von der *Bounty* leben. Und nach tausend Meilen erreicht *Solveig* Tahiti, die Perle Polynesiens. Zum erstenmal erlebt Angelika den Zauber der Südsee, der sie nie mehr loslassen wird. Die Weiterreise führt über Fidschi nach Vanuatu, wo die *Solveig*-Crew bei einem der letzten Naturvölker eine traditionelle melanesische Hochzeit erlebt; aber das Heimweh nach der Südsee ist stärker. Gegen den Passat segeln Rollo und Angelika viele harte Wochen lang nach Moorea zurück, dem Ausgangspunkt zur nächsten Etappe ihrer Weltreise.

Rollo Gebhard verbrachte seine Kindheit in Oberbayern, den Niederlanden und der Schweiz. Stets übte das Wasser eine ungeheure Anziehungskraft auf ihn aus, aber der Ausbruch des Krieges und die Einberufung zur Luftwaffe setzten seinen Träumen von einem Leben zur See zunächst ein Ende. 1956 kaufte er sich am Starnberger See eine Hansa-Jolle, die erste *Solveig;* mit ihr segelte er im Mittelmeer, durchs Rote Meer und bis in den Golf von Aden. *Solveig II* war ein 5,60 m langes Kajütboot, mit dem er den Atlantik überquerte, *Solveig III* eine 7,30-m-Fahrtenyacht, in der er zweimal allein die Welt umsegelte. Mit seinen Büchern über diese Reisen (»Ein Mann und sein Boot« und »Seefieber«), mit seinen Vorträgen und Fernsehfilmen wurde er einem Millionenpublikum zum Begriff. 1983 erhielt er das Bundesverdienstkreuz.

Die hier beschriebene Reise setzte Rollo Gebhard 1987 mit *Solveig IV* von Tahiti aus fort. Es folgten die große Pazifikreise von Alaska zu den Salomon-Inseln (»Mein Pazifik«) und 1991 die abenteuerliche Heimkehr über Australien und das Kap der Guten Hoffnung (»Rolling Home«). Rollo Gebhard und Angelika Zilcher sind heute verheiratet und leben am Tegernsee, wenn sie nicht mit ihrer neuen Yacht *Solveig V* auf Reisen sind.

Rollo Gebhard

LEINEN LOS – WIR SEGELN UM DIE WELT

Ullstein

Maritim
Ullstein Buch Nr. 23176
Herausgegeben von J. Wannenmacher
im Verlag Ullstein GmbH,
Franfurt / M – Berlin

Erstmals im Taschenbuch

Vom selben Autor
in der Reihe
der Ullstein Bücher:

Ein Mann und sein Boot (22055)
Mit Angelika Zilcher:
Mit Rollo um die Welt (20526)

Umschlagentwurf:
Hansbernd Lindemann
Umschlagfoto: Autor
© 1986 Verlag Ullstein GmbH,
Franfurt / M – Berlin
Fotos: Rollo Gebhard, aufgenommen
mit Leica R 4 und M 4
Zeichnungen und Karten: Ilse Zilcher
und Sigrid Mahncke
Werftzeichnung: Hallberg Rassy
Routenkarte:
Günther Mattei, München
Printed in Germany 1993
Gesamtherstellung:
Clausen & Bosse, Leck
ISBN 3 548 23176 4

Oktober 1993

Die Deutsche Bibliothek –
CIP-Einheitsaufnahme

Gebhard, Rollo:
Leinen los – wir segeln um die Welt /
Rollo Gebhard. –
Frankfurt / M ; Berlin : Ullstein, 1993
(Ullstein-Buch ; Nr. 23176 : Maritim)
ISBN 3-548-23176-4
NE: GT

INHALT

GEKENTERT

Der eiskalte Wind pfiff durch die Wanten des Bootes, griff nach den Masten und drückte das Schiff auf die Seite. Es war Nacht.

Zwischen schwarzen Wellenbergen, von denen nur die weißen Schaumkämme im fahlen Dämmerlicht aufleuchteten, trieb die kleine Yacht in der Weite des Nordmeeres. Schwere Wolken verdeckten den Himmel, zogen endlos über die wütende See.

Wir hockten in der Kajüte unseres Bootes, nur durch die dünne Kunststoffschale vor der Kälte des Wassers und dem schneidenden Wind geschützt.

Ich sah Angelika an und erschrak: Klein und zerbrechlich wirkte ihr weißes Gesicht unter der dicken Wollmütze, ihre Wangen waren eingefallen. Hatte sie an solche Strapazen gedacht, als wir vor zwei Monaten unter den Klängen einer Blaskapelle den Hafen von Travemünde verließen? War sie durch den Sturm, der nun schon seit Tagen wütete, überfordert?

Ein Brecher knallte gegen die Bordwand; das Boot machte einen Sprung, ich rutschte auf die Bodenbretter und hörte dann das schäumende Wasser über Deck zischen und ins Cockpit fluten.

Angelika hob den Kopf. »Soll ich mal draußen nachsehen?«

»Nein, bleib hier drin«, bat ich. »Es ist nichts beschädigt, das hätte ich gehört.«

»Wohin treiben wir eigentlich?«

»Nach Osten«, antwortete ich müde.

Angelika ließ nicht locker. »Wie schnell?«

»Ich weiß nicht. Vielleicht zwei bis drei Meilen in der Stunde.«

Sie sah mich entsetzt an. »Das heißt, wir sind seit gestern über hundert Meilen zurückgetrieben!«

»Ja, etwa so viele müssen es sein«, gab ich zu.

»Dann sind wir jetzt wieder 200 Meilen von Grönland entfernt«, rechnete sie. »So kommen wir ja niemals an!«

»Es dauert eben ein paar Tage länger, als wir dachten«, sagte ich möglichst ruhig. »Wir sind ja erst vor einer Woche von Island abgesegelt.«

»Jede Meile nach Westen haben wir uns so hart erkämpfen müssen! Jetzt wieder zurückzutreiben – das ist zuviel«, erwiderte sie resigniert.

Es war schwer gewesen, von Island aus gegen die ständigen Westwinde anzukreuzen, in einem wirren Seegang, der aus allen Richtungen zu kommen schien. Oft schlug das Vorschiff so hart aufs Wasser wie auf Stein. Dann flogen in der Kajüte alle beweglichen Gegenstände herum, und Angelika mußte ständig Töpfe, Löffel und Becher festhalten, auch wenn sie nur Tee oder Suppe zubereiten wollte.

Schon am ersten Tag, nur wenige Stunden nach der Ausfahrt von Reykjavik, war sie vor dem Herd ausgerutscht und hatte sich eine Hüftprellung zugezogen, die noch immer schmerzte und jede Bewegung erschwerte.

»Sieh doch mal nach dem Windmesser«, hörte ich ihre Stimme in meine Gedanken hinein. »Ich glaube, der Wind hat etwas nachgelassen.«

Mit den Händen nach Halt suchend, tappte ich zum Kartentisch und warf einen Blick auf das Instrument. Die Nadel zitterte zwischen Windstärke 10 und 11.

Nichts hatte sich geändert!

Das Navigationsgerät brachte schon seit Stunden keine neue Position mehr, und die vorige hatte ich nicht eingetragen.

Ich wollte Angelika nicht entmutigen. Wir waren weiter zurückgetrieben, als ich eingestanden hatte. Als wir vor zwei Tagen die Segel bargen, lag die Küste Grönlands nur noch 110 Meilen westlich vor uns.

»Was ist mit dem Wind?« Jetzt klang Angst aus Angelikas Stimme.

»Er ist nicht stärker geworden, aber auch nicht schwächer. Kein Grund zur Sorge, morgen muß sich das Wetter bessern!« Doch innerlich kämpfte ich gegen meine eigene Angst.

Hatte ich etwas falsch gemacht? Oder belastete mich nur das Bewußtsein der Verantwortung für Angelika, die sich meiner Führung anvertraut hatte? Es war ihr eigener glühender Wunsch gewesen, die Reise mitzumachen. Aber das änderte jetzt nichts an meiner Beklemmung.

Der Aufprall eines Brechers riß mich aus der Grübelei.

Ich mußte nun doch zur Kontrolle nach draußen ins Cockpit steigen. Immerhin konnten auch Eisberge in der Nähe sein.

Jede halbe Stunde hatte ich nach dem Thermometer gesehen. Eisberge sollen sich ja durch rasch sinkende Temperaturen ankündigen. Aber konnte ich mich darauf verlassen? Ich schaltete erst das Licht aus, um meine Augen an die Dunkelheit zu gewöhnen, gab mir dann einen Ruck, riß das Schiebeluk auf und zog mich über das Steckschott in die Höhe. Hätte ich das Schott vorher herausgezogen und wäre in dem Augenblick ein Brecher im Cockpit gelandet, dann hätte eine Unmenge Wasser in die Kajüte schießen können. Da war es schon besser, die Kletterei auf mich zu nehmen.

»Was ist los?« schrie Angelika durch das Brüllen des Windes und der See.

»Will mal sehen, wie das Boot im Seegang liegt! Ich passe auf, bin gleich wieder zurück!«

Schnell schob ich das Luk hinter mir zu.

Das Wüten des Sturmes schlug mir entgegen, während ich versuchte, in der Dunkelheit etwas zu erkennen. Aber ich sah keinen Horizont, nur schwarze Hügel, die sich endlos heranwälzten. Dahinter graue Wolkenmassen, gespenstische Figuren: Die wilde Jagd ritt über das Meer!

Fallen und Leinen schlugen gegen den Mast, ein Schäkel klirrte am Aluminium des Großbaumes, und um den grausigen Eindruck zu vervollständigen, hörte ich wehmütige Schreie in der Luft.

Waren es Möwen? Oder war es nur der Wind, der diesen jammernden Gesang in der Takelage aufführte?

Das Eis konnte nicht mehr weit entfernt sein. Ich glaubte, die Gletscher schon zu riechen.

Wie mit tausend Nadeln stach der Wind in mein Gesicht.

Eine Weile hielt ich inne, um mich an das Tosen und die Dunkelheit zu gewöhnen. Dann fühlte ich mehr als ich sah, wie sich der Bootskörper hob und senkte, wie er plötzlich wieder in die Tiefe schoß, wenn eine steile See den Bug abgleiten ließ.

Ein weißer Fleck wurde sichtbar: Wasser stieg an Deck, aber

trotz der gigantischen Wellenhöhe schien das Boot nicht gefährdet.

Schemenhaft erkannte ich an Deck die Umrisse von Segelbeuteln, Plastikkanistern und ein merkwürdiges Gebilde, das an die Gestalt eines Ziegenbocks erinnerte: unser Mofa, unter einer Persenning fest verzurrt.

Da trieben wir nun mit unserer Habe durch die trostlose Einsamkeit des Meeres! Bei Sturm und ungeheurem Seegang.

Ich wollte zurück in die Kajüte, in die warme Geborgenheit des Bootsrumpfes. Es ging mir wie früher als Kind, wenn ich mich nachts fürchtete und mir die Bettdecke übers Gesicht zog.

»Du warst viel zu lange draußen«, empfing mich Angelika. »Wenn dich ein Brecher erwischt hätte...«

»Ich hatte festen Halt«, erwiderte ich unsicher. Und um die Angst zu verjagen: »Das Boot liegt gut, die Ausrüstung ist an ihrem Platz. Wenn wir erst angekommen sind, erscheint uns der Sturm bestimmt nicht mehr so schlimm.« Aber ich wußte, daß es nur Gerede war, mit dem ich mich selbst beruhigen wollte.

Wo würden wir denn ankommen? Ob wir Grönland überhaupt ansteuern konnten?

In Island hatte ich beim Wetteramt keine verläßliche Auskunft über die Eisverhältnisse erhalten. In manchen Jahren bleibt das Packeis bis Mitte August vor der Küste liegen und versperrt jede Einfahrt in die Fjorde. Dann müßten wir erst das berüchtigte Kap Farvel, die Südspitze Grönlands, umrunden und einen Hafen an der Westküste suchen.

In den Morgenstunden wurde unsere Müdigkeit unerträglich – stärker als alle Angst und Sorge.

»Wir sollten uns beide hinlegen und ausruhen«, schlug ich vor.

»Können wir denn ohne Gefahr jetzt einfach keine Wache mehr halten?« fragte Angelika zögernd.

»Ich glaube, wir sollten unsere Nerven und die wenige Kraft, die wir noch haben, schonen. Vielleicht läßt der Wind bald nach, dann müssen wir fest auf unseren Füßen stehen und Segel setzen.«

»Kann ich mich ausziehen? Im Ölzeug schlafe ich sicher nicht.«

»Klar. Ich bleibe angezogen, das genügt.«

Uns mit beiden Händen abstützend, stolperten wir die vier Meter zur Achterkajüte zurück und ließen uns auf die Polster der Kojen fallen.

Im Heck des Bootes waren die Bewegungen noch ruckartiger, unangenehmer. Ich legte mich auf den Bauch, krallte mich in den Polstern fest, um nicht abzurutschen. Eine Weile horchte ich noch, versuchte jedes Geräusch zu registrieren, dann aber siegte die Müdigkeit, ich schlief ein.

Angelika schlief nicht, sie war hellwach und hörte das Unheil nahen: zuerst ein fernes Grollen, dann den Donner.

Ich schreckte auf durch einen Schlag, der mich gegen die Wandung warf. Angelika flog auf mich drauf, dann folgte ein Krach wie bei einer Explosion!

Träume ich?

Ich höre das Bersten von Holz, das Rauschen von Wasser. Unser Boot wälzt sich noch weiter herum, ich liege auf der Decke der Kajüte, rolle wieder zurück, am Bullauge vorbei – dort dringt Wasser ein –, liege wieder auf der Koje und versuche aufzustehen.

Jetzt bin ich sicher, daß ich wach bin, daß etwas Schreckliches geschehen ist!

Sind wir gerammt worden? Von einem Fischdampfer? Einem Container? Ist das Boot aufgebrochen?

Sekunden der Lähmung. Dann kroch ich über Angelika, über die Koje, unfähig, ein Wort zu sagen. Ich erreichte den schmalen Gang, der am Motorraum vorbei zum Niedergang führte. Eisen und Holz hörte ich poltern, Glas zerspringen.

Wie ein Film liefen die Ereignisse vor meinen Augen ab. Ich war in diesem Augenblick überzeugt, daß wir sinken würden.

Angst schnürte mir die Kehle zu, Gedanken jagten sich: Warum mußte das hier geschehen? In der Kälte! Warum mit Angelika auf ihrer ersten Fahrt? Warum segelte ich nicht allein?

Ich wurde zur Seite geschleudert. Das war das Ende! Nein, es ging weiter. Auf Knien über Bretter und Gegenstände kletternd, erreichte ich die große Kajüte. Qualvolle, endlose Minuten, verschwommene Bilder.

Ich weiß nicht, was in dieser Zeit wirklich geschehen war; der Schock vernebelte alle Sinne, ich konnte nicht denken.

Wasser war eingedrungen, ich sah es überall, aber ich fand kein Leck!

Vor mir türmten sich Konservendosen, Seekarten, Bodenbretter, Polster, Holzplatten, zerbrochene Flaschen und Schubladen.

Dazwischen lag die Schreibmaschine; ich sah Uhren, Dokumente, Haufen von Büchern, das Ganze übersprüht mit roter Farbe. Ein absoluter Alptraum!

Wasser schwappte hin und her, wenn sich das Boot gequält auf die Seite legte, wenn ein neuer Brecher über das Deck zischte. Seekarten rutschten zwischen Lebensmitteln und Kleidung herum, wurden naß. Der Motor lag teilweise unter Wasser, und irgendwo plätscherte ein Rinnsal.

Hinter mir spürte ich Angelika, die völlig verstört, nur halb angezogen, herbeigekrochen kam. Ringsum das verhaßte Glucksen und Gurgeln des Bilgenwassers. In meinen Ohren dröhnte nur dieses Geräusch: Wasser, Wasser überall!

Angelika stand jetzt vor mir, in ihren Augen flackerte panische Angst. »Wird das Boot sinken?«

»Ich weiß nicht, ich finde kein Leck! Wir müssen das Wasser herausbekommen, wir müssen pumpen! Ich sehe nach, was draußen ist...«

Meine Hand griff nach dem Schiebeluk. Jetzt erst wurde mir klar, daß wir gekentert waren, daß wahrscheinlich die Masten und die ganze übrige Ausrüstung von Deck gerissen worden waren. Offenbar hatte Angelika das gleiche Schreckensbild vor Augen wie ich, denn sie schrie sofort: »Mach nicht auf, bitte noch nicht!«

Sie wollte sich die bittere Wirklichkeit fernhalten.

Aber die Zeit drängte, wir mußten handeln, und ich war gelähmt, solange ich nicht wußte, ob ich in einem Segelboot oder in einem Wrack ums Überleben kämpfte. Wir waren nicht in der Nordsee, wo wir allenfalls auf Hilfe hätten rechnen können, wir trieben im Eismeer vor Grönland und hatten Wasser im Schiff.

Ich zog das Luk mit einem Ruck zurück und blickte nach oben: Der Großmast stand! Ich drehte mich um: Auch der Besan war noch da!

Beide Masten und die Takelage hatten die Kenterung überstanden!

»Die Masten stehen, die Segel sind noch da! Wir können wieder segeln«, schrie ich heiser.

War das die Rettung?

Unten stieg indessen das Wasser.

Ich sprang in die Kajüte zurück, schaltete die Pumpe ein, betrachtete, wie der Wasserspiegel unter dem Motor sank. Aber nur eine halbe Minute, dann rührte sich nichts mehr: Filter verstopft! Ich hörte das häßliche Geräusch der trockenlaufenden Pumpe.

»Du mußt die Handpumpe nehmen! Ich reinige den Filter«, rief ich Angelika zu.

»Wo ist der Schwengel für die Pumpe?«

»Draußen in der Backskiste, ganz vorne! Setz ihn ein, drück dann langsam nach unten und zieh wieder hoch. Immer abwechselnd und langsam!«

Angelika packte sofort zu und machte sich an die Arbeit.

Auf dem Bauch liegend holte ich indessen Schlauch und Sieb aus dem tiefsten Teil der Bilge, reinigte das Gitter, kroch dann in den Motorraum, um den zweiten Filter aus seinem Gehäuse zu schrauben und auch dort den dicken Schmutz zu entfernen. Vor allem Papierfetzen, die sich aufgelöst hatten.

Angelika saß im Cockpit, völlig durchnäßt, denn noch immer warfen sich Brecher über das Boot. Mit verzerrtem Gesicht schwenkte sie den Hebel ... Eine verzweifelte Anstrengung – aber auch dieses Pumpengehäuse war bald durch das viele Papier blokkiert und ließ kein Wasser mehr durch.

»Hör auf, um Gottes willen, hör auf! Du machst dich ja kaputt!« rief ich. »Die Pumpe saugt nicht mehr!«

Ich erschrak vor meiner eigenen Stimme. Sie war heiser, brüchig.

Nach kurzer Zeit war auch die elektrische Pumpe wieder verstopft.

»Wir müssen das Wasser mit Eimern und Schüsseln auslenzen«, meinte ich schwach.

Wortlos machten wir uns an die Arbeit, suchten nach Behältern, die in dem totalen Durcheinander nur schwer zu finden waren.

Das Wasser wurde weniger, und ich begriff allmählich: Wir konnten uns retten – wenn der Sturm nachließ und kein neuer aufkam.

Ich sah Angelika an. »Wir sind nicht gerammt worden. Kein Schiff, kein Wal, auch kein Eisberg hat uns versenken wollen. Ein Monster, ein Ungeheuer von einem Wellenberg, hat das Boot getroffen! Hat es trotz seiner fünf Tonnen Ballast wie mit der Faust

eines Riesen gepackt und auf den Kopf gestellt. Einhundertund-
achtzig Grad und zurück! Kein Zweifel: daher das furchtbare
Durcheinander, die offenen Schränke, die herausgebrochenen
Türen und Schubladen.«

Stunden vergingen, bis der größte Teil des Wassers aus der
Bilge gelenzt war. Ich konnte aufatmen.

»Wir haben kein Leck, nur viel Wasser ist eingedrungen, durch
die Lüfter, die Bullaugen, durch das Schott am Niedergang und
durch die Steuersäule in den Motorraum. Dann hat es sich seinen
Weg durch Polster, Kleidung, Konserven und Bücher gesucht und
sich allmählich am tiefsten Punkt unter dem Motor gesammelt.«

Inzwischen war es Mittag geworden. Wieder kletterte ich ins
Cockpit. Die See hatte auch hier grausam gewütet.

»Das Deckshaus ist verschwunden!« schrie ich nach unten.

»Was ist mit den Dieselkanistern?«

»Die sind alle weg! Auch die Winschkurbeln bis auf eine und
das Tauwerk sind über Bord gegangen!«

»Und die Rettungsinsel?« fragte Angelika leise.

Mein Blick wanderte nach vorn. Von dem weißen Plastikbehäl-
ter war nichts zu sehen.

»Auch über Bord! Aber im Schlauchboot könnten wir bei der
Eiseskälte sowieso nicht überleben.«

Angelika schwieg und fragte dann zaghaft: »Probier doch mal
die Selbststeuerung.«

Mechanisch griff ich nach dem Schalter des Autopiloten und
drehte am Einstellknopf – nichts rührte sich.

»Das Gerät ist voll Wasser, ich sehe es!«

»Keine Möglichkeit, es zu reparieren?«

»Keine!«

Das bedeutete, daß wir von nun an in der Kälte bei Tag und
Nacht von Hand steuern mußten.

Auch die Windmeßanlage, die Antennen für das Navigationsgerät und für den UKW-Funk waren abgebrochen. Selbst Relingstützen und Bugkorb hatten der Wucht des Wassers nicht standhalten können, sie waren verbogen.

Auf einmal nahm ich dumpfe Schläge gegen die Bordwand
wahr, die sich regelmäßig wiederholten. Bei jedem Schwanken
des Bootes das gleiche häßliche Geräusch.

Der Anker!

Er hatte sich bei der Kenterung losgerissen, ein Stück Kette war ausgerauscht, und nun hing das schwere Eisen im Wasser und schlug Löcher in den Kunststoff der Bordwand.

Ich rief Angelika, die mit mir an Deck kletterte.

»Wir müssen den Anker unbedingt befestigen, sonst haben wir bald ein Loch im Rumpf! Der Seegang hat etwas nachgelassen. Beobachte genau die See, sobald ich vorne bin, und warne mich, wenn ein Brecher kommt!«

Angelika nickte.

Auf Knien und Händen arbeitete ich mich zum Vorschiff und sah sofort: Die Kette lief nicht mehr über den Stevenbeschlag, sondern hatte sich um eine Relingstütze gelegt. Mit der Winsch war der Anker also nicht hochzukriegen. Ich mußte versuchen, ihn samt Kette Hand über Hand einzuholen.

»Vorsicht! Halt dich fest!« schrie Angelika aufgeregt.

Automatisch griffen meine Hände um die Scheuerleiste, während ein Brecher das Vorschiff überflutete. Der Seegang erlaubte mir nicht, im Stehen zu arbeiten, und der Bugkorb war ohnehin verbogen und gelockert. So legte ich mich bäuchlings aufs Deck und griff über die Scheuerleiste nach der Kette. Dabei mußte ich mich weit überlehnen, um mit den Händen genug Platz zum Hieven zu finden.

Nicht loslassen! Nur nicht loslassen! Meine Hände krallten sich fester um die Kette.

30 Kilo wog der Anker.

»Paß auf!« Angelikas Stimme überschlug sich.

Wieder tauchte der Bug in eine Welle. Salzwasser drang mir in die Augen.

Weiter – weiter!

Das Eisen schwang hin und her.

Noch ein Ruck – und plötzlich ein stechender Schmerz in den Rippen.

»Halt ihn fest!« hämmerte es in meinem Kopf.

Der Anker war oben!

Ich konnte mich kaum mehr bewegen, denn ich hatte mir bei dieser Aktion einen Muskel im Rücken gezerrt und eine Rippe angebrochen.

Angelika war jetzt nach vorne gekommen, und gemeinsam machten wir uns daran, das Vorsegel unter dem Kiel herauszuziehen und provisorisch festzuzurren.

Dann flüchteten wir durchnäßt und durchfroren in die Kajüte. Der harte Wind hatte uns fertiggemacht. Was hätten wir jetzt für eine Tasse heißen Tee oder warme Suppe gegeben!

Doch der Herd war beim Kopfstand der SOLVEIG aus seinen Lagern gerissen worden und hing seitdem jämmerlich eingeklemmt schräg zwischen den Wandungen der Pantry. Die Brenner waren naß und beschädigt.

Allein schon der eiserne Herd mußte bei seinem Sturz einen höllischen Lärm verursacht haben. Bedenkt man, welches Gepolter der Anker, das abgerissene Deckshaus, die schweren Kanister, zerbrochenen Schubladen und die über tausend Konservendosen verursacht hatten, so wird klar, wie der ohrenbetäubende Krach bei der Kenterung entstanden war.

Beim Anblick der totalen Verwüstung ringsum ergriff mich neue Angst. Zwischen den Bergen der durcheinandergeworfenen Ausrüstung konnten wir uns nicht bewegen, keinen Schritt tun. Ich konnte nichts mehr finden, nichts greifen! Keine Kleidung, keine Werkzeuge, keine Medikamente und keine Lebensmittel. Und kein Platz zum Hinlegen, um uns auszuruhen. Dabei waren wir vor Müdigkeit fast besinnungslos.

Uns fehlte im wahrsten Sinne des Wortes der Boden unter den Füßen, denn die Bodenbretter lagen verstreut obenauf.

Überall Nässe und Salzwasser! Aber auch der Inhalt von Flaschen und Kanistern verfärbte Bücher und Papiere. Glassplitter drangen uns unter die Haut.

Eine Dose mit rotem Lack war aufgeplatzt, die Farbe verklebte unsere Finger, war ringsum in der Kajüte versprüht.

»Wir müssen als erstes versuchen, die Bodenbretter wieder einzulegen, damit das Boot begehbar wird«, sagte ich zu Angelika.

Ich fing an, die viel zu umfangreiche Ausrüstung zu verfluchen, die wir an Bord genommen hatten: zuviel Kleidung, zuviel Wäsche, zuviel Lebensmittel. Einen ganzen Laster hatten wir von München nach Lübeck gefahren. Schränke und Kojen, jeder Freiraum war vollstopft worden – und nun hatten wir die Bescherung!

Stunden vergingen, bis wir unseren Weg zur Toilette und zum

Bugraum »freigeschaufelt« hatten. Angelika beschleunigte die Arbeit, indem sie kurzerhand über hundert Konservendosen, die sie gerade greifen konnte, über Bord warf.

Mir blutete das Herz, aber Frauen haben einen besseren Sinn für das Praktische, das zum Überleben Notwendige. Auch ich hörte dann auf, für jedes Stück den passenden Platz zu suchen, und warf wenigstens nasse Papiere und Bücher, farbverklebte Geräte und Dokumente in die See. Wir brauchten Platz! Und arbeiteten wie besessen, hantierten schweigend.

Am Abend konnten wir uns im Boot wieder bewegen, Brot und Schokolade in den Mund schieben.

Angelika war weiß wie ein Tuch. Doch kein Wort über das, was sie dachte oder fühlte, war bisher über ihre Lippen gekommen.

Vorsichtig wandte ich mich jetzt an sie: »Wir können bald wieder Segel setzen, die See beruhigt sich. Wir müssen uns nur entscheiden, in welche Richtung wir steuern sollen. Das Boot ist seetüchtig: Masten, Ruderanlage und der Rumpf sind in Ordnung. Aber es sind schwere Schäden entstanden. Ich kann die Heizung nicht reparieren, auch nicht die automatische Steuerung. Wir müssen abwechselnd draußen in der Kälte stehen und das Ruder von Hand bedienen. Ich weiß auch nicht genau, wohin wir getrieben sind. Das Navigationsgerät zeigt nicht mehr an.«

»Du hast also keine Ahnung, wo wir sind?« fragte Angelika ungläubig.

»Irgendwann kommt hoffentlich die Sonne zum Vorschein, dann kann ich einen Standort mit dem Sextanten ausrechnen. Vorläufig segeln wir blind. Aber wenn wir mit Kälte, Nässe und Müdigkeit fertig werden, können wir einen Hafen erreichen.«

Angelika sah mich an. »Wir leben, und ich habe mir geschworen: Nichts soll mir zu schwer sein, wenn wir aus dieser Katastrophe herauskommen!«

»Dann müssen wir uns entscheiden, wo wir einen Hafen suchen wollen. Viele Möglichkeiten gibt es hier nicht. Unter den jetzigen Umständen auf die mit Felsen und Klippen gespickte Küste Grönlands zuzuhalten, wäre gefährlich. Wahrscheinlich sind die Fjorde immer noch vom Treibeis verschlossen. Und selbst wenn wir durch das Eis kommen – was machen wir dann? Ersatzteile gibt es dort nicht, Reparaturen sind ausgeschlossen.«

Angelika dachte nach und sagte dann langsam: »Ich habe immer gefühlt, daß aus unseren Grönland-Plänen nichts wird.«

»Gut, vergessen wir Grönland. Dann bleiben nur noch Island oder Neufundland. Nach Island zurück, das ginge mit dem ständigen Westwind sehr schnell, aber dann kommen wir – zumindest in diesem Jahr – nicht mehr nach Amerika. Neufundland dagegen war sowieso unser Ziel, aber bis dorthin ist es noch weit, und wir müßten wieder gegen den Wind aufkreuzen, wie bisher.«

»*Wie* weit?«

»Bis zum Haupthafen St. John's sind es 900 Seemeilen. Es wird eine qualvolle Segelei werden, Tag und Nacht am Ruder, bei Regen, Nebel und Sturm.«

»Findest du St. John's ohne Navigationsgerät?« fragte sie zweifelnd.

»Ja, das finde ich. Irgendwann *muß* die Sonne mal herauskommen, dann arbeite ich mit dem Sextanten. Ich kenne die Küste auch von meiner vorigen Weltumsegelung. Der Hafen ist geschützt wie kaum einer in der Welt.«

Angelika sah mich fest an. »Dann segeln wir weiter! Nach Neufundland! Ich steuere das Boot jeden Tag zwölf Stunden, wenn es sein muß.«

Wieviel Energie und Entschlossenheit steckten in dieser keineswegs robusten Frau! Ich war beeindruckt, ja gerührt von ihrem kompromißlosen Entschluß.

Oft hatten Freunde und Bekannte in Deutschland mit lächelnder Miene zu ihr gesagt: »Und du willst mitsegeln? – Na, das werden wir ja sehen! Viel Spaß!«

Ich kannte Angelika damals schon gut genug, um zu wissen, daß sie nicht so leicht aufgeben würde. Als sie dann tatsächlich auf der ersten Überfahrt im Skagerrak seekrank wurde, hatte sie gegen die mühsam unterdrückte Angst zu kämpfen gehabt. Angst nicht etwa vor der Gefahr, sondern nur vor dem eigenen Versagen. Doch jetzt, da es wirklich um alles ging, wuchs sie über sich selbst hinaus.

Ich wußte natürlich, daß zwölf Stunden pro Tag am Ruder nicht auszuhalten waren, aber ich wußte auch, daß ich einen Menschen an meiner Seite hatte, der seine ganze Kraft für das Boot, für unser Überleben und für das Gelingen der Reise einsetzen würde.

Diese Kraft war jetzt bitter nötig.

Nach Einbruch der Dämmerung kroch die Kälte in unser Fleisch, lähmte unsere Bewegungen, unseren Optimismus. Wir brauchten Schlaf. Und wir wollten nicht mehr denken.

Ich legte mich auf die Sitzbank neben dem Tisch, zog mir eine nasse Decke über die Kleidung und versuchte bei den tollen Sprüngen, die das Boot noch immer vollführte, mit den Händen einen Halt zu finden.

Angelika war konsequent: Sie verzichtete auf ein Polster, legte sich, in irgendwelches Bettzeug gewickelt, auf die Bodenbretter und schlief rasch ein in der Gewißheit, nirgends herunterzufallen.

»Wie ein Tierchen«, dachte ich, »das sich seinen geschützten Platz sucht, die Augen schließt und ins Reich der Träume flieht.«

Mal lag ich auf dieser Seite, mal auf der anderen, krallte mich fest und rutschte doch, kaum daß ich eingeschlafen war, über die Kante. Das Spiel wiederholte sich, aber der Boden war mir zu hart und zu kalt. Mein Rücken schmerzte und auch die Rippe, die ich mit dem Gewicht des Ankers auf die Klampe gedrückt hatte.

Nach Mitternacht begann das Boot wild zu rollen.

»Die SOLVEIG will etwas, sie wird unruhig«, dachte ich, zog mich langsam hoch und stolperte zum Niedergang.

Draußen Totenstille.

Nach dem tagelangen Heulen und Pfeifen war die Kraft des Windes endlich gebrochen. Neptun gönnte uns eine Atempause. Für wie lange?

Ich weckte Angelika.

»Du, ich will den Motor anlassen, wir haben keinen Wind mehr und können mit der Maschine ein paar Meilen schaffen. Außerdem wärmt der Motor die Kajüte.«

Vielleicht brauchte ich das Gefühl, daß wir wieder fuhren, daß wir vorankamen, heraus aus diesem schrecklichen Teil des Ozeans, wo das ganze Entsetzen des Sturmes und der mörderischen Welle noch in der Luft zu hängen schien.

Ich zog mich die Stufen hoch ins Cockpit, drehte den Schlüssel am Instrumentenbrett: Mit dumpfem Dröhnen meldete sich der Diesel.

Meine Füße suchten den gewohnten Platz hinter der Steuersäule, eine Hand faßte das Rad, mit der anderen zog ich den Ganghebel. Die Welle vibrierte im Lager, ich fühlte den Druck der Schraube, die das Boot langsam vorwärts schob.

Wir fahren, wir fahren! jubelte es in mir. Unser Schiff lebt, ich habe es wieder geweckt!

Und ich wußte: Angelika fühlte ebenso, auch wenn sie jetzt nicht zu mir sprechen konnte. Sie hörte wie ich das harte Pochen der Maschine, das ihr sonst oft verhaßt gewesen war, wenn es den Frieden einer Morgenstimmung durchbrach. Heute aber gab es ihr die Zuversicht, daß SOLVEIG bereit war, mit uns gegen die Wogen des düsteren Meeres anzukämpfen.

KÄLTE UND STURM

SOLVEIGS Bug hob und senkte sich, schnitt durch die anrollende Dünung und ließ zu beiden Seiten weiße Streifen aufschäumen: Kurs Südsüdwest!

Nach Schiffen brauchte ich nicht Ausschau zu halten, wir befanden uns weit außerhalb aller Dampferlinien. Mein Auge hing am Kompaß, der immer wieder von der gewünschten Richtung abwich. Die See war so wild, daß das Boot den Kurs nicht hielt und wie ein Wagen auf schlechtem Pfad ständig auszubrechen drohte.

Ich versuchte, mit dem Ruder auszugleichen, und so liefen wir nur drei bis vier Knoten statt normalerweise sechs bei ruhiger See. Lange durften wir das Spiel nicht treiben, denn der Kraftstoff reichte nur für insgesamt zwei Tage, nachdem die zusätzlichen Kanister über Bord gegangen waren. Auf jeden Fall mußten wir genügend Diesel im Tank behalten, für die spätere Ansteuerung einer Küste.

Angelika öffnete das Luk.

»Wie geht es dir? Frierst du sehr? Soll ich dich ablösen?«

»Nein, nein. Es ist erst eine halbe Stunde, seit ich draußen bin, ich mache weiter. Aber der Rücken tut weh und die Rippe, das macht mir zu schaffen.«

Zum ersten Mal seit der Kenterung sprachen wir etwas länger miteinander, und ich fühlte, daß sich der Schock bei Angelika zu lösen begann.

»Bleib unten und nütze die Wärme vom Motor aus! Du solltest auch deine Jacke zum Trocknen über die Maschine legen, das ist ungefährlich – paß nur auf die Keilriemen auf!«

Kein Stern war am Himmel zu sehen. Die Wolken bildeten eine undurchdringliche Wand, und obwohl das Boot Welle um Welle erklomm, schien es auf der Stelle zu bleiben. Dunkelheit und Kälte wurden übermächtig.

Ich begann zu rechnen: vier Meilen in der Stunde, das machte

16 Meilen in vier Stunden. 16 Meilen von 900 oder 1000, die noch vor uns lagen. Das war bitter wenig. Wie lange würden wir durchhalten?

Als Angelika mich ablöste, war ich so durchgefroren, daß ich kaum mehr die Stufen zur Kajüte fand. Unten zog ich langsam Stiefel und Ölzeug aus, Stück für Stück, warf alles auf den Boden, wärmte meine Hände am Motor. Lieber Wärme als Schlaf! Wie war es doch gemütlich gewesen in der SOLVEIG, als die Kajüte noch geheizt war. Ich fand Schokolade und Knäckebrot, von Angelika zurechtgelegt. Die Schokolade war so hart geworden, daß mir beim Beißen die Zähne schmerzten.

Ob ich versuchen sollte, die Heizung in Gang zu bringen? überlegte ich. Aber noch war Nacht. So warf ich mich auf die Bank, versuchte zu dösen.

Unsere Kojen im Achterschiff wären bequemer gewesen. Aber dort hatten wir die Kenterung erlebt – Minuten der Todesangst. Ich glaubte, das Entsetzen erneut fühlen zu müssen, wenn ich diesen Raum betrat.

Im Salon war ich außerdem näher am Niedergang, näher bei Angelika, die draußen mit ihren kleinen Händen das Steuerrad hielt; ich würde ihren Ruf hören, wenn sie Hilfe brauchte. Aber würde ich ihn wirklich hören über dem Dröhnen des Motors und dem Rauschen der See?

Unruhe hatte mich gepackt. Ich stand auf und schob das Luk zurück.

Ihre Gestalt war eben noch erkennbar hinter der Steuersäule. Wollmütze und Schal verdeckten das Gesicht, so daß ich nur einen hellen Streifen ihrer Haut in der Dunkelheit wahrnehmen konnte.

»Kannst du den Kurs halten?« fragte ich möglichst sachlich, um nicht zuzugeben, daß es Sorge war, die mich hinausgetrieben hatte.

»Ja, es geht schon!« Die Antwort klang wenig überzeugend.

»In dieser brutalen Dünung zu motoren, kostet viel Treibstoff. Ich löse dich nachher noch einmal ab, dann stelle ich lieber die Maschine ab und warte auf Wind«, rief ich Angelika zu.

Wir befanden uns auf etwa 60 Grad nördlicher Breite, und die Nächte waren entsprechend kurz. Als ich eine Stunde später am Ruder stand, wurde es bereits hell. Ein grauer Morgen dämmerte

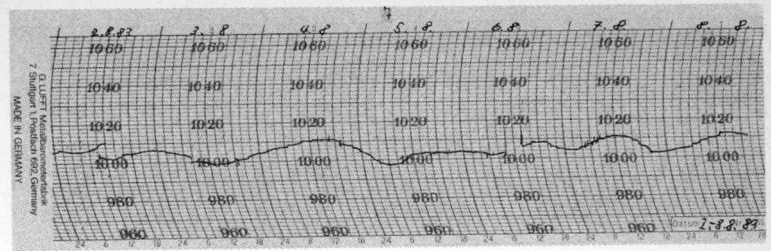

Barographenkurve der Sturmtage vor und nach der Kenterung. Bei der Kenterung wurde der Arm des Schreibers aus seiner Achse gerissen. (Die Uhrzeit war nicht genau eingestellt.)

herauf. Die See hatte sich noch immer nicht beruhigt; nach der Aufregung des Sturmes schien das Meer zu fiebern wie nach einer Krankheit.

Von Norden, Süden und Westen liefen Wellenzüge ineinander, gegeneinander, trafen und bekämpften sich: Der eine begrub den anderen unter seiner graugrünen Masse. Kamen zwei gleich starke, besonders ungestüme Exemplare aufeinander zugelaufen, so klatschten sie sich ihre Flanken ins Gesicht, daß es klang wie Ohrfeigen. Danach sah ich weiße Strudel aufsteigen; doch bald blieb nur ein heller glatter Fleck an der Stelle des Kampfes zurück, wo die allzu wilden Seen sich gegenseitig vernichtet hatten.

Träge und gelassen zogen dagegen die älteren, breiten Dünungswellen ihre Bahn. Wenn ihnen nicht ein schwerer Sturm vorzeitig den Weg verlegte, würden sie auf ihrer Reise weit in den Süden vordringen, vielleicht erst auf den Klippen der Bermuda-Inseln zerschellen.

Um sechs Uhr stellte ich die Maschine ab.

»Wie fühlst du dich?« empfing mich Angelika besorgt. »Du mußt unbedingt schlafen!«

Wir waren nicht weit gekommen, aber die Kajüte war etwas wärmer geworden.

»Ich kann jetzt nicht schlafen«, erwiderte ich. »Bald wird es hier wieder eiskalt sein. Vielleicht gelingt es mir, die Heizung zu reparieren.«

*Ich hatte nicht mit Kälte von so unbarmherziger, bösartiger Schärfe
gerechnet, wie wir ihr jetzt ausgesetzt waren.*

»Willst du nicht wenigstens etwas essen?«
»Glaubst du, du findest Butter und Brot?«
Meine Stimmung war auf dem Nullpunkt angekommen. Wie
lange würden unsere Kräfte reichen in dieser verdammten Kälte?

Angelika kniete auf dem Boden, hielt sich mit einer Hand am
Kojenbrett fest, während sie mit der anderen vorsichtig das
Schapp öffnete, wo sie Dosenbutter und Vollkornbrot vermutete.
Sie griff sich ein paar Konserven und machte dann schnell die Tür
wieder zu, damit ihr nicht der Inhalt des Schapps bei einer neuen
Welle entgegenrollte.

»Butter habe ich keine erwischt, aber eine Dose Pfirsiche. Im
Spülbecken liegt der Büchsenöffner.«

Wenig später saßen wir nebeneinander auf der Koje und aßen
Pfirsiche mit Vollkornbrot.

Vergeblich versuchten wir dann, die Heizung wieder in Gang
zu bringen. Es war unmöglich. Nur der Kühlschrank funktionierte
wie zum Hohn einwandfrei.

Schließlich machten wir uns an die Arbeit mit dem Herd, lösten ihn aus seiner Verklemmung und brachten ihn in eine aufrechte Lage. Die kardanische Aufhängung war abgebrochen, also sicherten wir das schwere Gestell behelfsmäßig mit Tauwerk. Jetzt konnte es nicht so leicht eine unfreiwillige Fahrt durch die Kajüte antreten.

»Ich will versuchen, wenigstens eine der Flammen wieder in Gang zu bringen«, brummte ich und arbeitete mich nach achtern zu meinem kleinen Werkraum durch. Dort hatte ich Geräte und Werkzeuge untergebracht.

Ich fand nichts als Trümmer. Darüber nachdenken durfte ich jetzt nicht. Ich war froh, als ich nach einer Weile den Spezialschlüssel und neue Abdeckhauben für den Primusbrenner aus dem verstreuten Kleinkram herausziehen konnte.

Der Kocher hatte das Bad im Salzwasser ziemlich übelgenommen, aber irgendwann gelang es mir, eine bescheidene Flamme aus dem Brenner herauszulocken. Was für eine Freude!

Wenn man den Topf mit einer Hand festhielt, konnte man jetzt wenigstens Wasser kochen. »Es gibt heißen Tee!« verkündete ich Angelika. Unsere Stimmung kletterte nach oben.

»Willst du nicht mal versuchen, ein Funkfeuer von Grönland zu empfangen?« schlug Angelika jetzt vor.

Ich fing an, im Verzeichnis zu suchen; zwei Sender waren angegeben, die aber nur auf besondere Anforderung betrieben wurden.

»Das sind Flugfunkfeuer, die nur arbeiten, wenn ein Flugzeug landen will«, erklärte ich. »Die helfen uns wenig.«

Also räumten wir weiter Konserven, Kleidung und Lebensmittel auf. Dabei stellten wir fest, daß die trockensten Kleidungsstücke die waren, die wir auf dem Leib trugen.

»Hast du irgendwo noch eine trockene Unterhose gefunden?« wollte ich wissen, aber Angelika schüttelte den Kopf.

Gegen Abend kam eine leichte Brise auf. Günstigen Wind durften wir nicht versäumen!

Obwohl ich kaum noch auf den Füßen stehen konnte und mein Rücken durch Kälte und Nässe mehr schmerzte als zuvor, kroch ich auf das Vorschiff, löste mit steifen Fingern ein Bändsel nach dem anderen, brachte die beiden Vorsegel in Ordnung. Eines befestigte ich am Vorstag, um es später zu setzen, das andere an der Reling. Dann kam das Großsegel an die Reihe.

»Bitte hilf mir, ich kann die Winschkurbel nicht drehen, der Rücken tut zu weh!« schrie ich nach achtern.

Angelika machte das Ruder fest, kam zum Großmast und arbeitete an der Kurbel.

Als sich die Segel seit vier Tagen zum ersten Mal wieder entfalteten, begann unsere Hoffnung zu wachsen.

»Selbst wenn wir jeden Tag nur 50 Meilen vorankommen«, rechnete ich Angelika vor, »werden wir in ein paar Wochen Neufundland erreichen!«

Es gelang mir, das Boot auf einen Kurs hoch am Wind zu bringen, auf dem es sich selbst steuerte. Auch wenn dieser Kurs nicht genau auf Neufundland gerichtet war, so konnten wir uns jetzt doch etwas länger in der windgeschützten Kajüte aufhalten.

Ich wußte ohnehin nicht genau, wo wir uns befanden. Die letzte verläßliche Position hatte ich am 5. August eingetragen. Sie lautete 60° 20′ Nord, 30° West. Wie weit hatte uns seitdem der Sturm abgetrieben?

Meine größte Sorge war, daß wir Kap Farvel zu nahe kommen würden. Dort lauerten nicht nur Tausende von Klippen, auch das Eis konnte uns gefährlich werden.

Im Seehandbuch steht: »Da durch den Einfluß des Windes ein Teil des Eises aus dem Strombereich des Ostgrönlandstroms heraustreibt, trifft man etwa 240 sm südöstlich und 200 sm westsüdwestlich von Kap Farvel Treibeis und einzelne Eisberge an.«

Ich war alarmiert.

Doch die erforderliche Wachsamkeit brachten wir in unserem geschwächten und durchgefrorenen Zustand nicht mehr auf. Ich mußte also vom Kap und von der Küste reichlich Abstand halten, mindestens 200 Seemeilen. Wenn sich nur die Sonne endlich gezeigt hätte, damit ich mit dem Sextanten eine genaue Position bestimmen konnte!

Das Boot hielt sich noch immer selbst auf Kurs, so konnten wir gemeinsam essen.

Angelika hatte Corned beef gefunden, dazu gab es Knäckebrot und später Schokolade.

»Mehr kann ich nicht bieten, Kochen ist unmöglich. Hoffentlich schmeckt's dir trotzdem!«

Und wie es schmeckte! Danach waren wir todmüde. Der geschundene Körper forderte sein Recht.

Um meine Erregung zu dämpfen, nahm ich eine Tablette Librium und schlief die nächsten Stunden ohne Unterbrechung.

Um drei Uhr hatte der Wind kräftig zugenommen.

Ich weckte Angelika, die sich wieder am Boden in ihre Decken gerollt hatte. »Wir müssen die Fock bergen und das Groß reffen, es fängt an zu wehen!«

Die Angst vor einem neuen Sturm fuhr uns so in die Knochen, daß wir schweigend zum Ölzeug griffen und dann Meter um Meter auf dem schon hart überliegenden Boot herumkrochen.

»Ich gehe nach vorn und hole das Segel runter. Wirf das Fall los, wenn ich den Arm hebe!« schrie ich aus Leibeskräften, denn meine Stimme wäre sonst für Angelika aus drei Metern Entfernung nicht mehr zu hören gewesen.

Schon die erste Welle, in die das Vorschiff eintauchte, wusch mir über den ganzen Körper. Ich versuchte, die Verzweiflung mit dem Salzwasser herunterzuschlucken, das mir übers Gesicht lief. Dann hob ich den Arm.

Stück um Stück zerrte ich die 38 Quadratmeter Tuch herunter, während das nicht mehr windgefüllte Segel wild um sich schlug.

»Verdammt noch mal, ich hätte früher bergen müssen!« fluchte ich vor mich hin. Mit dem Librium war ich in eine Art Betäubung gefallen. Aber das Segel war jetzt unten, wir verzurrten es an der Reling und refften das Groß zweimal.

Nach einer Stunde saßen wir wieder in der Kajüte und warteten. Warteten auf das Nachlassen des Windes. Unser Schiff trieb mehr, als daß es segelte, hielt aber seinen Bug gegen den anstürmenden Westwind.

Am folgenden Nachmittag verwandelte sich das Heulen in der Takelage zunächst in ein leises Singen und verstummte schließlich ganz.

Flaute!

»Meinst du, wir sollten wieder motoren?« fragte Angelika zweifelnd.

»Ein paar Stunden will ich noch warten«, erwiderte ich über-
legend. »Wir dürfen zwar nicht mehr viel Diesel verbrauchen,
aber die ganze Nacht hier herumdümpeln – nein! Wenn kein Wind
aufkommt, stellen wir die Maschine an. Dann fahren wir wenigstens ein kleines Stück in die richtige Richtung!«

Ab 22 Uhr standen wir wieder abwechselnd am Ruder und steuerten nach Westen. Um vier Uhr verkündete ich: »Motor aus –
schlafen!«

Der neue Tag brachte uns zum ersten Mal seit Island freund-
liches Wetter. Wir konnten segeln.

Ich nützte schnell das zeitweise Erscheinen der Sonne und ging
mit dem Sextanten an Deck. Eine Standlinie war das Ergebnis.
Keine genaue Position, denn dazu hätte ich zwei Linien gebraucht. Aber ich hatte jetzt wenigstens eine Ahnung, wo wir uns
wirlich befanden.

Um 100 Meilen hatte ich mich verschätzt! Vielleicht war auch
die Strömung schuld gewesen.

»Es hat keinen Zweck, darum herum zu reden«, begann ich,
Angelika die bittere Pille zu verabreichen. »Wir sind nicht wie
gehofft 800, sondern noch immer 900 Meilen von unserem Ziel
entfernt.«

»900 Meilen von welchem Ziel?« fragte sie vorsichtig.

»Von St. John's.«

»Bist du sicher?«

»Leider ja«, antwortete ich leise. »Strömung oder Wind haben
uns abgetrieben.«

Vielleicht wäre es besser gewesen, ihr nicht die Wahrheit zu
sagen. Aber nun hatte ich gesprochen, und die Folge war ein neuer
Schock für Angelika.

Sie hatte sich innerlich auf die von mir nach der Kenterung angegebene Entfernung von 900 Seemeilen eingestellt, hatte jede ge-
segelte oder motorte Meile abgezogen, und nun brach mit einem
Schlag das Hoffnungsgebäude, das sie sich errichtet hatte, zusammen!

Von nun an glaubte sie mir nie mehr ganz, wenn es um die Position des Bootes ging oder um die Möglichkeit, einen Hafen zu
erreichen. Messungen mit dem Sextanten und die nachfolgenden
Berechnungen schienen ihr einer festen Grundlage zu entbehren.

Langsam und vorsichtig, als ob wir durch eine Felswand kletterten,
setzten wir einen Fuß vor den anderen...

Meine Erklärungen über Strömung und Wind trugen zu ihrer Verunsicherung noch bei.

Um nicht eine neue Enttäuschung zu erleben, stellte sie sich vielmehr darauf ein, daß wir noch einen Monat, vielleicht bis zu ihrem Geburtstag am 12. September, irgendwo auf diesem unendlichen, grausamen Meer herumirren mußten.

Der Wind hatte Stärke sechs erreicht, kam aus Westen, und ich ließ die SOLVEIG unter voller Besegelung mit acht Knoten nach Süden jagen. Weiter, nur weiter! Für jede Meile waren wir dankbar.

Am 11. August drehte der Wind auf Südsüdwest, wir machten eine Wende und segelten nun mit Höchstfahrt nach Westen!

»Sieh doch mal nach dem Barographen«, mahnte Angelika besorgt.

Die Kurve fiel steil nach unten – »senkrecht abwärts« schrieb ich an diesem Tag ins Logbuch.

Ein neues Tief war im Anmarsch!

Um 16 Uhr mußte ich unsere tolle Fahrt abbrechen. Wind und Seegang waren so stark geworden, daß wir eilig die Fock bargen und das Groß zweimal refften.

Im Lauf der Nacht änderte sich das Wetter. Zunächst gab es eine Beruhigung, dann plötzlich neuen Wind aus Nordost. Ich wollte sofort die günstige Brise ausnützen.

»Die Segel müssen wieder rauf!« schrie ich aufgeregt, und wir machten uns daran, die schweren Tücher von ihren Bändseln zu befreien und die Fallen am Kopf der Segel einzuschäkeln.

Bei Nacht, mit steifgefrorenen Fingern, von Brechern durchnäßt, quälten wir uns an Deck herum. Durfte ich Angelika so viel zumuten? Doch es ging darum, möglichst wenig kostbare Zeit zu verlieren.

»Bist du bereit an der Winsch?«

»Ja«, hörte ich ihre kleine Stimme durch den Wind.

»Dann los!«»‹

Ruckweise, Stück für Stück, stieg das weiße Segel am Mast in die Höhe, knallte im scharfen Wind, flatterte hin und her, ließ das ganze Boot erzittern.

Die gleiche Anstrengung mit der Fock, dann brachte ich das Boot auf Kurs, und plötzlich wurde die unheimliche Kraft des Windes spürbar. Mit einem gewaltigen Ruck legte sich das Schiff auf die Seite, nahm Fahrt auf und preschte mit schäumender Bugwelle durch die See.

»Sind wir nicht zu schnell?« In Angelikas Stimme lag Angst.

»Vielleicht ist bei diesem Wind ohne Reff die Grenze erreicht, aber wir müssen weiter, heraus aus diesem Gebiet mit einem Sturm nach dem anderen«, erwiderte ich dumpf. »Die Geschwindigkeit ist toll – sieh doch mal nach!«

»Neun Knoten! Wir machen acht bis neun Knoten!« schrie Angelika nach einem Blick aufs Log.

»Die brauchen wir auch – ich segle weiter, so lange es geht!« rief ich zurück.

Der Wind zerrte an meiner Mütze, griff nach der Jacke, schmerzte im Gesicht.

Ich hatte zwar an bittere Kälte gedacht, als ich uns in Norwegen Wollkleidung und Mützen für das Eismeer besorgt hatte. Aber ich

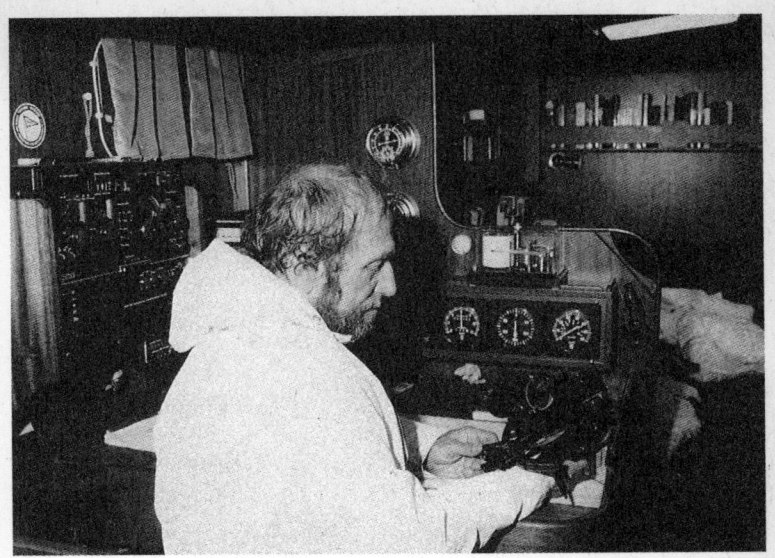

Wir waren nicht wie gehofft 800, sondern noch immer 900 Meilen von unserem Ziel entfernt, ergab die Messung mit dem Sextanten.

hatte nicht mit Kälte von so unbarmherziger, bösartiger Schärfe gerechnet, wie wir ihr jetzt ausgesetzt waren.

Wind von Stärke sechs erzeugt bei einer Temperatur von +10 Grad im ungeschützten Gesicht eine Wirkung, die der von −30 Grad bei Windstille entspricht. Dazu verliert nasse Haut durch stärkere Verdunstung viel schneller an Wärme als trockene Haut.

Vor allem aber hatte ich mich darauf verlassen, daß wir bei starkem Wind nie längere Zeit am Ruder stehen würden. Dafür sollte die automatische Steuerung sorgen. Und die war jetzt ausgefallen – ebenso wie alle anderen technischen Einrichtungen, die ich für die Ozeanüberquerung auf nördlichen Breiten angeschafft hatte: eine besonders leistungsfähige Warmluftheizung, ein Satelliten-Navigationsgerät, das mir die Standortbestimmung unabhängig von Wetter oder Tageszeit ermöglichen sollte, sowie ein kleines Deckshaus mit Windschutzscheibe und Persenning.

Diese und ähnliche Gedanken plagten mein Gewissen, während meine Hände das Steuerrad umklammerten.

Meile um Meile erkämpfte sich SOLVEIG den Weg nach Westen, als wüßte sie, daß es jetzt galt, dieses kalte Meer so schnell wie möglich zu verlassen.

Angelika stand wieder neben mir am Ruder. Jeder fühlte die Nähe des anderen, wir sprachen nicht über die gemeinsame Angst vor einem neuen Sturm.

»Wie sieht es aus in der Kajüte?« fragte ich besorgt.

»Durch die Lüfter kommt immer wieder Wasser herein, die sind einfach nicht dicht!«

»Ist es viel?«

»Die Polster sind überall naß, und der Boden schwimmt«, erwiderte sie.

Die Windhutzen waren bei der Kenterung abgerissen worden. Zwar ließen sich die Luftschächte von innen verschrauben, aber nicht völlig dicht. Es waren solche Wassermengen, die über Deck strömten, wenn das Vorschiff eine See übernahm, daß die Dichtung dem Druck nicht standhielt.

»Ein Sportboot und seine Ausrüstung sind eben für Urlaubsfahrten konstruiert«, versuchte ich Angelika zu erklären. »Was wir hier dem Material zumuten, übersteigt wahrscheinlich die Vorstellungskraft jedes Bootsbauers.«

Sie nickte müde und verschwand nach unten.

Das Salzwasser in der Kajüte bereitete mir Sorgen, wußte ich doch aus Erfahrung, welch unabsehbaren Schaden es anrichten konnte. Auf seinem Weg in die Bilge würde es durch die Polster der Kojen tropfen, in das Holz eindringen, Konservendosen und Lebensmittel anfeuchten und schließlich die ganze Luft mit salziger Nässe erfüllen. Durch die extremen Rollbewegungen des Bootes gelangt das Wasser in alle Ecken, sogar an Stellen, wo man es nicht für möglich hält. Es dringt in Beutel und Schachteln ein und zerstört dort im Lauf der Zeit Objektive, Filmmaterial oder Ersatzteile.

Gegen 23 Uhr wurde der Wind zu stark, er drückte SOLVEIG tief aufs Wasser.

Ich schlug mit der Faust gegen das Luk, schrie Angelikas Namen. Gleich darauf erschien ihr erschrecktes Gesicht. »Was ist los?«

»Wir müssen die Segel bergen, sofort, ich kann das Boot nicht mehr halten! Obwohl ich versuchte, mir die Erregung nicht anmerken zu lassen, klangen meine Worte wie ein Schrei.

»Ich muß nur schnell mein Ölzeug anziehen!« Damit verschwand Angelika wieder.

Das Boot wurde vom Winddruck hart in die Wellen gestoßen, das Steuer drohte meiner Hand zu entgleiten.

Angelika kletterte an Deck, ich hielt das Ruder noch einen Augenblick, brachte den Bug dann in den Wind.

Nach halbstündiger Arbeit waren die Segel so fest verzurrt, daß sie auch ein schwerer Brecher nicht losreißen konnte.

»Ich hätte sie früher bergen sollen«, keuchte ich, »aber ich wollte so lange wie möglich den Nordostwind ausnützen.«

Wir waren grenzenlos müde und von Wind und Nässe durchfroren. Die wenigen Schritte an Deck machten uns Mühe. Langsam und vorsichtig, als ob wir durch eine Felswand kletterten, setzten wir einen Fuß vor den anderen. Die schäumende See bedeutete so sicher den Tod wie ein Abgrund.

In der Kajüte wärmten wir uns die Hände über der Petroleumlampe.

»Es ist alles naß, ich muß die Bilge auspumpen.« Ich betätigte den Schalter, doch bald war abermals der Filter verstopft.

»Glaubst du, daß wir wieder Sturm bekommen?« Angelika sah mich verstört an.

»Ich fürchte, ja. Der Wind nimmt ständig zu.«

Erst nach ein paar Minuten blickte sie wieder auf. »Dann sollten wir uns vorbereiten und alle Gegenstände verstauen oder befestigen, die fallen oder rutschen könnten.«

Meine Müdigkeit war sofort verflogen, selbst die Rückenschmerzen spürte ich nicht mehr.

»Du hast recht, wir müssen uns vorbereiten. Ich werde den verstopften Filter reinigen, das Wasser muß über Bord!«

Unter halbwegs normalen Umständen hätte ich mich geweigert, in diesem wild rollenden Kasten irgend etwas anderes zu tun als mich festzuhalten. Alle zehn Sekunden lagen wir nach jeder Seite 30 Grad oder mehr über!

»Nimm mir bitte die Bretter ab«, bat ich, »und leg sie irgendwohin, wo sie nicht fallen können.«

Die Beine weit gespreizt, um Halt zu finden, hob ich ein Bodenbrett nach dem anderen auf, ebenso das Schott zum Motorraum. Dann legte ich mich auf den Bauch, die Hände im kalten Bilgenwasser. Fluchend suchte ich nach dem Ansaugschlauch der Pumpe. Mein Rücken tat unerträglich weh, die angebrochene Rippe schmerzte. »Ich möchte nur wissen, wo das viele Wasser wieder hergekommen ist. Das kann doch nicht alles durch die Lüfter gelaufen sein!« stöhnte ich. »Stell mal die Pumpe an!«

Angelika griff nach dem Schalter am Instrumentenbrett, aber statt des erhofften Gurgelns ertönte nur ein dumpfes Brummen. Die Pumpe war völlig verstopft!

»Stell ab, schnell!« rief ich, denn der Motor sollte nicht heißlaufen. »Ich muß den Schlauch herausholen!«

Zusammen zogen wir, bis das Sieb freilag. Dann kam die Kleinarbeit: Filter abschrauben, reinigen, zusammenbauen. Ich kroch in den Motorraum, verrenkte mir noch mal den Rücken, nahm den Feinfilter auseinander. Draußen tobte der Sturm.

»Soll ich den Schraubenzieher halten?« Angelika kniete jetzt vor dem Motorraum. »Bei dem Geschaukel rollt er sonst noch in die Bilge.«

»Ja, nimm mal! Ich kriege das Filterglas nicht wieder drauf. Bring mir bitte eine Zange.«

Nach einer Stunde Hantieren mit Schraubenzieher, Deckel und Dichtungen arbeitete die Pumpe wieder.

Außerdem brauchte der Herd eine sichere Befestigung, denn bei seinem Gewicht konnte er wie ein Geschoß durch die Kajüte fliegen. Die Bändsel waren zu schwach. Ich zurrte einen kräftigen Tampen mehrmals um das Gestell und um einen Haltegriff, dann um ein paar Haken und Ösen. Es sah scheußlich aus, aber es hielt.

»Wie stark ist der Wind jetzt?« wollte Angelika wissen. Sie war in der Achterkajüte damit beschäftigt, den Außenbordmotor und die Alukoffer mit den wertvollen Kameras zu sichern. »Ich schätze zehn Windstärken, kann auch mehr sein.« Der Windmesser war bei der Kenterung beschädigt worden. »Komm her, wir sollten etwas essen.«

Wir hockten uns auf die Bank und stützten uns mit den Füßen ab, um nicht vom Sitz zu rutschen, während wir Knäckebrot und Erdnußbutter in den Mund schoben.

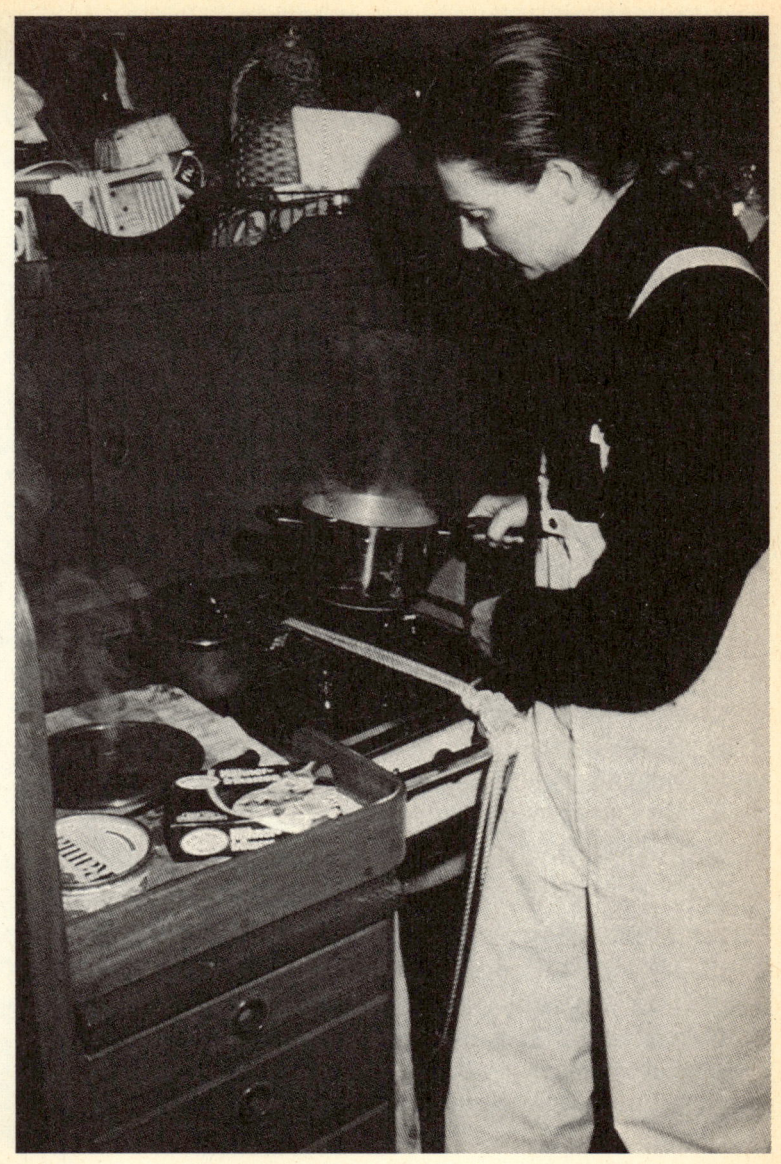

Wenn man den Topf mit einer Hand festhielt, konnte man kochen.

Keiner von uns sprach über Angst, aber uns quälte die Vorstellung einer neuen Kenterung. Der Schock saß noch zu tief, als daß wir das Toben der See gelassen hinnehmen konnten.

Angestrengt horchten wir auf verdächtige Geräusche.

Ein schwerer Brecher landete an Deck. Wasser rauschte ins Cockpit, platschte durch den Schacht des Lüfters nach unten. Angelika schrie auf: »Alles naß! Verdammt noch mal, all meine trockenen Sachen sind schon wieder naß!« Mit einem Lappen versuchte ich sofort, das Wasser aufzufangen, das über die Polster lief. Doch der Schwall hatte voll getroffen und Angelikas Kleider und ihre Decken für die Nacht durchnäßt.

Sie war verzweifelt, denn trockene Kleidung zum Wechseln gab es nicht mehr.

»Sieh mal nach der Petroleumlampe«, bat sie. »Sie ist ausgegangen!«

Ich zerlegte alle zerlegbaren Teile, aber ohne Erfolg. Die Düse des Anzünders war verstopft, wahrscheinlich korrodiert. Außerdem war der Druckbehälter undicht.

»Mist! Müssen wir denn jetzt auch auf dieses bißchen Wärme verzichten?«

Ein dumpfer Schlag gegen die Bordwand war die Antwort. Das Boot legte sich weit über, Wasser brodelte und zischte über und neben uns. Ich hörte, wie es im Cockpit schwappte, und riß das Luk auf: Es war bis zum Schott gefüllt! Durch die Steuersäule stürzte Wasser in den Motorraum, lief über die Maschine, über die Pumpen. Aber das Boot richtete sich wieder auf...

Wie lange hielten wir das noch aus?

»Das war ja ein Riesenbrecher!« Ich wollte etwas sagen, um Angelika Mut zu machen. »Aber ein Boot hält viel aus, viel mehr, als man glaubt. Es kommt nur darauf an, daß die Besatzung durchhält. Wir haben ein gutes Boot, selbst eine Tonne Wasser im Schiff würde keine ernsthafte Gefahr bedeuten.«

Angelika sah mich aus ihren großen Augen an und schwieg.

Ich wußte, was in ihr vorging. Alles schön und gut, dachte sie, was aber, wenn der Mast bricht oder der Motor ausfällt? Oder wenn wir mit dem vielen Wasser im Boot nicht mehr essen und schlafen können?

»Das Mofa!« entfuhr es mir. »Ich muß nach dem schweren Mofa

sehen. Es könnte losgerissen sein und die Takelage gefährden, vielleicht sogar den Mast!«

»Nein, bitte, bleib hier! Geh nicht an Deck!«

»Doch, ich muß! Ich passe auf!«

Schnell schob ich das Luk auf, kletterte über das Steckschott und sprang ins Cockpit.

Die Umrisse des Mofas waren zu erkennen, es stand noch an Deck. Ich kroch zum Want, dann zum Mast, weiter zum Mofa.

Die Tampen waren tatsächlich lose. Ich mußte die Knoten lösen, die Leinen nachziehen, neu verknoten! Danach schnell wieder nach unten.

Gegen vier Uhr früh hatte der Sturm deutlich seinen Höhepunkt überschritten. Vielleicht war der Wind schon schwächer geworden, als der schwere Brecher die SOLVEIG am Nachmittag getroffen hatte.

Das Nachlassen des Windes bringt oft eine besondere Gefahr mit sich: Die See wird vom Sturm aufgepeitscht, aber durch den Winddruck auch abgeflacht. Läßt der Wind plötzlich nach, so wird die Welle von diesem Druck befreit, steht gewissermaßen auf, rennt los und beginnt zu stolpern. Das sind die Minuten, in denen sich die Wassermassen zu steilen Bergen auftürmen und mit Tonnengewichten niederstürzen.

Draußen wurde es endlich ruhiger.

»Ich glaube, wir können uns schlafen legen«, schlug ich vor.

Angelika wickelte sich in ihre nassen Decken.

Ich brachte die Energie nicht mehr auf, das Ölzeug abzulegen, und ließ mich auf die Bank fallen. Schon das Ausziehen der Bootsstiefel hatte Kraft genug gekostet.

Doch wir waren zu naß, zu durchgefroren, um Ruhe zu finden. Außerdem rollte das Boot so fürchterlich in der Dünung des abziehenden Sturms, daß wir ständig eine neue Lage für die schmerzenden Glieder suchen mußten. Wir waren körperlich und seelisch ziemlich am Ende, als der Morgen des 13. August heraufdämmerte.

Vor einer Woche war das Boot gekentert, hatte diesen irrsinnigen Kopfstand vollführt. Seither hatten wir abwechselnd am Ruder gestanden oder versucht, unsere Kajüte wieder bewohnbar zu machen. Es war uns gelungen, etwas Ordnung zu schaffen, aber gegen die Nässe kämpften wir vergeblich.

In den Mittagsstunden ließen Wind und Seegang so weit nach, daß wir zuerst das Groß, dann Fock und Besan setzen konnten. Die düsteren Wolken teilten sich, und verstohlen blitzten erste Sonnenstrahlen auf die graue, öde See. Unsere übermüdeten Augen schmerzten in der ungewohnten Helligkeit.

Ich raffte mich auf, holte den Sextanten aus seinem Kasten, dazu die Stoppuhr, setzte mich an Deck und machte eine Messung, später eine zweite.

Das Ergebnis war verblüffend: 54° 40′ N und 48° 13′ W. Diesmal waren wir weiter gesegelt, als ich zu hoffen gewagt hatte! Unser Kampf um jede Meile hatte sich gelohnt.

»Nur noch 600 Meilen bis St. John's«, verkündete ich erleichtert, aber Angelika ließ sich von meiner Freude nicht mitreißen.

»Bist du dir über unsere Position so sicher? Die Messung könnte doch falsch sein?«

»Nein, falsch kann sie nicht sein, ich habe mehrmals gemessen.«

»Oder du hast in der Tafel falsch abgelesen?«

Ich konnte sie nicht überzeugen. Angelika wollte sich nicht zu früh freuen, wollte sich auf jeden Fall eine spätere Enttäuschung ersparen.

Uns beiden tat die Sonne und die damit verbundene Erwärmung gut.

»Ich bin froh über jeden Breitengrad, den wir nach Süden kommen. Diese Kälte ertrage ich einfach nicht mehr«, seufzte Angelika.

»Von St. John's aus geht es ständig nach Süden«, tröstete ich sie. »Im Dezember schwitzen wir bei tropischer Hitze, und du läufst nur noch im Bikini herum.«

»Das kann ich mir nicht vorstellen. Ich kann mir überhaupt nicht mehr vorstellen, daß es jemals wieder heiß wird.«

Bei Westsüdwest Stärke vier steuerten wir unter voller Besegelung nach Süden, und ich glaubte zu fühlen, wie wir allmählich das Gebiet der größten Sturmhäufigkeit hinter uns ließen.

Zum ersten Mal seit der Kenterung führte ich wieder Logbuch. Anlaß dazu war die Positionsbestimmung. Dort trug ich aber auch ein: »Meine Glieder schmerzen, besonders die linke Schulter. Darunter sind die Rippen geprellt oder angebrochen. A. macht alle Arbeiten am Mast mit Segelsetzen, da ich die Winsch nicht mehr bedienen kann. Ich kenne jetzt nur eine Aufgabe: A. und das Boot sicher in den Hafen bringen!«

Bis zum Abend des nächsten Tages hielt das gute Wetter an, dann briste es auf, und das Spiel mit Segelbergen, Brecher über Deck, Wasser in der Kajüte wiederholte sich.

Vor dem gefürchteten Nebel, der in den Gewässern um Neufundland eine Häufigkeit bis zu 50 Prozent und mehr erreicht, wie im Seehandbuch angegeben, waren wir bis jetzt verschont geblieben. Wie lange noch?

Tage mit gutem Segelwind folgten, und schließlich lagen wir am 16. August in einer Flaute fest.

»Endlich wieder eine Nacht schlafen«, frohlockte ich. Aber da hatte ich nicht mit Angelika gerechnet.

»Wenn wir jetzt motoren, wie schnell sind wir dann?« fragte sie suggestiv.

»Bei ruhiger See machen wir sicher unsere sechs bis sieben Knoten.« Und noch während ich sprach, wußte ich, was sie jetzt sagen würde.

»Dann müssen wir die Flaute ausnützen und die Nacht über fahren, bevor uns ein neuer Sturm einholt. Wir haben doch noch genug Diesel?«

»Ja, für die Nacht reicht es.«

Sie hatte recht; jeder Tag, den wir länger auf See verbrachten, erhöhte natürlich das Risiko, von einem Unwetter überrascht zu werden.

»Gewiß sollten wir jede Möglichkeit nützen, um voranzukommen. Aber meine Schmerzen in den Rippen sind so stark geworden, daß ich das Rad nicht mehr halten kann. Und ich will dir nicht zumuten, acht Stunden am Ruder zu stehen.« Doch mein Einwand war zu schwach.

»Ich werde schon durchhalten – wenn du mich nur ab und zu ein paar Minuten ablöst.«

Angelika begann, eine Mahlzeit herzurichten. Bei der ruhigen See konnte sie sogar einen Topf mit Suppe aufstellen. Nach dem Essen startete ich den Motor.

Die Nacht wurde kalt und feucht, der lang erwartete Nebel zog sich wie ein Schleier über die See, in der Dunkelheit zuerst kaum wahrnehmbar. Wie Watte legte er sich auf das Boot, dämpfte jedes Geräusch – nur das Zischen der Bugwelle und das leise Schlagen von Tauwerk und Schäkeln am Aluminium des Mastes waren noch zu hören. Mit den Geräuschen schwand auch das Gefühl für die Wirklichkeit. Wir befanden uns scheinbar in einem Niemandsland zwischen Himmel und Wasser.

Da absolut nichts zu sehen war, keine Welle, keine Wolke dem Auge als Halt dienen konnte, empfanden wir das Steuern des Bootes als besonders anstrengend. Wir konnten den Blick nur starr auf die Kompaßrose richten, uns an den dünnen, hin und her pendelnden Steuerstrich klammern.

Den unheimlichen Gedanken, daß wir vielleicht nicht die einzigen waren, die blind und für andere unsichtbar ihre Bahn durch diese Geisterwelt zogen, suchte ich möglichst zu verdrängen.

Wenn ich vom Niedergang ins Cockpit stieg, wurde Angelikas Gestalt hinter der Steuersäule zunächst nur schemenhaft sichtbar. Aus der Nähe wirkte sie dann wie eine gespenstische Bühnenfigur – über und über mit Wassertropfen bedeckt, die wie Reifkristalle in der Finsternis den schmalen Lichtschein aus der Kajüte reflektierten.

Der Nebel durchnäßte uns vollkommener, als es der Regen je vermocht hatte. Die Tropfen drangen mit der Luft unter das Ölzeug in die Wollkleidung, bis in die Unterwäsche. Ich hielt meine Wache jeweils nur 20 Minuten durch, dann löste mich Angelika wieder ab. Um vier Uhr früh erlaubte uns eine leichte Brise aus Südwest, endlich wieder Segel zu setzen. Hoch am Wind ließ ich die SOLVEIG nach Süden laufen, während wir fast ohnmächtig auf die Polster sanken. Ausguck zu halten, war bei den Sichtverhältnissen zwecklos. Im Gegenteil: Vielleicht hätten wir in der Kajüte das Maschinengeräusch eines nahenden Fahrzeugs sogar eher gehört als draußen. Aber die Wahrscheinlichkeit, in diesem entlegenen Teil des Ozeans einem Fischdampfer zu begegnen, erschien mir gering.

17. August: noch etwa 300 Meilen bis St. John's, wenn meine Berechnungen stimmten.

Als Angelika mich am Ruder ablöste, suchte ich in der Kajüte nach dem Funkfeuerverzeichnis. Ich halte nicht viel von Funknavigation auf kleinen Booten; zu häufig sind die Peilungen ungenau und können zu schwerwiegenden Fehlern führen. In unserer Lage allerdings wären selbst die schwächsten Morsezeichen von unschätzbarem Wert gewesen, und ich dachte mit Schaudern daran, daß ich mich vor Beginn der Reise nur zögernd zur Anschaffung eines Peilempfängers entschlossen hatte.

Die Funkfeuer der Küste von Neufundland sind in einer Kette angeordnet, die von Labrador über eine Distanz von etwa 800 Seemeilen bis zu Halbinsel Nova Scotia reicht. Sechs Sender sind es im ganzen, die nacheinander jeweils für eine Minute ihre Kennung ausstrahlen. Der dritte von Norden gerechnet ist St. John's.

Zum ersten Mal nahm ich den Empfänger zur Hand, setzte die Kopfhörer auf: »Tüt... Tüt... Tüt...« Schwach, ganz schwach waren Morsezeichen einer Funkstation zu hören. Aber so leise, daß ich keine Kennung zu unterscheiden vermochte.

»In ein paar Tagen können wir, wenn wir Glück haben, in St. John's sein«, meinte ich optimistisch.

Angelika sah mich lange forschend an. »Wenn wir eines Tages nur irgendwo ankommen. Danach werde ich nicht mehr die gleiche sein.«

Meine Nervosität wuchs. Jetzt nur keine Fehler machen! Alle zwei Stunden horchte ich mit den Kopfhörern: immer noch das schwache Piepsen. Auf einem Zettel hatte ich die Kennung von St. John's aufgeschrieben.

Der Wind blieb auch am nächsten Tag günstig, aber am 18. August gegen 23 Uhr waren wir fertig, vollkommen fertig!

Trotz Nordwind der Stärke drei, einer idealen Brise also, bargen wir »ein Segel nach dem anderen«, wie im Logbuch steht, ließen das Boot treiben und fielen auf die Kojen.

Erst am nächsten Vormittag setzten wir wieder Tuch und steuerten weiter mit sechs Knoten Fahrt nach Südsüdwest. Das Wetter war zu diesig, als daß ich eine Messung mit dem Sextanten hätte vornehmen können.

Als Angelika das Ruder übernahm, versuchte ich erneut mein Glück mit dem Funkpeiler.

Da war's!

Ich glaubte es kaum. Das war St. John's, die Kennung von St. John's! Und sogar zwei weitere Funkfeuer kamen rein!

Schnell zog ich das Luk auf. Mit versteinertem Gesicht sah ich Angelika hinter dem Rad stehen, die beiden dicken Wollmützen tief ins Gesicht gezogen.

»Du, ich habe drei Funkfeuer ganz deutlich gehört! Eines hinter uns, eines querab und auch das von St. John's, noch im spitzen Winkel voraus!«

Angelika sah mich an und schwieg. War sie nicht mehr fähig, sich zu freuen? »Sei nur vorsichtig, daß du nicht zu nahe an die Küste gerätst«, sagte sie langsam.

»Bestimmt kommen wir übermorgen an!« ermunterte ich sie nochmals.

»Das kann ich erst glauben, wenn wir da sind.«

20. August: Gegen ein Uhr früh brachte ich das Boot dazu, den Kurs selbst zu halten. Dann schliefen wir beide fest ein.

Um fünf Uhr wachte ich auf, griff nach dem Peilgerät, wartete auf das Zeichen von St. John's, verpaßte es einmal, wartete wieder. Das Herz schlug mir bis zum Hals vor Aufregung.

Die Küste dort ist voll kleiner Inseln, Halbinseln und einzelner Felsen. Ich mußte die Einfahrt nach St. John's genau finden, besonders wenn Nebel aufzog oder schweres Wetter.

Plötzlich ertönte im Kopfhörer die Kennung von St. John's, sehr klar, sehr deutlich und querab, nein, schon ein wenig achteraus! Wir waren fast vorbeigesegelt!

Ich weckte Angelika. Es tat mir leid um ihren Schlaf, und sie schrie auch kurz auf, als ich ihre Schulter berührte. Aber: »Wir müssen sofort Kurs ändern!« sagte ich leise. »Wir müssen Segel bergen und motoren, denn der Hafen liegt jetzt in Windrichtung.«

»Wieso?« murmelte sie verstört. »Können wir nicht noch ein Stück nach Süden segeln?«

»Nein, nein, wir sind schon fast vorbei! St. John's ist nur noch 30 Meilen entfernt, östlich von uns, wir können heute ankommen!«

»Das glaube ich nicht, das kann ich nicht glauben!«

Ich sah wieder Angst in ihren Augen. Fürchtete sie, daß ich einem Irrtum verfallen war?

»Komm jetzt, Segel bergen«, wiederholte ich, und gemeinsam verstauten wir die Tücher an Deck. Dann ließ ich den Motor an, griff nach dem Steuerrad und drehte Solveigs Bug, bis er nach Osten zeigte.

Angelika holte Zwieback ins Cockpit, weigerte sich aber weiterhin, irgendwelche Freudensprünge zu machen.

Wir liefen nicht nur gegen den Wind an, sondern auch gegen die Dünung, und dadurch wurde die Fahrt erheblich verlangsamt.

»Wie schnell sind wir?« wollte ich wissen.

»Über vier Knoten kommen wir nicht!« rief Angelika.

Es war sechs Uhr früh. In sieben Stunden mußten wir es schaffen. Ich gab ein wenig mehr Gas. Die Spannung wurde unerträglich.

Sowie Angelika mich abgelöst hatte, eilte ich in die Kajüte und griff zum Peilgerät. Bei laufendem Motor hatte ich aber so starke Störungen im Empfänger, daß ich keinen Sender finden konnte. Also Maschine abstellen, Kopfhörer aufsetzen – ja, da war es wieder: »Tüt... Tüt...«

Im Lauf der folgenden Stunden wurde die Dünung allmählich flacher: ein sicheres Zeichen, daß wir uns der Küste näherten.

Was wohl in Angelika vorging? Wenn ich am Ruder stand, verkroch sie sich in die Kajüte, versuchte zu schlafen. Um zehn Uhr holte ich wieder den Funkpeiler und stellte mich damit auf das Vorschiff, um möglichst weit vom Motor entfernt zu sein; so wartete ich auf das Signal.

»Ich kann den Sender empfangen!« rief ich voll Freude. »Er ist stärker als das Motorgeräusch!«

Dann kam der Nebel: dichter, undurchdringlicher Nebel zog sich langsam über dem Meer zusammen.

Von jetzt an war das Peilgerät unsere einzige Orientierungsmöglichkeit. Mit dem Auge würden wir die Küste erst auf kurze Entfernung erkennen. Um elf Uhr löste ich Angelika ab. Wie weit noch – fünf Meilen, zehn Meilen?

Ich war am Rande meiner Nervenkraft.

Ruhig nahm das Boot Welle auf Welle, zog seine Bahn über die graue See. Gespannt starrte ich in den Nebel und horchte, ob sich ein Fahrzeug näherte. Nichts – nur die weiße Wand, in die sich SOLVEIGS Bug hineinschob, und das leise Brummen des Motors.

Plötzlich wurde die Wasserfläche größer, mein Gesichtskreis erweiterte sich. Dann sah ich etwas: ein weißes Band, das hoch über dem Wasser zu schweben schien. Mehrere Minuten betrachtete ich die rätselhafte Erscheinung, bis sich ringsum dunkle Konturen abzeichneten.

Das mußten Berge sein! *Dicht vor mir!*

Plötzlich zerriß die Nebelwolke, löste sich auf, und ich erkannte alles auf einmall: das düstere Vorgebirge der Halbinsel, die Umrisse des Leuchtturms und das weiße Band, das sich als Straße entpuppte, die vom Kamm des Hügels zum Leuchtturm hinabführte.

Die Einfahrt nach St. John's! Eine schluchtartige Durchfahrt öffnete sich wie durch Zauberhand. Wir standen direkt davor, sahen an ihrem Ende einige Häuser!

St. John's! St. John's!

Nie in meinem Leben hatte ich die Ankunft in einem Hafen inbrünstiger erfleht.

Ich rief Angelika an Deck.

»Komm rauf, ich will dir etwas zeigen!«

Sehr schnell sprang sie ins Cockpit, starrte dann auf die dunklen Berge vor uns.

Ich deutete mit der Hand. »Das ist die Einfahrt nach St. John's! Dort die Öffnung in den Felsen! Siehst du sie?«

Ich konnte nicht hören, ob Angelika etwas sagte, ich war selbst zu aufgeregt. Aber zum ersten Mal seit der Kenterung sah ich Tränen in ihren Augen. Ungehemmt tief das Wasser über ihr Gesicht. Wir passierten die Spitze des Vorgebirges, und ich fühlte, wie auch meine Augen feucht wurden.

Von hier aus, das sagte mir ein Blick auf die Karte, waren es noch zwei Meilen. *Zwei Meilen!* Keine halbe Stunde mehr!

Unsere Schmerzen, unsere Ängste, unsere Qualen, die wir in Sturm und Kälte gelitten hatten, all das war in diesem Augenblick bereits Vergangenheit.

Vor uns lag, undeutlich noch, ein neuer Lebensabschnitt ...

EIN NEUER ANFANG

Zwischen hohen Felswänden leuchtete an Steuerbord voraus eine rote Tonne – die Fahrwasserbegrenzung der Einfahrt nach St. John's.

Einen Augenblick zögerte ich – Rot sollte doch an Backbord bleiben? Aber dann begriff ich: Wir waren auf der anderen Seite des Ozeans, und dort heißt es: Rot an Steuerbord.

Wir passierten die Tonne, machten dann eine scharfe Wendung um 90 Grad – und auf einmal glitt das Boot über stilles, friedliches Wasser.

»Sieh dort! Das sind die Häuser der Stadt!« Taumelnd vor Glück steuerte ich in den mir wohlbekannten Hafen. Hier hatte ich während der letzten Etappe meiner zweiten Weltumsegelung mehrere Tage verbracht. Im hintersten Winkel des Hafens gab es einen besonders geschützten Platz, erinnerte ich mich.

Angelika hielt Tampen und Fender bereit, ich nahm Gas weg, stoppte die Maschine, ließ SOLVEIG neben einen Fischdampfer gleiten und machte fest.

»So, da sind wir!« Mehr brachte ich nicht heraus, dann fielen wir uns in die Arme, hielten uns minutenlang umschlungen.

»Jetzt müssen wir feiern«, keuchte ich. »Feiern und ausruhen, alles andere ist unwichtig. Wir nehmen ein Hotelzimmer!«

Ich wollte die überstandene Mühsal und Angst vergessen, wollte in einem heißen Bad Salz und Schweiß der vergangenen Wochen abspülen.

»Wir schaffen die Segel unter Deck und gehen ins ›Neufundland‹, das ist ein Luxushotel«, schlug ich vor. »Dort feiern wir unsere Rettung.«

Angelika war begeistert und schwebte trotz klebriger Haut und Erschöpfung im siebten Himmel. Strahlend sah sie mich an. »Dann sollten wir uns erst mal umziehen.«

»Findest du denn saubere Sachen?« fragte ich zweifelnd.

Sie fand ein paar Stücke, nicht ganz trocken zwar, aber sauber. Ich warf die vier Schichten feuchter Wollkleidung, die ich übereinander getragen hatte, in eine Ecke, zog mir Hemd und Hose an. So trat ich vor den Spiegel und erschrak: ein bleiches, eingefallenes Gesicht starrte mich an. Tiefe Ringe lagen unter den Augen, die Haut wirkte welk und um Jahre gealtert. Meine Haare waren strähnig, von Salzwasser verklebt, der Bart war ungepflegt, ich hatte Stoppeln am Hals. Würde man mir im Hotel überhaupt ein Zimmer geben?

»Nimm alles mit, was du an Waschzeug, Shampoo, Haarwasser und Kosmetik für uns beide greifen kannst!« rief ich und warf Rasierapparat, Scheren und Nagelfeile in einen Tragebeutel.

»Wir räumen im Boot nicht mehr auf, das alles hat jetzt Zeit«, bremste ich Angelika, die begonnen hatte, Glasscherben aus dem Spülbecken zu entfernen. Keine Minute wollte ich mehr verlieren. Nur hinaus aus dem feuchten, kalten Chaos des Bootes!

Mit Taschen und einer Plastiktüte voll schmutziger Wäsche beladen, stiegen wir ins Cockpit, schlossen das Luk zu und kletterten über den alten Fischdampfer an Land.

Wir konnten uns kaum auf den Beinen halten, setzten langsam einen Fuß vor den anderen. Erst nach einer Stunde erreichten wir das am Stadtrand gelegene Hotel.

Warum hatte ich nur kein Taxi genommen?

Müde und beladen trotteten wir in die Hotelhalle.

Während Angelika vorsichtshalber unsere Plastikbeutel hinter den Sesseln versteckte, erbat ich am Empfang ein Zimmer. »Mit Bad bitte, nicht mit Dusche!«

Der Portier blickte auf. »Mal sehen«, brummte er und begann dann, umständlich in den Reservierungslisten zu blättern. Ich wurde nervös. Ob er meine Unsicherheit spürte? Sah er mir an, daß ich mich zwei Wochen nicht gewaschen hatte? Eine Ewigkeit schien zu vergehen, bis er mir schließlich den Schlüssel aushändigte.

»Laß schon mal Wasser in die Wanne!« rief ich ungeduldig, als ich die Zimmertür öffnete.

Der mit Fernseher, Schreibtisch und einem Riesenbett nobel ausgestattete Raum war genau das Richtige, um uns von den überstandenen Strapazen abzulenken, zumindest im Augenblick.

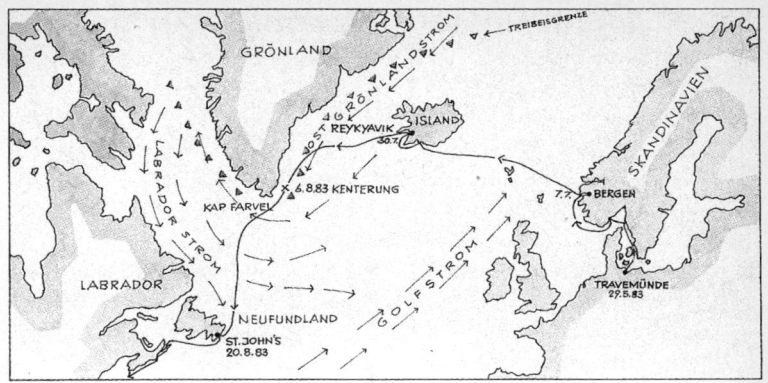

Wir überlegten nicht, wer zuerst baden durfte, gemeinsam stiegen wir in die Wanne und genossen jede Minute im warmen weichen Süßwasser. Aber dann, mit einem Mal, kam die Müdigkeit, diese bleierne Müdigkeit, die jeden Körperteil gefangennimmt.

»Wir müssen uns anziehen, sonst schaffen wir's nicht in den Speisesaal«, sagte ich gähnend. »Ich habe fürchterlichen Hunger!«

»Mir ist schon schlecht vor Hunger«, stöhnte Angelika beim Ankleiden und brachte doch noch die Kraft auf, Lippenstift und Wimperntusche aufzutragen.

Mit vorsichtigen, lahmen Schritten schleppten wir uns ins Restaurant.

»Ob uns jemand anmerkt, wo wir herkommen?« fragte ich leise.

Angelika schüttelte den Kopf. »Das scheint dir nur so. Für andere sind wir ganz normale Hotelgäste. Blaß siehst du aus, aber das fällt nur mir auf.«

Ein merkwürdiges Gefühl blieb doch. So viele Menschen saßen um uns herum, und keiner wußte, was für uns der Aufenthalt in diesem Hotel bedeutete.

»Sieh nur das große Buffet! Da können wir uns toll und voll essen!« Angelika war begeistert.

Wir genossen zwei Stunden lang, doch danach war Schluß. Wie Betrunkene suchten wir den Weg zu unserem Zimmer. Ich weiß nicht mehr, wie wir das Bett gefunden haben. Erst sechzehn Stunden später wachte ich auf. Versuchte mich aufzurichten, fiel ins Kissen zurück.

47

Wo war ich? Ich schlug die Augen auf, kniff sie aber gleich wieder zu, als sich alles um mich zu drehen begann. Meine Glieder schmerzten wie nach einer langen Krankheit.

Es wurde Mittag, bis wir aufgestanden waren, und ich machte den Vorschlag, einen weiteren Tag im Hotel zu bleiben. Wir hatten noch nicht einmal angefangen, unsere Sachen zu waschen.

»Hast du nicht Angst um SOLVEIG?« fragte Angelika, während sie schon wieder in der Badewanne planschte.

»Es wird schon nichts passieren. Das Boot liegt an einem ziemlich unzugänglichen Platz. Außerdem ist heute Sonntag, da können wir sowieso nicht einklarieren.«

Wir dehnten das Frühstück eine Stunde lang aus und begannen dann, unsere mitgebrachte Kleidung zu waschen. Ein Stück nach dem anderen wurde durch das nun reichlich vorhandene Süßwasser gezogen, eingeseift, ausgespült und zum Trocknen auf Betten und Stühlen ausgelegt.

»Wenn das Zimmermädchen jetzt erscheint, gibt's Ärger. Ich hänge besser das Schild ›Nicht stören‹ an die Tür«, sagte Angelika, als sie die im ganzen Zimmer verteilte nasse Wäsche betrachtete.

Ich hatte inzwischen Schrauben, Werkzeuge und Elektronikteile im Waschbecken gespült und sie auf Papierservietten und Handtüchern ausgebreitet. Nach drei Stunden war jede kleinste Fläche, einschließlich Fensterbrett und Fernseher, belegt.

»Wir können hier nicht einmal mehr sitzen«, stellte ich schließlich fest. »Laß uns in die Halle gehen.«

Im Wintergarten nahmen wir Platz an einem Tisch zwischen Palmen und einem künstlichen Wasserfall, bestellten Tee und Kuchen und beobachteten mit irrer Lust, wie sich draußen im Wind die Bäume bogen und der Regen ohne Pause gegen die großen Fensterscheiben klatschte.

»Stell dir vor, wir wären noch unterwegs! Heute wäre es uns wieder richtig schlecht ergangen.« Zufrieden schlürfte ich meinen heißen Tee.

Angelika schüttelte den Kopf. »Nein, das will ich mir nicht vorstellen. Es ist ein Wunder, daß wir hier sind!« Eine leichte Röte überzog ihr Gesicht. »Ich kann es noch immer nicht begreifen, daß wir in einem Hotel im Warmen sitzen. Selbst als ich das Land schon vor mir sah, glaubte ich nicht, daß wir tatsächlich St. John's erreichen würden. Ich hoffte nur, daß wir irgendeine Bucht an der Küste entdeckten, wo wir ankern konnten. Daß du im Nebel ohne Radar, ohne Satellitennavigation den Hafen gefunden hast, ist unfaßbar!«

»Wir müssen versuchen, unseren Schock zu überwinden. Diese Welle war außergewöhnlich, eine Riesensee, wie sie gottlob nur sehr selten vorkommt. Wahrscheinlich ist sie durch die gegenlaufende Strömung vor Grönland entstanden.«

Angelika sah eine Weile ins Leere, dann wandte sie sich mir wieder zu: »Weißt du, für mich wird das Leben nie mehr so sein wie vor der Kenterung. Das war ein Einschnitt. Ich kann es jetzt nicht mehr für selbstverständlich halten, daß ich gesund bin. Und ich freue mich auf die Weiterfahrt, denn unser Boot hat die härteste Bewährungsprobe ausgehalten.«

Ich nickte. »Wir hatten ausgesprochenes Pech, schon auf Island nur Regen und Stürme. Die Isländer sprachen ja vom schlechtesten Sommer seit Menschengedenken.«

Für Angelika hatte in Travemünde der erste Segeltörn ihres Lebens begonnen, und ich fühlte mich für den schrecklichen Verlauf der Fahrt mit verantwortlich. Dabei hatte ich so sorgfältig geplant: zuerst sechs Wochen Küstensegelei in den schwedischen Schären und den Fjorden Norwegens, um uns beiden Zeit zu geben, mit dem Boot und seinen Einrichtungen vertraut zu werden. Dann von Bergen eine nicht allzu weite Überfahrt nach Island und später nach Grönland. Das war die alte Route der Wikinger, die sogar Neufundland in ihren schnellen Langschiffen erreicht hatten.

Für eine kleine Yacht bedeutete dieser Kurs sicherlich harten Einsatz, aber ich wollte uns beiden und meinem neuen Boot eine besondere Leistung abverlangen. Was dann vor Grönland geschah, war nicht vorhersehbar gewesen.

Mit den Folgen mußten wir nun fertig werden, die Schäden so schnell wie möglich beseitigen. Denn im September beginnt in Neufundland der Herbst, und es ist ein weiter Weg über Halifax und New York bis in die Südstaaten der USA und dann an den Bermudas vorbei in die Karibik. Die Karibik war unser Ziel für Weihnachten und für das Jahresende.

Am Montag wollten wir zunächst bei Angelikas Mutter am Tegernsee anrufen, um ihr unsere Ankunft zu melden. Im Hotel wäre das Überseegespräch sehr teuer geworden, und ich zerbrach mir ohnehin den Kopf, wie ich die hohen Reparaturkosten aufbringen sollte, die jetzt auf uns zukommen würden.

Unser erster Gang in die Stadt, die auch am Werktag einen ziemlich trostlosen Eindruck machte, führte uns deshalb zur Post.

»Wir möchten gern telefonieren, nach Europa.«

Ein erstauntes Gesicht hinter dem Schalter. »Telefonieren? Warum telefonieren Sie nicht von Ihrer Wohnung aus? Hier ist kein Telefon!«

»Aber es muß doch eine Möglichkeit geben, einen Fernsprecher zu benützen! Hier war doch vor ein paar Jahren ein Telefonamt?« wandte ich ein.

»Ja, das gab's einmal, aber das ist aufgelöst.«

»Und jetzt, wo telefoniert man jetzt?«

»In den Telefonzellen!«

»Aber doch nicht mit Europa, da kann man doch nur 20-Cent-Münzen einwerfen!«

»Dann weiß ich auch nicht weiter. Fragen Sie mal im Telegraphenamt.«

Wir gingen zu Cable & Wireless. Auch dort bedauerndes Kopfschütteln. »Früher ja, da hatten wir hier eine Sprechzelle, aber die gibt es nicht mehr.«

»Es muß aber doch irgendwo möglich sein, ein Ferngespräch zu führen?«

»Vielleicht versuchen Sie es im neuen Telefonamt, das liegt etwas außerhalb der Stadt, hinter dem Hotel ›Neufundland‹!«

Wir trotteten, nun schon ermüdet, am Hotel vorbei und fanden auf grünen Wiesen einen prächtigen Neubau: große Empfangshalle, Telefonapparate in Vitrinen, Dutzende von Büros.

Frage an den Pförtner: »Können wir hier telefonieren? Nach Europa?«

»Hier ist kein öffentliches Telefon, da müssen Sie in eine Zelle gehen!«

»Ja gewiß, ich möchte aber nach Europa telefonieren!«

»Moment, ich will mal fragen.«

Er sprach mit verschiedenen Stellen, aber ohne Erfolg. Schließlich landeten wir – inzwischen war es Nachmittag geworden – im Hotel »Neufundland« und dort in einer Telefonzelle mit Münzautomat. Ich warf 20 Cents ein und wählte das Amt.

Die Stimme einer jungen Dame meldete sich.

»Ich möchte gern mit Europa sprechen«, sagte ich schüchtern.

»Haben Sie genügend Münzen?« hauchte die freundliche Stimme.

»Was heißt da genügend? Ich würde doch hundert oder mehr Münzen brauchen. So lange können Sie ja gar nicht warten, bis ich alle eingeworfen habe!«

»Da haben Sie auch wieder recht. Was machen wir nun? Warum rufen Sie nicht von zu Hause aus an?«

»Ich bin nicht hier zu Hause, ich bin aus Deutschland.«

»Oh! Was kann ich da für Sie tun? Wollen Sie vielleicht ein R-Gespräch? Dann zahlt der Teilnehmer in Deutschland.«

»Das wäre ja hervorragend! Können Sie das vermitteln?«

»Ja, sicher. Geben Sie mir die Nummer, dann rufe ich durch.«

Endlich eine Möglichkeit!

Tatsächlich meldete sich Angelikas Mutter. Ich rief sofort: »Hallo – wir sind's, wir sind angekommen!«

Dann klick ... Aus!

Nach einer Weile meldete sich das Fräulein vom Amt, diesmal mit vorwurfsvoller Stimme: »Ich mußte Sie unterbrechen, es gibt keine R-Gespräche nach Deutschland! In der ganzen Welt wird verrechnet, aber nicht in Deutschland.«

Ende. Es gab tatsächlich keine Möglichkeit, mit Deutschland zu telefonieren, es sei denn, ich hätte noch einmal ein Hotelzimmer genommen. Die Dame am Empfang hatte nämlich auch keine Sprechstelle, auf die sie ein Gespräch hätte legen können.

Ich war schon froh, daß wenigstens die Nachricht unserer Ankunft durchgegangen war, und ärgerte mich über die Deutsche Bundespost, die als einzige nicht den Service des R-Gesprächs bietet.

Auf dem Weg zum Hafen fiel mir auf, daß sich St. John's in den letzten Jahren verändert hatte. Armut war eingezogen, die meisten Häuser wirkten schäbig, die Auslagen der Geschäfte dürftig, der ganze Ort war leblos und farblos.

Was war aus der geschäftigen Hafenstadt geworden?

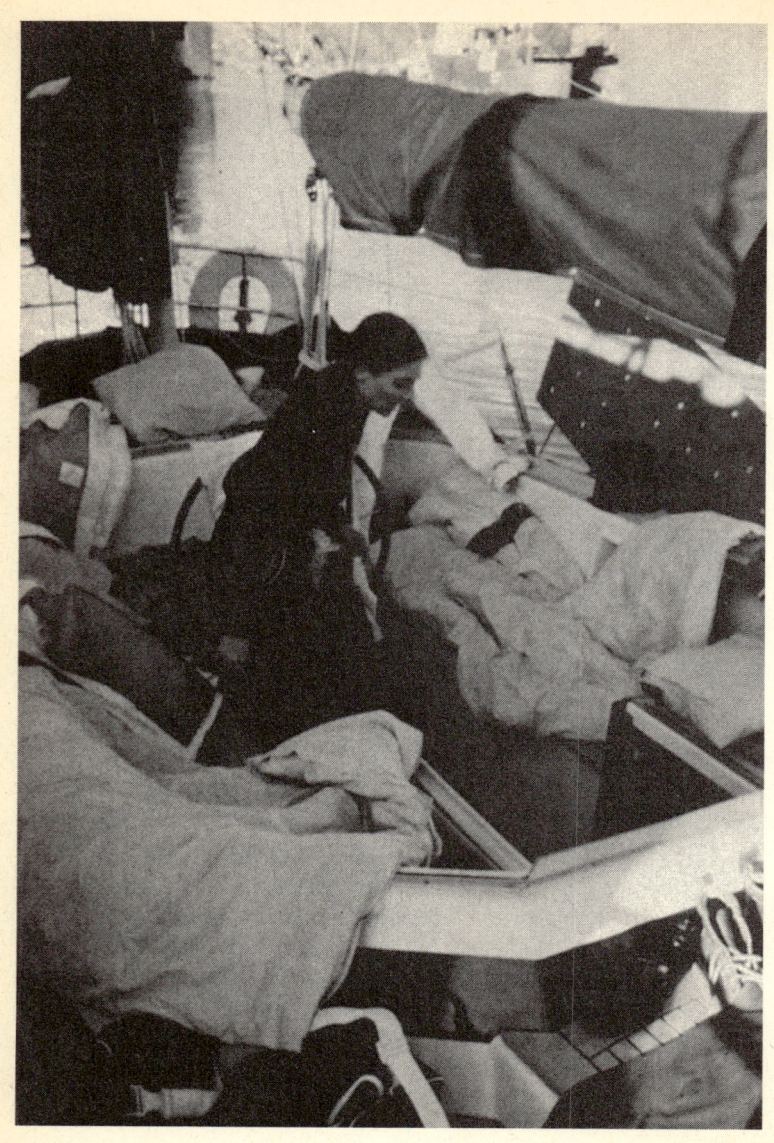

Am späteren Nachmittag kehrten wir zur Solveig *zurück. Zurück zu unserem Trümmerhaufen in einer ehemals schmucken Yacht.*

Auch in Europa stieg 1983 die Arbeitslosigkeit bedenklich an, doch hier in Kanada traten die Auswirkungen der Krise sichtbarer hervor. Vielleicht kam für St. John's noch hinzu, daß Grönland seine Gewässer für fremde Fischereifahrzeuge gesperrt hatte und der Hafen nun nicht mehr für Überholungsarbeiten angelaufen wurde. Zwei russische Walfänger lagen am Kai der Werft, sonst aber hatten keine größeren Schiffe festgemacht.

Am späteren Nachmittag kehrten wir zur SOLVEIG zurück. Zurück zu unserem Trümmerhaufen in einer ehemals schmucken Yacht.

Der Bootsbauer hatte sich viel Mühe gegeben mit der Holzverarbeitung der Inneneinrichtung, doch nun waren Türen herausgerissen, Schubladen gesplittert, Lackflächen zerkratzt und tiefe Furchen in das schöne Holz gezogen. Am schlimmsten hatte sich die Farbe ausgewirkt, die aus einer aufgeplatzten Dose über Bodenbretter, Teppichbelag, die gesamte Pantry und an die Decke gespritzt war. Wo anfangen?

Die Entscheidung fiel nicht schwer. Wir froren beide, denn die erhoffte Sonne ließ sich nicht blicken.

»Erst will ich versuchen, die Heizung wieder in Gang zu bringen. Dazu muß ich das ganze Aggregat ausbauen, nimm dann bitte die einzelnen Teile entgegen«, sagte ich zu Angelika.

Im engen Motorraum war es nicht leicht, an die vielen Schrauben und Stecker heranzukommen, aber am Ende lagen die Stücke der Heizung im Cockpit. Ihre Innereien waren verrußt, und Salzwasser lief in dicken schwarzen Tropfen auf das Zeitungspapier, das wir vorsichtshalber ausgelegt hatten.

Ich begann die Teile mit Zahnbürste, Schraubenzieher, Lappen, Drahtbürste und Klopapier zu reinigen. Nach wenigen Minuten waren Gesicht, Hemd und Hände so voller Ruß, wie es sich für einen ordentlichen Kaminkehrer gehört. Plötzlich sah ich eine Gestalt auf dem Fischdampfer neben uns, sie kam zur Reling: eine junge Frau mit Rucksack!

Ich blickte sie verdutzt an. »Wo kommst denn du jetzt her?!«

Es war Sylvia, eine befreundete Journalistin aus München, die wir erst einige Tage später erwartet hatten. Sie wollte drei Wochen Urlaub an Bord der SOLVEIG verbringen, und ich hatte gehofft, das Boot bis zu ihrer Ankunft wieder bewohnbar zu haben.

»Ich bin seit gestern hier«, sagte sie. »Da dachte ich mir, schau mal im Hafen vorbei, ob ich vielleicht schon die SOLVEIG finde.«

»Dann komm nur an Bord!« Ich nahm ihren Rucksack. »Entschuldige, wie ich aussehe, aber uns geht es nicht gerade gut. Angelika wird dir erzählen, was geschehen ist.«

Und Sylvia erfuhr nun die Geschichte unserer Sturmfahrt.

»Ich helfe euch natürlich, sagt mir nur, was ich tun kann!« war ihre spontane Reaktion.

Ein großherziges Angebot. Wir versuchten gar nicht erst, die gebotene Hilfe abzulehnen. Wahrscheinlich hatte die Schicksalsgöttin persönlich dafür gesorgt, daß Sylvia zufällig ein paar Tage früher als geplant auf der SOLVEIG erschien.

Ich nahm die unterbrochene Arbeit wieder auf, kratzte weiter Ruß aus den Röhren der Heizung, drehte Schraube auf Schraube ein, und abends durchströmte endlich die ersehnte Wärme das Boot vom Bug bis zum Heck.

Sylvia übernachtete zunächst in der Jugendherberge, da wir noch kein sauberes Bettzeug für sie hatten, und kam am nächsten Morgen zum Frühstück. »Wie wäre es, wenn wir das Mofa an Land brächten? Dann könntest du Sylvia mit einem Segelsack voll Wäsche zum Waschsalon fahren und später wieder abholen«, schlug Angelika vor.

Die Mühe lohnte sich. Schon beim ersten Versuch sprang der Motor an, und nachdem ich den Rost mit Öl entfernt und die Bowdenzüge für Gashebel und Bremse gefettet hatte, konnten wir losfahren.

Angelika brach in schallendes Gelächter aus. »Wenn ihr zwei euch sehen könntet, mit diesem dicken Segelbeutel auf dem kleinen Mofa!«

Es muß wirklich grotesk ausgesehen haben. Die Menschen auf der Straße blieben stehen, blickten uns nach und lachten, wenn wir vorbeifuhren.

Viele Stunden saß Sylvia von nun an im Waschsalon – mit dem Erfolg, daß sie nicht nur ihre gesamte Reiselektüre innerhalb weniger Tage ausgelesen hatte, sondern daß am Ende unsere Wäsche und Kleidung wieder trocken in den Schapps lag.

Unterdessen fuhr ich mit dem Mofa, das wir »Schnauferl« getauft hatten, von Firma zu Firma, um nach technischen Ersatzteilen zu fragen. Abends berichtete ich dann ausführlich, wenn wir um den Tisch saßen und Angelika reichhaltige Menüs auftrug. Nach zwei Tagen hatte ich endlich eine Erfolgsmeldung.

»Ich habe eine Firma für Schiffselektronik gefunden, die mir das Steuergerät für den Autopiloten und die Antennen für Satnav und UKW-Funk besorgen und einbauen wird. John, so heißt der Chef, hat mir versprochen, sich in Kanada um die Geräte zu bemühen. Zehn Tage, schätze ich, wird es dauern, bis alle Ersatzteile per Luftfracht hier sind.«

»Mit Luftfracht? Wird das nicht sehr teuer?«

Diese Frage hatte ich erwartet. »Ja – leider, aber wir brauchen die Geräte. Wir haben noch fast die ganze Weltumsegelung vor uns.«

Von der langen Reparaturzeit war natürlich auch Sylvia betroffen, doch sie behielt trotzdem ihre gute Laune, holte einen kleinen Taschenkalender, überlegte und rechnete; schließlich kam sie zu dem Schluß, daß sie vielleicht eine Woche verlängern konnte.

Angelika hatte sich neben sie gesetzt. »Spätestens Anfang September sollten wir weitersegeln, sonst holt uns die Kälte wieder ein«, meinte sie nach einer Weile.

Zum Glück hielt John Wort. Während wir drei SOLVEIGS Einrichtung in Ordnung brachten, installierten seine Leute Antennen und elektronische Bauteile.

Eines Tages, die Vorbereitungen für die Weiterfahrt waren so ziemlich abgeschlossen, fuhr ein Polizeiwagen vor. Zwei Beamte stiegen aus und winkten mich heran. Wenn die Polizei kommt, habe ich immer ein schlechtes Gewissen, und ich war entsprechend unruhig.

»Ist das Ihr Motorrad?« fragte der eine.

»Ja, ich habe es aus Deutschland mitgebracht«, erwiderte ich mit unschuldiger Miene.

»Haben Sie es hier angemeldet?« wollte nun der zweite wissen.

»Nein.« *Das* war es also!

»Sie hätten es aber anmelden müssen! Vor allem dürfen Sie nicht zu zweit fahren und ohne Helm. Wir haben verschiedene Anzeigen bekommen und den Auftrag, Sie zu suchen.«

Ich stellte mich unwissend, aber meine Ausreden waren schwach.

»In Ordnung, wir wollen Ihnen keine Schwierigkeiten machen«, sagte schließlich der erste Polizist. »Wir wollen auch von einer Bestrafung absehen. Aber Sie sollten nicht mehr fahren! Seien Sie vorsichtig, denn die Kollegen könnten Sie bestrafen.«

Wir verabschiedeten uns lachend; ich erlebte bei diesen beiden Männern wieder die herzliche Gastfreundschaft, die uns in St. John's überall entgegengebracht wurde. Besonders John hatte SOLVEIGS Wiederherstellung zu seiner eigenen Sache gemacht. Er half mir in vielen Angelegenheiten kostenlos und gab am Ende auf den Rechnungsbetrag noch erheblichen Rabatt.

Mit Sorge hatte ich das Wetter beobachtet. Stürmischer Wind und Regen folgten einander, doch am 4. September herrschte Friede in der Natur.

Wir beschlossen, die Überfahrt zu der französischen Insel St. Pierre zu beginnen.

Als ich das Boot aus dem Hafen steuerte, zwischen den Felswänden hindurch, durch die wir zwei Wochen zuvor hereingekommen waren, spürten Angelika und ich, wie sehr wir noch immer unter dem Einfluß des Erlebten standen. Meine Knie wurden weich, obwohl keinerlei Anlaß zu Angst oder Sorge bestand.

Sylvia stand mit uns im Cockpit, und kaum daß die ersten Dünungswellen unser Boot von einer Seite auf die andere rollen ließen, sah ich eine verräterische Blässe in ihr Gesicht steigen.

»Wie geht's?« erkundigte ich mich vorsichtig.

»Oh, mir geht's gut!« gab sie tapfer zur Antwort. Doch bald folgte die unvermeidliche Frage: »Wie lange dauert die Überfahrt?« Sylvia hatte sich auf die Bank im Cockpit gesetzt, den Blick starr nach vorn gerichtet.

»Tut mir leid, ich kann dir nichts Genaues sagen. Wir sind auf einem Segelboot«, versuchte ich zu erklären. »Unsere Ankunftszeit ist so unsicher wie das Wetter in diesem Teil des Ozeans. Aber länger als drei Tage werden wir nicht brauchen.«

Sylvia zog sich sehr bald auf ihre Koje zurück, nachdem sie Neptun ihr Opfer gebracht hatte, und blieb für den Rest der Überfahrt dort liegen.

Auch Angelika hatte zunächst mit Übelkeit zu kämpfen; sie erholte sich aber nach einem Tag.

»Du hast es gut«, sagte sie bei der ersten Suppe, die sie wieder mit Appetit löffeln konnte. »Du weißt ja gar nicht, was Seekrankheit ist!«

»Das stimmt nicht ganz«, korrigierte ich. »Zwar werde ich nicht seekrank, aber ich fühle mich lange Zeit müde und muß mich zu jeder Arbeit zwingen.«

Wir steuerten an der Küste entlang zu einer Inselgruppe, die geographisch noch zu Neufundland gehört: einige große Felsblöcke im Meer, nur etwa zwanzig Meilen südlich Neufundlands gelegen. Und doch hat diese Inselgruppe ihre ganz eigene Geschichte.

St. Pierre und Miquelon, so heißen die Felsen, gehören nämlich zu Frankreich. Man findet sie in jedem Postgebührenheft als französische Territorien, aber nur die wenigsten wissen, daß es sich um ein Gebiet in Kanada handelt, einen Rest des einstmals großen französischen Kolonialreichs in Nordamerika.

Die kleinste der drei Inseln, St. Pierre, besitzt einen hervorragenden Naturhafen, und dort liegt auch die Hauptstadt gleichen Namens. Miquelon und Langlade, die beiden anderen Inseln, waren früher durch einen flachen Kanal getrennt. Bei Sturm und Nebel strandeten dort in den letzten zweihundert Jahren so viele Schiffe, daß Sand an die Wracks gespült wurde und sich immer mehr häufte; so ist im Lauf der Zeit ein Damm entstanden.

Trotz guter Seekarten sind die Klippen von St. Pierre ein Schiffsfriedhof geblieben. Nur zu oft erwies sich der dichte Nebel, der hier so häufig aufkommt, als todbringende Falle. Man sollte meinen, daß moderne Navigationshilfen diese Gefahr gebannt haben, doch das können sie nur, solange sie auch zuverlässig funktionieren.

Am 18. Mai 1971 befand sich der 4000-Tonnen-Frachter TRANS-PACIFIC der Poseidon-Linie Hamburg, aus dem St. Lawrence River kommend, auf der Fahrt nach Europa. An Bord waren außer der Ladung Holz und Aluminium noch elf Passagiere.

Der Frachter bekam plötzlich Schwierigkeiten mit den Radar- und Decca-Geräten. Schier unglaublich, daß beide Geräte gleichzeitig ausgefallen waren! Kapitän Sperling nahm Funkkontakt mit St. Pierre auf und bat um technische Hilfe. Er wollte vor der Hafeneinfahrt stoppen und die Ingenieure an Bord nehmen. Dann verschwand das Schiff im Nebel.

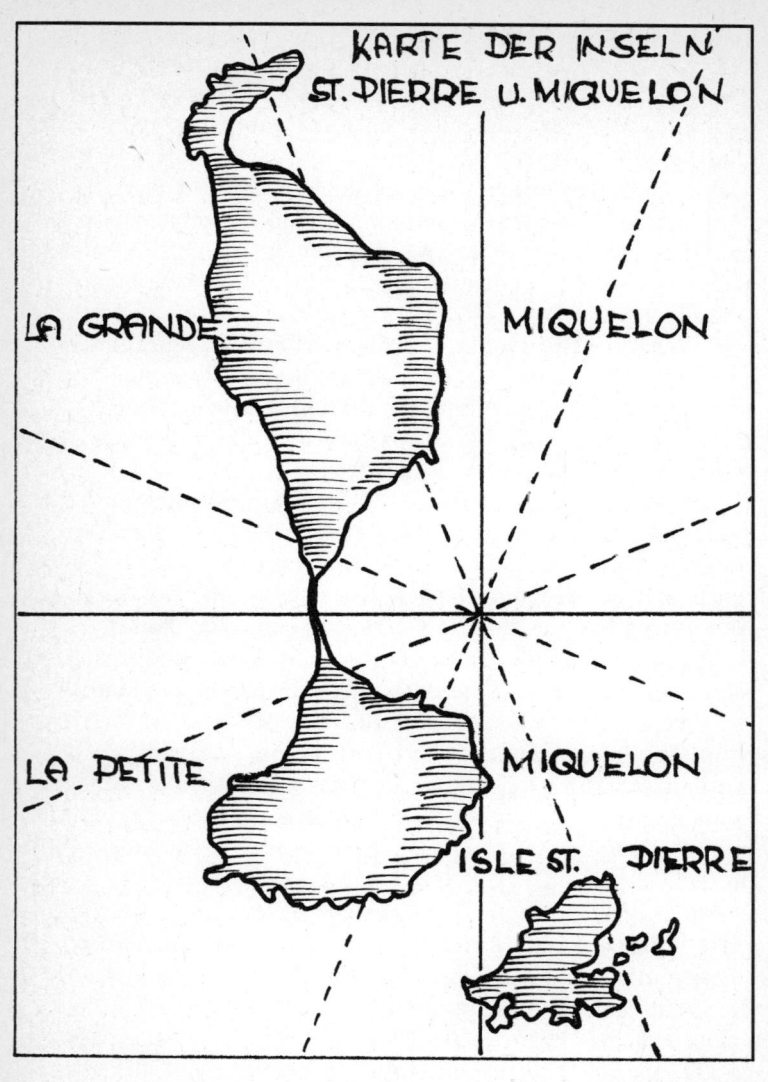

Die Inseln St. Pierre und Miquelon nach einer alten Karte

Plötzlich sahen Fischer die Umrisse der TRANSPACIFIC dicht bei einer felsigen Untiefe auftauchen. Sie versuchten zu warnen – vergebens! Das Schiff lief mit voller Fahrt auf die tückischen Klippen und mußte nach Rettung der Passagiere und Mannschaft aufgegeben werden.

Kapitän Sperling lud noch zu einem exquisiten Abschiedsdiner mit den teuersten Delikatessen ein, die sich an Bord befanden, und verließ dann mit allen Offizieren den Havaristen.

Anschließend gelang den Fischern von St. Pierre nach guter alter Piratentradition einer jener Raubzüge, die schon immer einen guten Teil des Volkseinkommens der etwa 8000 Seelen zählenden Gemeinde ausgemacht hatten: Sie plünderten das Schiff bis zum letzten Nagel! Tausende von Kisten, die gesamte Schiffseinrichtung, Nahrungsmittel und Bekleidung fanden ihren Weg in die Hütten der Einwohner.

Die felsige Insel hatte so gut wie keine Rasenfläche, doch nach dem Scheitern der TRANSPACIFIC tauchten auf einmal an die 200 Motorrasenmäher im Städtchen auf, was einen der deutschen Offiziere zu der Bemerkung veranlaßt haben soll, daß die Einfuhr von Grassamen jetzt sicher ein lohnendes Geschäft wäre. Ich könnte mir jedenfalls vorstellen, daß Kapitän und Mannschaft der TRANSPACIFIC das Eiland nicht in bester Erinnerung behalten haben.

Übrigens hatte ich 1979 schon einmal versucht, St. Pierre anzulaufen, mit der SOLVEIG III. Aber ich geriet in Nebel, und da ich kein Navigationsgerät besaß, drehte ich kurz vor dem Ziel wieder ab, obwohl ich die ersten Felsen schon sehen konnte.

Unser Satnav war von John repariert worden und stand mir diesmal zur Verfügung. Ich konnte also meinen Standort alle drei bis vier Stunden bestimmen. Dennoch war ich unruhig, als wir uns während der Nachtstunden den Felsen und Klippen näherten. Wegen der Fischereifahrzeuge, die unseren Kurs von allen Seiten kreuzten, hatten wir kein Auge zugetan. Zu allem Überfluß fiel in den ersten Morgenstunden auch noch dichter Nebel ein. Keinesfalls durfte ich mich also vor Tagesanbruch der Hafeneinfahrt nähern.

Gegen sieben Uhr bargen wir die Segel und steuerten mit gedrosseltem Motor auf die Küste zu. Erst im letzten Augenblick erkannte ich den Leuchtturm, der wie ein warnender Finger aus den Nebelschleiern hervorstach.

»Glaubst du wirklich, daß es in St. Pierre französischen Wein und französisches Brot gibt?« wollte Angelika wissen, während ich vorsichtig nach Karte über das ruhige Wasser der Bucht steuerte.

»Wo Franzosen leben, gibt es außer gutem Brot auch französischen Wein und Käse. Ich kann mir nicht vorstellen, daß es hier anders ist.«

Wir hatten das innere Hafenbecken erreicht, und ich hielt nun auf den Kai zu.

Nach der Einklarierung luden mich Angelika und Sylvia, die sich von der Seekrankheit inzwischen erholt hatte, zu einem reichhaltigen Frühstück mit Spiegeleiern, Thunfisch, Corned beef, Marmelade, Brot und Tee ein. Zu dritt unternahmen wir dann den ersten Einkaufsbummel und fanden zu unserer Freude nicht nur Wein und Käse, sondern auch französisches Gemüse, französische Konserven und zollfreien Whisky. Auch wenn ich keinen Alkohol trinke, so genießt Angelika doch gern ab und zu ein Gläschen.

St. Pierre hat seine Glanzzeit schon lange hinter sich und lebt heute von großzügig gewährten Zuschüssen aus dem Mutterland Frankreich. Zu größtem Wohlstand kamen die Inseln nicht etwa durch Fischerei auf den Neufundlandbänken – obwohl die Fänge früher reichhaltig waren –, sondern durch Alkoholschmuggel zur Zeit der Prohibition in den USA. Im Freihafen St. Pierre wurden seinerzeit jedes Jahr Tausende von Schiffsladungen Rum und Brandy umgesetzt. Dabei blieb viel bei den Händlern hängen, und ich bin sicher, daß auch heute noch manche zwielichtige Transaktion in den Hafenkneipen des romantischen Städtchens abgewickelt wird.

Wir hatten einen angenehmen Liegeplatz gefunden, der wegen der mühelosen Wasserversorgung schon an Luxus grenzte. Ich konnte den Schlauch direkt an Bord ziehen, und so war es möglich, zum ersten Mal unsere Dusche richtig auszunützen.

Leicht hätten wir es ein paar Wochen in St. Pierre ausgehalten, aber die Zeit drängte. Sylvias Urlaub ging zu Ende, und ich wollte ihr noch ein Naturwunder zeigen: die Bras d'Or Lakes, die »Goldenen Seen« auf der Insel Cape Breton.

Diese Seenplatte zieht sich etwa hundert Meilen lang über die ganze Insel hin und ist auf der Nordseite durch eine schmale Einfahrt, auf der Südseite durch einen kleinen Kanal mit der offenen See verbunden.

»Cape Breton Island ist ein Naturpark, und die Seen liegen inmitten dichter Nadelwälder. Außerdem: Auf diesem Binnengewässer gibt es keine großen Wellen – da wirst du bestimmt nicht seekrank«, versicherte ich Sylvia.

Sie sah mich mit einem langen traurigen Blick an. »Wie weit ist es noch bis dahin?«

»Etwa 200 Seemeilen, also zwei bis drei Tage, wenn wir nicht gerade Südwind bekommen. Das schaffst du bestimmt«, ermutigte ich sie.

Es war wieder nebelig, und schweren Herzens verließen wir am 8. September den schönen Liegeplatz. Zwei Stunden hielt das Wetter mit einer achterlichen Brise von Stärke drei an, dann schlug es abrupt um. Windstärke fünf, uns entgegen: Südwind!

»Ich kann den Kurs nicht mehr halten!« rief ich in die Kajüte hinunter. »Wir müssen kreuzen oder motoren!«

Angelika erschien am Niedergang. »Sylvia geht es schlecht. Bei der starken Dünung kann sie sich nicht mehr auf den Füßen halten.«

»Dann sollten wir motoren und direkten Kurs gegenan steuern«, schlug ich vor.

»Jede Stunde, die wir früher ankommen, ist für Sylvia ein Geschenk«, bestätigte Angelika und verschwand in der Kajüte.

Ich startete den Motor und stellte den Autopiloten ein. Das Boot begann fürchterlich zu stampfen, der Bug schoß in die Höhe, sank dann wieder ins Wellental. Unten im Salon fand ich Sylvia völlig apathisch auf der Bank liegen, kalkweiß im Gesicht. Sie öffnete kaum die Augen, als ich mich zu ihr setzte.

»Der Wind steht uns jetzt entgegen«, sagte ich nach einer Weile. »Das ist schade. Aber wir werden vielleicht schon morgen abend ankommen.«

Leider war mein Optimismus verfrüht. Bei diesem Seegang mußte der Autopilot viel arbeiten, ständig drehte das Steuerrad hin und her. Schon nach ein paar Stunden war die Anlage heißgelaufen, so daß ich das Gerät abstellen mußte.

»Das kann doch nicht wahr sein!« ärgerte sich Angelika und zog einen zweiten Pulli, Ölzeug und Wollmütze über. »Jetzt dürfen wir wieder in der Kälte stehen und von Hand steuern!«

Ich nickte resigniert. »Wenn wir weiter nach Süden kommen, wird es wenigstens wärmer.«

Am folgenden Abend kreuzten wir vor der Nordspitze Neuschottlands. Nur wenige Meilen trennten uns noch von der Einfahrt in die Seen. Doch Sylvia war an Ende und bat mich, den nächsten Hafen anzulaufen. So entschlossen wir uns am Morgen, in den Hafen von Sydney, einer alten Bergwerksiedlung, zu segeln und Sylvia an Land zu bringen.

Ironie des Schicksals: Kaum hatte Sylvia das Boot verlassen, um einen Autobus nach den USA zu besteigen, kam die Sonne zum Vorschein, und der Wind legte sich.

Nur zehn Meilen von Sydney entfernt öffnete sich die romantische Einfahrt in den ersten der Salzwasserseen. Von Wäldern zu beiden Seiten umgeben – ähnlich den Fjorden Norwegens –, segelten wir durch eine von Menschenhand noch kaum berührte Landschaft. Knorrige Fichten breiteten ihre Arme über blankgewaschene Felsen, hinter jeder Biegung des Fahrwassers öffnete sich eine neue Bucht, die zum Verweilen einlud.

Die erhabene Einsamkeit der Wälder wurde nur durch eine Uferstraße unterbrochen, die die wenigen Dörfer mit dem Festland Kanadas verband.

Welch ein Ferienparadies!

Nicht auszudenken, wie viele Tausende von Segelbooten und Surfbrettern an Sonntagen diese Seen bevölkert hätten, läge die Insel im europäischen Wochenendbereich!

So aber zogen wir einsam unsere Bahn auf dem tiefblauen See, und ich suchte mir auf der Karte in aller Ruhe eine besonders verschwiegene, durch mehrere Windungen vom Hauptsee getrennte Bucht, um dort Angelikas Geburtstag zu feiern.

Welch ein Glück, daß ich ihr trotz aller Widrigkeiten dieses Geschenk machen konnte und daß sogar das Wetter bereit war mitzufeiern.

Am Morgen des 12. September lag Frühnebel über dem stillen Gewässer, der Sommer wollte sich verabschieden. Aber schon eine Stunde später brach die Sonne mit kräftigen Strahlen durch das Grau. Die dunklen Fichten am Ufer wurden sichtbar, und Angelika stand zum ersten Mal auf dieser Reise im Bikini an Deck, kletterte die Leiter am Heck hinunter und ließ sich in die herbstlich kühle Flut fallen.

»Traumhaft!« rief sie zurück. »Es ist nicht mal kalt!«

Ihre Stimme hallte wie in einem Saal über das spiegelglatte Wasser, bis in die Wälder. Einen Augenblick schienen sogar die Vögel erstaunt innezuhalten, dann setzte das muntere Gezwitscher wieder ein.

Später steuerten wir mit dem Schlauchboot zum Ufer, bahnten uns einen Weg durch das dichte Grün und kehrten erst kurz vor Sonnenuntergang auf die Solveig zurück.

Aus der Einsamkeit dieser Seen gelangten wir zwei Tage später in den belebten Hafen von Halifax, Hauptstadt der kanadischen Provinz Nova Scotia. Dort wollte ich mich nach Reparaturmöglichkeiten für unseren Autopiloten umsehen und eine Cousine besuchen, die sich schon vor einem Jahrzehnt in Halifax niedergelassen hatte.

Die Stadt und ihre Zitadelle sind auf zahlreichen Hügeln erbaut, die den riesigen Naturhafen in weitem Bogen umgeben. Landschaftliche Schönheit und verkehrsgünstige Lage an den Schiffsrouten von New York nach Europa sind die Pluspunkte, häufiger Nebel und endlose Winter die Schattenseiten der malerischen Metropole.

Wir hatten das Glück, an einer der Museumsbrücken festmachen zu können, die zum Handelshafen gehören und als Liegeplätze für historische Schiffe gedacht sind. Das gesamte Altstadtviertel von Halifax wurde vor einigen Jahren restauriert, nachdem die alten Verladeanlagen einzustürzen drohten.

Neben uns lag Blue Nose II, ein Nachbau der berühmten Blue Nose, die zu Anfang des Jahrhunderts das schnellste Segelschiff an der gesamten Atlantikküste gewesen war. Heute ist der stolze Segler ein Touristenboot, gewiß. Aber auf diese Weise wurde die alte Schiffbautradition Neuschottlands zumindest symbolisch aufrechterhalten.

Meine Cousine war zunächst nicht erreichbar, aber es gelang mir, ihre neue Anschrift ausfindig zu machen; und in der Freude

Die »Town Criers«: Nachdem das Zeremoniell vorüber war, luden wir die Repräsentanten einer vergangenen Epoche zum Umtrunk auf unser modernes Segelboot ein.

über unser Wiedersehen brachte sie eine ganze Kette von Ereignissen in Gang, die jeden Tag unseres Aufenthalts mit einem farbigen Erlebnis bereicherten.

Zunächst benachrichtigte sie das örtliche Fernsehen, und noch am selben Abend sah ganz Halifax auf dem Bildschirm den Bericht über unsere Kenterung und die glückliche Ankunft. Es meldeten sich die Zeitungen, eine große Zahl von Besuchern erschien an der Brücke, und der Bürgermeister lud uns zum Empfang in sein Amtszimmer.

Zufällig waren zur selben Zeit in Halifax »Town Criers« aus allen Erdteilen für ihre Weltmeisterschaft zu Gast. Das sind Stadt-Ausrufer, ein mittelalterlicher Beruf, der sich in manchen angelsächsischen Städten als historische Besonderheit bis heute erhalten hat. Ihre Aufgabe besteht darin, Tagesereignisse in kurze, allgemein verständliche und ausrufbare Sätze zu bringen.

Vom Bürgermeister über unsere Anwesenheit informiert, erschien am nächsten Tag eine Schar farbig und kostbar kostümierter Herren bei SOLVEIG, mit Glockengeläut und Ansprachen das Boot und seine Besatzung begrüßend. Welch ein Schauspiel! Kniebundhosen, Mantel und Zweispitz gaben ihnen das Aussehen von Seehelden aus Nelsons Zeit.

Nachdem das Zeremoniell vorüber war, luden wir die Repräsentanten einer vergangenen Epoche zum Umtrunk auf unser modernes Segelboot ein, dessen Abenteuer sie mit so vielen feierlichen Worten gewürdigt hatten.

Die Stadt beherbergte in diesen Tagen noch andere internationale Gäste – die Besatzung des deutschen Zerstörers SCHLESWIG-HOLSTEIN, der anläßlich eines NATO-Manövers den Marinestützpunkt Halifax angelaufen hatte.

Beim Empfang des Kommandanten und seiner Offiziere im Rathaus erfuhren auch sie von der Anwesenheit SOLVEIGS. Ein junger Offizier, Leutnant Zimnick, kundete unseren Liegeplatz aus und kam gewissermaßen als »Vorhut« an Bord. Wir wurden zu einem Besuch der SCHLESWIG-HOLSTEIN eingeladen.

Der moderne 3500-Tonnen-Lenkwaffenzerstörer mit einer Besatzung von 280 Mann war das erste Schiff der deutschen Kriegsmarine, dessen Planken ich seit meiner Kindheit wieder betreten durfte. Damals in den Schulferien auf der Insel Rügen hatte ich von einem Leben zur See geträumt. Heute besaß ich selbst ein seetüchtiges Schiffchen und konnte den Kommandanten der SCHLESWIG-HOLSTEIN, Korvettenkapitän von der Goltz und seine Offiziere, zu einem Gegenbesuch auf die SOLVEIG IV bitten.

Wir erfuhren, daß der Zerstörer zur selben Zeit die Gewässer um Grönland befahren hatte wir wir.

»Unser Schiff mußte oft hart gegen Sturm und Seegang kämpfen«, berichtete der Kommandant. »Und ich kann Ihnen versichern, daß Sie die Küste Grönlands keinesfalls erreicht hätten. Das Packeis war Anfang August noch undurchdringlich.«

Es gab viel zu erzählen, der Nachmittag verging wie im Flug.

»Vielleicht sehen Sie die SCHLESWIG-HOLSTEIN auf ihrer Fahrt nach Süden im Marinehafen von Norfolk, dort sind wir Ende Oktober«, sagte einer der Offiziere, als ich sie zur Relingspforte begleitete.

»Das würde mich freuen. Aber ich weiß nicht, ob wir Kleinen es mit unserem Boot bis Oktober schaffen.«

Die Abfahrt war für den nächsten Morgen geplant, doch der Wind fegte plötzlich mit Stärke sechs bis sieben über das Hafenwasser und warf eine häßliche, steile See auf. Spitze Wellen schäumten gegen die Betonmauer, drückten den Bootskörper gegen die Pfähle der Pier.

Weitere Sturmwarnungen zwangen uns, die Abfahrt um mehrere Tage zu verschieben.

»Wir müssen unbedingt weiter!« machte ich meinem Herzen beim Essen Luft. »Es sind noch 1400 Meilen Küstensegelei bis Charleston, und spätestens Ende November sollten wir von dort aus die Überquerung in die Karibik antreten. Im Dezember beginnt die winterliche Sturmperiode.«

»Dann dürfen wir uns in den Häfen eben nicht mehr so lange aufhalten«, meinte Angelika einfach.

»Das können wir sowieso nicht mehr. Jeder Hafen kostet uns an sich schon zwei Tage Zeit«, rechnete ich ihr vor, »auch wenn wir auf Ausflüge, Besichtigungen und Stadtbummel verzichten. Sechs Stunden brauchen wir allein für die Ansteuerung von See aus, dabei müssen wir Tageszeit, Tidenstrom und Windverhältnisse berücksichtigen. Vom Liegeplatzsuchen, Wasserauffüllen, Treibstoffbunkern und Vorrätekaufen gar nicht zu reden!«

Angelika dachte eine Weile nach und nahm dann meine Hand. »Weißt du, für mich ist es nicht wichtig, ob ich einen amerikanischen Hafen mehr oder weniger gesehen habe. Laß uns die Städte anlaufen, wo wir gleichzeitig weitere Reparaturen vornehmen können. Von mir aus kann es gar nicht schnell genug nach Süden und in die Karibik gehen. Ich weiß, daß wir dafür länger auf See sein werden. Aber ich mag das.«

Am 25. September hatte sich das Wetter endlich beruhigt. Unter grauem Himmel steuerten wir aus der zwanzig Meilen tiefen Förde von Halifax hinaus. Dunkel hoben sich an beiden Ufern die Wälder und Hügel von der hellen Wasserfläche ab. Voraus lag der Leuchtturm von George's Island, achteraus verschwand langsam die weiße Häuserfront der Stadt.

Noch vor dem Abend segelten wir auf der offenen See, hatten tiefes Wasser unter dem Kiel. Weich rollte Solveig auf der langen Dünung des Atlantik: Stunden, in denen ich die Freiheit des Meeres besonders eindringlich empfand. Ich fühlte die wilde Sehnsucht, die mich schon als Kind ergriffen hatte, wenn ich von fernen Ländern, von fremden Völkern, von tropischen Inseln und eisigen Gletschern erzählen hörte ...

Jetzt stand ich am Steuer meines eigenen Bootes und konnte den Kurs selbst bestimmen, der uns nach Süden und um die ganze Welt führen sollte.

IM BERMUDA-DREIECK

Am folgenden Morgen blieb uns das günstige Wetter erhalten, und wir segelten in südwestlicher Richtung unserem nächsten Ziel entgegen. Wir wollten New York bis Anfang Oktober erreichen.

Nach kurzem Aufenthalt in der Penobscot Bay, dem Millionärswinkel der USA, und einem Tag auf Cape Cod unterbrachen wir unsere Fahrt Ende September in Newport/Rhode Island, um unsere Vorräte aufzufrischen. Es sollte ein teurer Einkauf werden!

Bei dem Versuch, in der belebten Stadt gleichzeitig zu filmen, zu fotografieren und einzukaufen, verlor ich die Übersicht. Während ich vor einem Supermarkt mit der Filmkamera einige Szenen einfing, wurde meine Leica gestohlen, die ich leichtsinnigerweise in der Tragetasche ein paar Meter entfernt abgestellt hatte.

Mehrere Tage bemühten wir uns mit Hilfe anderer Kunden und des Verkaufspersonals, den Verbleib der Kamera herauszufinden – ohne Erfolg. Meine Stimmung sank auf den Nullpunkt, um so mehr, als ich mir selbst die Schuld an dem Verlust zuschreiben mußte.

Doch wie so oft im Leben folgte der bösen Erfahrung eine glückliche Wendung. Völlig unerwartet erhielt ich eine Nachricht am Telefon: Der deutsche Generalkonsul in New York lud uns zu einem Empfang, in dessen Verlauf ich das Bundesverdienstkreuz erhalten sollte!

»Das ist ja wunderbar! Gratuliere!« freute sich Angelika. »Das müssen wir feiern! Was willst du heute abend essen?«

Wir standen beide noch neben der Telefonzelle. Eigentlich war ich sicher, daß ich träumte. Aber Angelika strahlte mich an, war plötzlich voller Tatendrang. »Jetzt kaufen wir zwei saftige Steaks, dazu Kartoffeln, grüne Bohnen und zum Nachtisch Eis!«

Zwei Stunden später saß ich im gemütlichen Salon der SOLVEIG vor einem hübsch gedeckten Tisch. Unser Fest konnte beginnen.

»Morgen sollten wir aber weitersegeln. Wir müssen so schnell wie möglich eine Marina finden, die nahe genug bei New York liegt, damit wir von dort aus in die City fahren können«, überlegte ich. »In der Fünfzehn-Millionen-Stadt sind Liegeplätze nicht zu bezahlen!« Ich hatte einen Yachtführer studiert.

»Hoffentlich können wir den Termin einhalten. Bis zum 11. Oktober bleiben uns ja nur noch sechs Tage!« rechnete Angelika vor.

Eile war also geboten. Wir segelten bis zur Mündung des Connecticut River etwa 200 Kilometer vor New York und entdeckten dort eine Marina, in der wir für 30 Dollar pro Nacht das Boot festmachen durften. In der »City« hätte es 80 Dollar gekostet!

Nun brauchten wir ein Verkehrsmittel, um nach New York zu gelangen, und fragten im Reisebüro der nahe gelegenen Ortschaft nach der schnellsten Verbindung. Die charmante Leiterin sah mich mit großen, erstaunten Augen an. »Natürlich mit dem Auto!«

»Ich habe leider kein Auto zur Verfügung«, versuchte ich zu erklären. »Es muß doch die Bahn oder einen Bus geben?«

»Sie haben kein Auto? Ja, wie sind Sie denn hierher gekommen?«

Die Frage war berechtigt, denn Reisebüro und Supermarkt lagen, wie in den USA üblich, irgendwo im Grünen, weit außerhalb der Ortsmitte, falls es eine solche überhaupt gab.

»Wir sind mit einem Boot hierher gesegelt und mit unserem Mofa zum Reisebüro gefahren«, erklärte Angelika.

»Hier führt doch eine Bahnlinie vorbei, die Linie von Boston nach New York. Ich habe selbst Züge gesehen. Damit müßte man doch fahren können«, überlegte ich.

Sie zuckte mit den Schultern. »Sie haben recht, es gibt eine Eisenbahn. Aber ich habe noch nie darüber nachgedacht, ob die auch Personen befördert.«

Schließlich suchte sie die Nummer des Bahnhofs heraus und versuchte anzurufen, doch der Anschluß war nicht besetzt.

Die Dame, sie hieß Sally, war ratlos. »Bitte kommen Sie morgen wieder. Ich werde versuchen herauszufinden, ob es eine Bahnverbindung gibt.«

Nochmals unternahm ich einen Anlauf. »Ganz sicher fahren doch Omnibusse. Wann verkehren denn die?«

»Ein Bus verkehrt von hier aus nicht«, erwiderte Sally zögernd. »Aber in der Nachbarstadt könnte es eine Busverbindung geben, das wäre nur 50 Meilen entfernt.«

»Hervorragend!« freute ich mich. »Und wie kommen wir dorthin? Gibt es einen Zubringerbus?«

»Nein, da müssen Sie mit dem Auto fahren«, kam die selbstverständliche Antwort.

»Ich habe aber keines.«

Sie lachte.

Wir drehten uns im Kreis. Ein Mensch ohne Auto ist in den USA nicht eingeplant, hat also wenig Aussicht auf Beförderung.

Am nächsten Tag kamen wir wieder.

»Gute Nachricht!« strahlte Sally. »Ich hatte keine Ahnung, aber es gibt wirklich einen Zug. Der geht allerdings erst mittags.«

Ich war verzweifelt. »Mittags müssen wir schon in New York sein!«

Auch eine Rückfahrt am selben Tag wäre nicht mehr möglich gewesen.

»Ich würde Ihnen ja meinen Wagen leihen, doch leider brauche ich ihn jeden Tag.« Sally war jetzt wirklich besorgt. Daß wir aus Europa mit dem Boot gekommen waren, fand sie so aufregend, daß sie uns nach Geschäftsschluß mit ihrem Mann und ihrer Kollegin an Bord besuchte. Es gelang ihr am nächsten Tag, eine Garage ausfindig zu machen, die bereit war, uns für den großen Tag in New York einen Wagen zu leihen.

Wir erreichten New York City zur verabredeten Zeit, und aus der Hand des Generalkonsuls erhielt ich im Rahmen einer Feierstunde das Verdienstkreuz der Bundesrepublik überreicht.

Während einer Weltumsegelung, als Seemann, diese Auszeichnung zu erhalten, empfand ich als ein abenteuerliches Erlebnis besonderer Art. Beschwingt und fröhlich verbrachten wir den Tag in der City, ließen uns mitreißen von deren farbigem und pulsierendem Leben.

Ein paar Tage später steuerten wir dann auf eigenem Kiel den Hafen von New York an. Vom Long Island Sound kommend, segelten wir den East River hinunter, um die ganze Halbinsel Manhattan herum und am Abend ein Stück in den Hudson River hinein. An einer verfallenen Brücke machten wir fest.

Der Anblick der Wolkenkratzer vom Wasser aus war imponierend und bedrückend zugleich. Riesige Häuserfronten leuchteten in der Sonne, ließen aber die Straßenschluchten nur um so dunkler erscheinen. Unzählige Autos krochen wie ein Heer von Ameisen durch die düsteren Schächte, Menschen sahen wir nicht.

Das war keine Stadt mehr, durch die wir da segelten, es war Utopia, eine gewaltige, himmelstürmende Betonfestung, die bar jedes menschlichen Lebens wirkte. Der Hafen schien bereits gestorben. Wo noch vor zwanzig Jahren Hunderte von Schiffen mit schäumender Bugwelle das Hafenbecken durchquert hatten, bugsierten jetzt nur einige müde Schleppdampfer tief beladene Schuten über die dunkle Flut. Der Fortschritt hat die Schiffsreisenden der Luxusdampfer in die engen Röhren von Düsenflugzeugen geschoben und Frachten in Container gestopft.

Verödet und verfallen streckten die riesigen Docks und Warenhäuser ihre rostigen Finger von den Ufern ins Wasser – wie Glieder eines toten Riesen, der haltsuchend die erstarrten Hände ausstreckt: Ruinen der Zivilisation.

Dunkle Wolken hingen am Himmel, als wir einen Tag später an der Freiheitsstatue vorbei in die offene See hinaussteuerten. Nur ein kurzes Stück ging es an der Küste New Jerseys entlang, dann in pechschwarzer Nacht und stundenlang gegen stürmischen Wind ankämpfend den Delaware River hinauf. Der Morgen graute bereits, als wir endlich den Kanal passieren konnten und in die Chesapeake Bay hineinsegelten.

Dort, wo die berühmte Bucht in den Ozean mündet, lag Norfolk, der größte Flottenstützpunkt der USA und unser nächstes Ziel.

Die Ansteuerung des Hafens sollte für mich eine spannende Navigationsaufgabe werden: Zwar hatte ich gute Seekarten an Bord, aber wegen der zahlreichen Untiefen und Sandbänke ist die Bay mit Hunderten von Seezeichen gespickt, mit Leuchttürmen und Tonnen, die mal an Steuerbord, mal an Backbord passiert werden müssen. Dabei ändert sich die Fahrtrichtung oft um mehr als 60° nach der einen oder anderen Seite. Ein beachtlicher Tidenstrom verschiebt dazu ständig die Position des Bootes, so daß der Kompaßkurs von einer Markierung zur anderen keineswegs immer mit der Karte übereinstimmt. »Stets auf das grüne Dach der

In den USA werden die historischen Leuchttürme sorgfältig gepflegt und in Betrieb gehalten.

weißen Villa dort hinter den Bäumen zuhalten, dann kommt die rote Tonne Nummer 24 nach einer halben Stunde in Sicht!« So etwa könnte die Anweisung eines ortskundigen Begleiters lauten. Als Fremder hingegen wartete ich verzweifelt auf die in der Karte angegebene Tonne 24.

»Angelika, nimm doch mal das Glas und versuch Tonne 24 zu finden. Sie muß an Backbord liegen, kegelförmig und rot!«

Angelika drückte das Fernglas an die Augen und starrte mit zusammengekniffenen Lippen in verschiedene Richtungen. »Ich sehe jetzt eine kleine Boje, aber ich kann keine Zahl darauf erkennen«, meldete sie zögernd. »Schau doch mal selber!«

Ich übergab ihr das Ruder und griff zum Fernglas.

»Klar, die Boje ist schon ziemlich nahe! Aber das ist keine Fahrwassertonne, das ist eine Boje von Fischern oder eine Regattamarkierung«, stellte ich resigniert fest.

Also weitersuchen...

Abwechselnd blickten wir durchs Fernglas, fanden Tonnen, die keine waren, entdeckten Seezeichen an Plätzen, wo wir sie nicht

Der Anblick der Wolkenkratzer vom Wasser aus war imponierend und bedrückend zugleich.

vermuteten – kurzum, als der letzte Leuchtturm vor der Einfahrt nach Norfolk in Sicht kam, freuten wir uns auf den Hafen wie nach einer langen Überfahrt. 120 Seemeilen Zickzacksegelei lagen hinter uns, vor uns eine letzte schwarze Glockentonne, die ich dicht an Steuerbord passieren wollte.

Endlich glitten wir über tiefes Wasser. Ich nahm Kurs auf die Tonne, die noch etwa eine Seemeile vorauslag, und schaltete den Autopiloten ein. Cetty, so nannten wir unseren dritten Steuermann, sollte für mich das Ruder übernehmen.

Mit einem tiefen Seufzer setzte ich mich neben Angelika hinter das Verdeck und begann nach einer Weile über das zu sprechen, was mir durch den Kopf ging.

»In einer Stunde sind wir im Hafen. Nach einer weiteren Stunde haben wir wahrscheinlich die Marine-Docks passiert, dann könnten wir noch bei Tageslicht einen Ankerplatz finden. Ich habe keine Lust, in der Dunkelheit durch das Gewirr von ankernden Schiffen, Barkassen, Betonmauern und Schwimmbaggern zu steuern.«

Angelika wollte gerade antworten, doch plötzlich erstarrte ihr Gesicht. Reflexartig sprang sie hoch und streckte die Hand nach vorn aus, war aber unfähig zu sprechen.

Mich durchfuhr es wie ein Blitz: *die Tonne*! Wir liefen auf die Tonne zu!

In einer Sekunde gelang es mir, die Automatik abzuschalten und das Ruder herumzureißen – dann schoß SOLVEIGS Bug um Zentimeter an dem schwarzen Ungetüm vorbei.

Angelika war kalkweiß im Gesicht. »Ich konnte nicht mehr reden!« stotterte sie. »Woher wußtest du, daß ich die Tonne meinte?«

Ich ließ mich auf den Sitz fallen, schlug mir an die Stirn. »Klar wußte ich, was los war, ich hatte doch den blöden Kurs eingestellt! Das ist noch mal haarscharf gutgegangen!«

Angelika drehte sich um. »Was für ein Koloß! Der hätte uns ein Loch in den Rumpf schlagen können«, murmelte sie.

»Das wohl nicht«, erwiderte ich betroffen. »Aber die Masten konnten brechen, und dann wären wir auch am Ende gewesen. So ein Wahnsinn von mir, die Tonne anzusteuern und sie dann zu vergessen!«

Meine Hand hielt jetzt fest das Steuerrad umklammert. Vorsichtig, in weitem Bogen, umsegelten wir den alten Leuchtturm. Dann kamen die Umrisse von drei gewaltigen Flugzeugträgern in Sicht, die sich grau und drohend vom abendlichen Himmel abhoben. Geradezu zierlich wirkten dahinter die Hochhäuser der Stadt, auf die wir nun Kurs nahmen.

Wir fanden in Norfolk nicht nur einen Ankerplatz für die erste Nacht, sondern konnten am folgenden Morgen sogar an einen modernen Yachtkai verholen, der als Teil eines neu erbauten Einkaufszentrums mitten in der Stadt lag.

Daß wir hier einen Liegeplatz bekamen und nicht einmal dafür zahlen mußten, hatten wir der späten Jahreszeit zu verdanken: Im November waren kaum noch Boote unterwegs, abgesehen von Nachzüglern, die eiligst wie verspätete Zugvögel nach Süden strebten. So fragte denn auch niemand: »Wie lange bleibt ihr hier?« sondern nur: »Wo wollt ihr jetzt noch hin?«

Im Hafen von Norfolk beginnt, sozusagen als dessen Verlängerung, der Intracoastal Waterway, jenes auf der Welt einmalige Ka-

Intracoastal Waterway: Vor Einbruch der Nacht suchten wir uns den Seitenarm eines Flusses als Ankerplatz...

nalsystem, von Flüssen und Seen durchzogen, welches mit seiner Länge von 700 Meilen bis zur Südspitze Floridas, nach Miami, reicht.

Als wir unseren Weg nach Süden eine Woche später fortsetzten, gehörten uns die Seen und Flüsse fast allein. In allen Farben von Gold bis Dunkelrot leuchteten die Wälder, Vögel sangen in den Zweigen, und mit leisem Plätschern schnitt SOLVEIGS Bug durch die spiegelglatte Wasserfläche. Als Kielwasser hinterließen wir eine hell schäumende Bahn, die sich dort wieder verlor, wo weit achteraus die Ufer des Kanals zusammenzulaufen schienen.

Mit höchster Aufmerksamkeit steuerten wir von einer Biegung in die andere, immer bemüht, die nächste Fahrwassermarke zu erkennen, um nicht »auf Schiet zu laufen«, wie der Seemann das Einbohren des Kiels in den Uferschlamm so treffend bezeichnet.

Vor Einbruch der Nacht suchten wir uns den Seitenarm eines Flusses als Ankerplatz und genossen dann ungestört von Wellen schlag oder Navigationsproblemen ein ausgedehntes Abendessen.

Angelika hatte wieder einmal einen geradezu festlichen Tisch gedeckt, mit Porzellantellern und farbigen Servietten. Sie wußte nur zu gut, daß die Tage und Nächte auf ruhigem Wasser gezählt waren, daß die SOLVEIG bald auf der Dünung des Atlantik rollen würde.

»Willst du wirklich erst in Charleston aus dem Wasserweg hinaus?« fragte sie nachdenklich, während sie mir Nudeln mit würziger Soße neben die Rindsroulade auf den Teller legte.

Ich dachte einen Augenblick nach. »Natürlich könnten wir schon morgen von Beaufort aus die Überfahrt anpacken, das wäre entfernungsmäßig sogar kürzer. Es scheint mir aber günstiger, noch ein Stück in den Kanälen zu bleiben, um die Umsegelung des wegen seiner Stürme berüchtigten Kap Hatteras zu vermeiden.« Wir schwiegen eine Weile, in unser Essen vertieft.

Dann stützte Angelika den Kopf in die Hände und blickte auf. »Wenn wir im Kanal bleiben, müssen wir aber bitte noch besser aufpassen, daß wir die Fahrrinne nicht verlassen. Es geht mir durch Mark und Bein, wenn ich SOLVEIGS Kiel auf dem Grund knirschen höre. Heute ist es wieder passiert!«

Insgeheim freute ich mich, daß Angelika sich so mit dem Boot identifizierte; trotzdem widersprach ich. »Wenn wir hier auf Grund laufen, geht höchstens etwas Farbe ab; das ist keinesfalls gefährlich. Im Sumpfgebiet ist sowieso nur Schlamm.«

Mir schien, Angelika wünschte sich unbewußt eine baldige Ozeanüberquerung, denn sie fühlte, daß sie erst bei einer erneuten Auseinandersetzung mit der See den Schock der Kenterung im Eismeer endgültig überwinden konnte. »Meinst du, daß wir wirklich bis zum 17. Dezember Martinique erreichen werden?« Sie sah mich aus ihren dunklen großen Augen forschend an.

Am 17. Dezember sollten Angelikas Mutter und ihre fast achtzigjährige Großmutter in einem Jumbojet auf dem Flugplatz der Karibikinsel landen. Enttäuschung und Sorge würden groß sein, wenn die geliebte Enkelin und Tochter dann nicht in der Empfangshalle des Airports auftauchte. Dessen war auch ich mir bewußt.

Die seelische Belastung für ihre Mutter war seinerzeit, als Angelika und ich den Entschluß zu einer gemeinsamen Weltumsegelung gefaßt hatten, schwer genug gewesen. Aber sie zeigte Verständnis für die Reise- und Abenteuerlust ihres einzigen Kindes, und dieses Verständnis hat Angelika viel Kraft gegeben.

Um ihr Angelikas Nähe nicht auf Jahre zu nehmen, war zu Weihnachten ein längeres Treffen in der Karibik geplant. Unter allen Umständen wollte ich diesen Termin einhalten. Ich war auch zuversichtlich, daß wir es schaffen würden.

»Ich habe genügend Spielraum in meiner Planung gelassen. Gerade die Strecke im Waterway läßt sich auf den Tag genau bestimmen, da wir vom Wetter ziemlich unabhängig sind. Bei Kap Hatteras dagegen müßten wir mit schweren Stürmen rechnen, die uns völlig vom Kurs abbringen könnten. Im November beginnen im Nordatlantik die Herbststürme, und je weiter wir uns dann im Süden befinden, desto besser.«

Am folgenden Nachmittag liefen wir in den kleinen Hafen des Fischerstädtchens Beaufort ein. Auf dem engen Ankerplatz lagen vier amerikanische und zwei kanadische Yachten, die von dort aus die Überfahrt in die Karibik beginnen wollten.

Es herrschte jene hektische Atmosphäre, die immer anzutreffen ist, wo sich Segler auf ihren ersten Sprung über einen Ozean vorbereiten: an Deck wird gebohrt, gehämmert, geschraubt, Segel werden probeweise angeschlagen, wieder verstaut. Beiboote flitzen mit noch brandneuen Außenbordern zum Kai, kehren beladen mit Lebensmitteln, Flaschen, Tauwerk oder ganzen Kisten zum Schiff zurück.

Reger Bootsverkehr herrscht auch zwischen den Yachten. Es geht um Auskünfte, Ratschläge, Werkzeuge, Seekarten und Ersatzteile, die untereinander ausgetauscht werden.

Zur Zeit waren die Wetterberichte, die von der Coast Guard stündlich auf einer Spezialfrequenz ausgegeben wurden, Thema Nummer eins. Vorläufig hörte man noch in jeder Meldung eine Sturmwarnung – Grund genug für die Skipper, den Start weiter zu verschieben.

Als Angelika erfuhr, daß dennoch keine der amerikanischen Yachten bereit war, auf einen südlicheren Absprunghafen auszuweichen, wurde sie neuerlich verunsichert. »Glaubst du wirklich, daß das Wetter in Charleston so viel besser ist?« fragte sie mich, während ich die Binnenwasserwege studierte.

»Kap Hatteras ist besonders sturmgefährdet. Das liegt daran, daß an diesem Vorsprung des amerikanischen Kontinents die Klimazone des nördlichen Atlantik mit der des tropischen Meeres und des Golfstroms zusammenstößt. Verschiedene Windsysteme erzeugen fast ständig eine instabile Wetterlage.«

»Dann verstehe ich aber wirklich nicht, weshalb sich die amerikanischen Segler in diese Gefahr begeben und schon nördlich von Kap Hatteras auf den Ozean hinausgehen.«

»Auch das hat gute Gründe«, gab ich zu, holte die Wetterkarte und breitete sie auf dem Tisch im Salon aus. »Südlich von hier befindet sich das Gebiet des Nordost-Passats. Je weiter man also auf dem Wasserweg nach Süden gelangt, desto schwieriger kann es später werden, die etwa 600 Meilen nach Osten zu segeln, die notwendig sind, um dann mit dem Passat die Karibik-Inseln zu erreichen. Ich glaube aber, daß es immer noch besser ist, sich gegen einen möglichen Ostwind voranzukämpfen, als Kap Hatteras bei Windstärke zehn zu runden.« Ich hatte diesen Plan in München ausgearbeitet und wollte daran auch festhalten.

»Und du glaubst, daß wir von Charleston aus keinen Passat mehr gegen uns haben?«

Das waren berechtigte Bedenken, doch ich entgegnete: »Wenn sich der Wind auch nur einigermaßen an die Angaben in der Wetterkarte hält, dann müßten wir genügend Ost machen können.«

Nochmals überdachte ich die vielfältigen Wetterbedingungen, mit denen wir es in diesem Gebiet zu tun haben würden, das früher Sargasso-See genannt wurde und in jüngster Zeit als »Bermuda-Dreieck« zu einem Begriff geworden ist.

Dann wandte ich mich wieder an Angelika. »Die See um die Bermudas und bis hinunter zu den Bahamas hat ihren schlechten Ruf nicht nur wegen der Schauergeschichten, die Berlitz und andere über verschwundene Schiffe und Flugzeuge veröffentlicht haben. Schon in alter Zeit wurden hier wilde Dinge berichtet – über Segelschiffe, die, im gelben Tang der Sargasso-See gefangen, monatelang umhergetrieben sind, bis ihre Besatzungen verdursteten. Es gibt genug handfeste Gründe, eine Fahrt durch die Sargasso-See sorgfältig zu planen, um nicht dem unberechenbaren Wetter des Golfstroms oder – in der warmen Jahreszeit zwischen Juli und November – einem tropischen Orkan zum Opfer zu fallen.«

Es war Abend geworden, und Angelika schaltete das Radio ein. Das letzte Wort würde ohnehin Neptun haben. Alle Vorausberechnungen waren Glückssache.

Wir steuerten während der nächsten Tage weiter über das ruhige Wasser der Flüsse Süd-Karolinas, die sich in immer neuen Windungen durch dunkle Wälder schlängeln, gelegentlich unterbrochen von einem kleinen See. Mehr und mehr nahm die Vegetation subtropischen Charakter an. Erste Palmen tauchten auf, Pelikane hockten auf den Pfählen der Bootsstege, und da und dort begleitete ein munterer Delphin die SOLVEIG.

Charleston erreichten wir am 22. November.

Bei strahlendem Sonnenschein segelten wir aus der Flußmündung in die große Hafenbucht, an deren Scheitel die romantische Stadt liegt.

Allzu viele geschichtliche Monumente besitzt Amerika nicht, und so ist man besonders stolz auf die historischen Sehenswürdigkeiten aus dem 19. Jahrhundert, die sich Charleston erhalten hat: prächtige Bürgerhäuser, die Frontseite mit Säulen geschmückt – eine wehmütige Erinnerung an bessere Zeiten, wie man sie in den Südstaaten vor dem Bürgerkrieg kannte, und deren Glanz und Ende in dem berühmten Film »Vom Winde verweht« noch einmal beschworen wurden. Eine gepflegte Wasserfront mit weiten grünen Parkanlagen, malerischen Gassen und der überdachte Markt vervollständigen das Bild dieser fast europäischen Stadt.

Seit dem verlorenen Bürgerkrieg verarmt, fehlten den Engländern und Hugenotten, die seinerzeit hier siedelten, die Mittel, um ihre alten Häuser abzureißen und neue zu bauen. Aber der einstige Mangel gibt heute dem Ort seinen besonderen Charakter.

Wollten wir meinen Zeitplan einhalten, blieben uns nur drei Tage für Besorgungen. Dabei hatte ich seitenweise Ausrüstung aller Art aufgelistet, die angeschafft werden sollte. Charleston war für uns der letzte Hafen mit umfassenden Einkaufsmöglichkeiten.

Die Marina, in der wir festgemacht hatten, lag unglücklicherweise mehrere Kilometer vom Zentrum entfernt. Da es keine Busverbindung gab, wurden unsere Wege zu einem Langstreckenlauf durch die heißen Straßen der Stadt.

Zunächst mußten wir zum Flughafen. Dort lag für SOLVEIG eine neue Rettungsinsel, die von Augsburg per Luftfracht angekom-

men war. Bis wir alle Zollformalitäten geklärt und das 28-Kilo-Paket auf unser Boot geschafft hatten, verging fast ein ganzer Tag.

Die verbleibende Zeit wurde knapp.

Am 24. November wollte ich segeln, denn der Wetterbericht klang günstig. Beladen wie die Esel mit Beuteln und Taschen, trabten wir von Geschäft zu Geschäft. Zehn große Kartons mit Lebensmitteln ließen wir uns schließlich zum Hafen liefern; sie

Seltene Begegnung: US-Atom-U-Boot, vermutlich LOS-ANGELES-*Klasse (6000 t, Länge 110 m).*

standen aufgetürmt auf dem Schwimmsteg, als wir müde, verschwitzt und hungrig aus der Stadt zurückgefunden hatten.

Angelika ließ sich auf die Polster in der Kajüte fallen und erklärte mit schwacher Stimme: »Ich verstaue jetzt noch alle Lebensmittel aus den Kartons, denn es könnte heute nacht regnen. Aber danach will ich nicht mehr kochen. Nicht weit von hier ist ein Schnellimbiß, laß uns dort essen.«

Ein verständlicher Wunsch. Deshalb brachte ich es nicht fertig, ihr die Bitte abzuschlagen, obwohl mein linker Fuß geschwollen und entzündet war.

Das Aufräumen der tausend Dinge, die wir angeschleppt hatten, dauerte Stunden, und bis wir vom Restaurant zurückkamen, zeigte die Uhr Mitternacht. Inzwischen wurden meine Schmerzen unerträglich, ich humpelte nur noch auf einem Fuß. Auch der Morgen brachte keine Besserung – im Gegenteil.

»Du bleibst heute liegen, und ich mache dir einen festen Verband«, erklärte Angelika streng, und zu ihrer Überraschung gab ich sofort nach. Ich mußte. Denn ich war wirklich am Ende, das ganze Bein schmerzte bis zur Hüfte hinauf.

Und um mir die Sinnlosigkeit meiner Überanstrengung noch deutlicher vor Augen zu führen, fand das angekündigte ruhige Wetter gar nicht statt. Vielmehr fegte stürmischer Wind über die Hafenbucht, brachte einige Yachten sogar am Liegeplatz in Bedrängnis und hätte uns auch ohne meinen kranken Fuß zu einer Verschiebung der Abfahrt gezwungen.

Stöhnend lag ich auf der Koje, versuchte verzweifelt, eine Lage für das Bein zu finden, in der die Schmerzen erträglich wurden. Ich griff ausnahmsweise zu Tabletten.

Zwei Tage später war die Wetterfront abgezogen, der Wind ließ nach, und auch mein Fuß zeigte Anzeichen von Besserung. Wäre ich wenigstens noch drei Tage im Hafen geblieben, hätte sich die Entzündung sicher ausheilen lassen.

Statt dessen humpelte ich wieder durch das Boot, machte seeklar und versuchte, Angelika von der Notwendigkeit des Auslaufens zu überzeugen. »Wir müssen heute segeln! Wir brauchen den günstigen Wind, um den Golfstrom möglichst flott zu durchqueren. Wenn wir nicht schnell genug sind, kann uns der Strom um hundert Meilen oder mehr nach Norden versetzen.«

Angelika zögerte. »Meinst du, du wirst es schaffen?«

Ich überwand meine eigenen Zweifel. »Doch, es geht. Arbeiten an Deck kannst du mir teilweise abnehmen, und ich werde mich hinlegen, so wie wir aus dem Hafen sind.«

»Also gut.« Angelika war nun auch entschlossen. »Dann aber sofort los! Was ist hier noch zu tun?«

Viel war es nicht. »Wir müssen noch Diesel bunkern, die Rechnung in der Marina bezahlen und bei deiner Familie am Tegernsee anrufen, daß wir gestartet sind. Kannst du das Telefonat machen und noch frisches Brot besorgen?«

100 Dollar Liegegebühr für 4 Tage und 36 Dollar für 110 Liter Kraftstoff zahlten wir an der Tankstelle, bevor wir zwei Stunden später von der Brücke ablegten. Es war der 26. November, ein Tag später als ursprünglich geplant.

Die Hafenbucht ist nur etwa zehn Meilen lang, aber wir mußten mehrere betonnte Untiefen umsegeln und brauchten drei Stunden, bis wir freies Wasser erreicht hatten. Viel zu lange für meinen Fuß!

Ich stand hinter dem Rad – breitbeinig – in meinen Filzschuhen aus Norwegen. Jeder Druck, der durch die Schlingerbewegungen entstand, übertrug sich auf den geschwollenen, entzündeten Klumpen am linken Bein. Das hatte mir jetzt gefehlt, in diesem Zustand eine Ozeanüberquerung zu beginnen! Schmerz und Angst trieben mir Schweiß auf die Stirn.

»Roter Sonnenuntergang bei abnehmendem Wind aus Ostnordost und zerstreute Wolken. See ruhig. Temperatur 18°. Delphine.« So lautete die Logbucheintragung um 18 Uhr. Ich ließ mich auf meine Koje fallen, blieb die ganze Nacht mit verbundenem Fuß liegen. Er dankte es mir mit leichter Besserung am folgenden Morgen.

Angelika weckte mich aufgeregt. »Meinst du, wir sind schon im Golfstrom? Es ist plötzlich so warm geworden!«

Ihre Vermutung stimmte. Die Temperatur war auf 24° gestiegen, die Wassertermperatur auf 26° – wir segelten bereits im Golfstrom!

»Ich will den Motor zu Hilfe nehmen«, überlegte ich laut. »Der Wind ist zwar günstig aus Südosten, aber viel zu schwach. Wir müssen hier möglichst rasch durch. Nach der jetzigen Position hatten wir schon in den letzten zwölf Stunden eine Stromversetzung von 25 Meilen nach Norden.«

Angelika steckte den Kopf aus dem Schiebeluk, atmete tief durch unf rief: »Diese Wärme auf einmal! Ist das nicht herrlich?« Und ehe ich mich versah, waren Pulli und Hose einem rot-weiß gestreiften Bikini gewichen.

Um 13 Uhr brannte die Sonne vom wolkenlosen Himmel, ich

Hoher Seegang im Passat vor den Antillen-Inseln

notierte 30° Außentemperarur bei sinkendem Barometer. Solveig durchpflügte mit fünf Knoten Geschwindigkeit das tiefblaue
Wasser des Golfstroms, der – aus der Karibik kommend – an der
amerikanischen Küste entlang nach Norden drängt, ein »großer
Fluß im Meer«. Eigenartigerweise hatte der Strom auch eine
starke östliche Komponente; vielleicht beginnt er schon hier, sich
auszubreiten, um später den Ozean zu durchqueren und den gesamten Norden Europas aufzuheizen. An der Oberfläche beobachteten wir eine Menge Treibgut aus Holz, Schaumstoff und Plastik.

Fast unentwegt lag ich auf der Koje und quälte mich mit Überlegungen, was werden sollte, wenn dieser verdammten Entzündung nicht beizukommen war. Rheumasalben und Tabletten zeigten keine direkte Wirkung. Alkoholumschläge in der Nacht hatten
noch am ehesten geholfen.

Am frühen Nachmittag zog eine dunkle Wolkenwand heran,
und der Wind ließ auch nicht lange auf sich warten. Mit Stärke fünf
aus Südosten wirbelte er die graue Fläche des Wassers in wenigen
Minuten auf und zauberte weiße Schaumkronen auf die nun tin-
tenblaue See.

Wir setzten das gereffte Groß, Fock und Besan. Weit legte sich das Boot über, nahm dann zögernd Fahrt auf. Ein leises Zittern ging durch den Bootsrumpf, die schweren Segel strafften sich, und ich fühlte die Kraft des Windes, der das schnittige Schiff wie mit unsichtbarer Hand durch die aufschnellenden Wellen zog. Angelika stand mit leuchtenden Augen neben mir, blickte über die auf einmal lebendig gewordene Wasserfläche und rief: »Kannst du dir etwas Schöneres vorstellen?«

»Bald sind wir in den Tropen!« Auch mir war nach Jubeln zumute.

Das war unser erster gemeinsamer Segeltörn im südlichen Ozean. Seit dem Anfang der Reise, als wir von Travemünde nach Norwegen und später nach Island steuerten, hatte ich dieses befreiende Gefühl vollkommenen Segelns nicht mehr genossen.

»Morgen müßten wir aus dem Golfstrom herauskommen«, hoffte ich, als ich bei Sonnenuntergang den Himmel betrachtete. »Das Wasser hat nur noch 24°, und auch die schwarze Wolkenwand spricht dafür, daß wir langsam in die Übergangszone verschiedener Wettersysteme geraten.«

Die Nacht war unruhig. Mehrere Segelmanöver wurden nötig, und Angelika plagte sich allein an Deck, weil ich wegen der Schwellung am Fuß noch immer keine Bootsschuhe anziehen konnte. Gegen Mitternacht sahen wir eine Lichterscheinung am Himmel, die ich im Logbuch als »große Leuchtkugel oder Sternschnuppe« verzeichnete. Sie war aber so stark, daß sie für einen Augenblick den ganzen Horizont erhellte.

Dann wieder Dunkelheit.

»Irgend jemand will uns vielleicht darauf hinweisen, daß wir soeben im Bermuda-Dreieck eingetroffen sind!« sagte ich lachend.

Schon zweimal hatte ich in kleinen Booten das »Dreieck« durchquert und niemals außergewöhnliche Erscheinungen bemerkt.

Ich konnte Angelikas Miene nicht sehen, aber jetzt fühlte ich ihre Hand auf meiner Schulter.

»Wenn es eine Sternschnuppe war, dann war es die größte, die ich jemals gesehen habe«, flüsterte sie. »Vor Schreck habe ich vergessen, mir etwas zu wünschen.«

Auch am dritten Tag unserer Überfahrt blieb es heiß, das Thermometer stand auf 28° . Wir hatten seit sieben Uhr früh bei kräftigem Südwind alle Segel gesetzt unf pflügten mit Höchstfahrt, sieben bis acht Knoten, nach Osten. Gegen Abend verschlechterte sich das Wetter. Farblos verabschiedete sich die Sonne hinter einer grauen Wolkenbank, für mich immer ein warnendes Zeichen.

Prompt briste es auf, der Wind erreichte sehr bald Stärke sieben.

»Wir müssen die Fock bergen!« rief ich. Angelika beschäftigte sich gerade damit, unsere Petroleumkanister am Achterdeck fester zu verzurren.

Als wir das Vorsegel festgelascht hatten, war es etwa 19 Uhr. Plötzlich bemerkte ich, daß wir einen völlig falschen Kurs liefen. Die Nadel zeigte direkt nach Süden! Unmöglich! Ich hatte die Selbststeuerung doch eben erst neu eingestellt. Außerdem kam der Wind von Süden.

Ich humpelte hinter das Steuerrad, denn von diesem Platz aus konnte ich Segel und Boot am besten überblicken.

Nichts hatte sich geändert – die Segel standen voll, der Einfallswinkel des Windes war gleich geblieben – wir waren auf dem richtigen Kurs! Dann beobachtete ich den Zeiger im großen elektronischen Kompaß – er pendelte hin und her, blieb nach unten, also nach Süden, zeigend hängen.

»Schau mal, was der Kompaß macht!« rief ich zu Angelika in die Kajüte hinunter. »Eigenartig, die Nadel hängt wie leblos. Das ist noch nie vorgekommen! Auch wenn ich den Strom abschalte, bleibt der Zeiger immer in seiner Stellung.«

Angelika kam herauf und warf einen Blick auf den Kompaß. »Da wird ein Wackelkontakt drin sein oder ein anderer Fehler. Ich weiß schon, du denkst ans Bermuda-Dreieck!« Aus ihren Augen blitzte der Schalk. »Aber für mich gibt es so etwas nicht.«

Gleichgültig wandte sie sich ab.

Der Ausfall bedeutete keine Gefährdung unserer Navigation, denn der einfache Magnetkompaß auf der Steuersäule arbeitete vorläufig normal.

»Du magst recht haben«, gab ich zu. »Es kann ein Fehler im Gerät sein, das wäre ärgerlich.« Einen Augenblick hielt ich inne und sprach dann aus, was mir die ganze Zeit durch den Kopf gegangen war: »Und wenn der Kompaß in einem anderen Seegebiet nun plötzlich wieder arbeitet?«

Angelika schwieg.

Das seltsame Benehmen der Elektronik war zunächst nicht erklärbar, damit hatte ich mich abzufinden. Nur ab und zu warf ich einen verstohlenen Blick auf das Gerät, um zu beobachten, ob der Zeiger vielleicht heimliche Spaziergänge auf der Skala unternahm und mich narrte. Der Hauptkompaß bestand aus drei Einheiten: einem großen Magnetkompaß als »Muttergerät«, im Vorschiff eingebaut, wo er von keinem Störfeld der Maschine beeinflußt wurde. Zum Ablesen der Richtung waren zwei Anzeigegeräte als »Töchter« installiert, eines im Cockpit im Sichtfeld des Rudergängers, das andere am Kartentisch unter Deck, damit wir auch von dort aus den Kurs im Auge behalten konnten.

Diese Nacht bescherte uns Regenschauer und Sturmböen. Sicherheitshalber blieb ich im Salon und legte mich auf die Bank zum Schlafen, »trotz wüstem Heulen des Windes«, wie ich danach ins Logbuch schrieb. Und ich schrieb auch: »Kompaß noch immer nicht brauchbar.«

Das Wettergeschehen am nächsten Tag zeigte deutlich, welche Gigantenkämpfe die verschiedenen Klimazonen im Bermudagebiet ständig ausfechten. Gestern noch schwarze Wolkenbänke, die sich drohend wie Gebirge heranschoben, heute plötzlich nachlassender Wind und Regen.

Wir setzten die Fock, kamen aber kaum voran, da die hochgehende Dünung das Boot derart rollen ließ, daß die Brise sich in den Segeln nicht halten konnte.

Nachmittags drehte der Südostwind innerhalb weniger Minuten auf Nordwest und fegte die Wolken vom Himmel. Schlagartig hörte der Regen auf, blutrot versank die Sonne hinter dem Horizont, und SOLVEIG dümpelte in der schönsten Flaute.

Ab Mitternacht dann Nordwind Stärke vier, eine ideale Brise. Es war der 30. November, und wir hatten bereits 480 Seemeilen zurückgelegt.

Um 14.40 Uhr zeigte der Kompaß an beiden Tochtergeräten wieder richtig an! Natürlich freute ich mich, fragte mich aber auch, was wohl dahintersteckte. Angelika war nicht bereit, diese

Frage zu diskutieren, und sicher hatte sie recht. Denn es gab keine vernünftige Erklärung.

Am nächsten Morgen fielen beide Instrumente nochmals aus – wie es schien, endgültig!

»Also ist es doch ein Fehler in der Elektronik«, bekannte ich, um zu zeigen, daß ich gern bereit war, an eine rationale technische Erklärung zu glauben. Aber das Rätsel blieb ungelöst, denn ab dem 3. Dezember zeigten die Nadeln wieder den richtigen Kurs an.

»Was sagst du nun?« fragte ich Angelika.

Verwundert sah sie mich an. »Ich verstehe es nicht«, meinte sie schließlich achselzuckend.

Es müssen, so dachte ich mir, entgegen meiner früheren Annahme doch elektromagnetische Einflüsse besonderer Art im Raum südlich der Bermudas vorhanden sein. Wer weiß, was unten auf dem Meeresboden liegt?

Eigenartigerweise wandern unsere Aale bis in die Sargasso-See, um dort in tausend Meter Tiefe zu laichen. Und von dort kehren die Jungtiere nach Europa zurück. Aber Tatsache ist auch, daß die Coast Guard jahrzehntelang Messungen gesammelt hat, ohne irgendwelche Magnetfelder festzustellen. So ist eine einfache Erklärung der Phänomene – etwa große Eisenmassen am Meeresboden – nicht stichhaltig. Es muß sich um Einflüsse handeln, die, wie auch immer, nur zeitweise auftreten.

Ich hatte viel Muße, über solche Zusammenhänge nachzudenken, denn mein Fuß war bei den häufigen Segelmanövern der vergangenen Tage so stark geschwollen, daß ich mich erneut hinlegen mußte. Als ob die kleine Yacht auf dem Ozean ein Krankenzimmer wäre!

Inzwischen ließ die Brise weiter nach, und die See wurde so ruhig, daß Angelika nicht nur mit dem Boot allein fertig wurde, sondern auch unsere warme Wäsche und Wollkleidung in Segelsäcke packte, um sie später von Martinique nach Hause zu schicken.

Am Abend – SOLVEIG glitt unter voller Besegelung, mit Genua, Groß und Besan, über die leichten Wellen – überraschte mich Angelika mit einem großen Abendessen. Draußen platschte das Wasser spielerisch an die Bordwand, wir saßen in bester Stimmung am

Tisch, und Angelika fragte: »Können wir nicht Musik hören? Du hast so viele schöne Kassetten mitgenommen!«

Ich suchte die sechste Sinfonie von Beethoven heraus, legte die Kassette ein, und wir ließen uns forttragen von den romantischen Klängen – ich vergaß sogar meinen schmerzenden Fuß.

Dann plötzlich: ein scharfer Knall! Splitter flogen herum. Vor mir auf dem Tisch war das leere Weinglas zersprungen. Erschrocken stand ich auf und sammelte die Glassplitter ein, um mich von meiner Erregung abzulenken. Mein Kopf dröhnte.

»Sicherlich war es ein Ton aus dem Lautsprecher, der das Glas zum Zerspringen brachte«, hörte ich mich sagen. Trotzdem zählte ich das zersprungene Glas nach dem zweimaligen Kompaßausfall als dritten und hoffentlich letzten Streich, den mir das »Dreieck« gespielt hatte...

Die See blieb während der nächsten Tage friedlich, zu friedlich, denn Solveig machte nur noch wenig Fahrt voraus. Außerdem begann es heiß zu werden, Temperaturen bis 35 Grad gaben Angelika Gelegenheit zu langen Sonnenbädern an Deck.

»Wenn ich mir vorstelle, wie kalt es jetzt in München ist!« freute sie sich. »Und ich liege hier an Deck mitten aud dem Meer unter tropischer Sonne – ist das nicht wunderbar?«

Am 8. Dezember, in den ersten Morgenstunden, meldete sich der Passatwind: auf leisen Sohlen zunächst, eine kaum wahrnehmbare Brise. Mittags wehte es schon frisch aus Nordosten, und unter voller Besegelung stürmte das Boot nach Süden, auf die Antillen-Inseln zu.

Angelika setzte sich wie so oft neben mich an den Kartentisch und beobachtete, wie ich mit Zirkel und Dreieck unseren neuen Kurs auf der Seekarte einzeichnete.

»Wir sollten zunächst die Insel Sombrero als Orientierungspunkt nehmen«, erklärte ich. »Von dort sind es dann nur noch ein paar Meilen nach St. Martin, zu unserem ersten Ankerplatz. Die 300 Seemeilen bis dorthin können wir mit dem Passat auf jeden Fall in drei Tagen schaffen, vielleicht noch schneller.«

»Du bist doch sonst nicht so optimistisch. Woher nimmst du auf einmal diese Sicherheit?« wunderte sich Angelika.

»Wart's nur ab – bis jetzt hast du es noch nicht erlebt, im Passat zu segeln. Von nun an gibt es bis St. Martin keine Segelwechsel mehr«, versprach ich.

Angelika kniff mich voller Freude in den Arm.

»Dann – dann wären wir schon am 11. Dezember auf St. Martin? Ich kann es kaum glauben! Wie sieht es da aus? Du warst doch schon einmal dort.«

Ich erinnerte mich noch gut an meinen ersten Aufenthalt. »Vor Philipsburg öffnet sich eine weite Bucht, ein großer, gut geschützter Ankerplatz. Übrigens ist St. Martin zweistaatlich – eine Hälfte gehört zu Frankreich, die andere, größere zu Holland. Ein Unikum, diese Zweistaatlichkeit auf so engem Raum! Das verleiht der Insel eine besondere Atmosphäre der Freiheit und Internationalität. Es gibt Hunderte von Geschäften, natürlich mit viel zollfreiem Alkohol. Dort können wir auch dein Zehn-Liter-Fäßchen mit bestem westindischen Rum füllen!«

Sie lachte. »Und wie lange willst du bleiben?«

»Nur zwei Tage, wir müssen ja rechtzeitig in Martinique sein.«

»Schade«, überlegte Angelika. »Könnten wir nicht später noch einmal nach St. Martin segeln?«

»Vielleicht. Aber ich fürchte, dazu wird die Zeit nicht reichen. Schließlich wollen wir noch um die ganze Welt!«

Der Passat frischte auf, und zum ersten Mal schafften wir ein Etmal von 145 Seemeilen. Auch in den folgenden Tagen hielt das günstige Wetter an, und am Abend des 10. Dezember liefen wir in die große Bucht der holländischen Hafenstadt Philipsburg auf St. Martin ein.

Mit einem befreienden Gefühl der Erleichterung warfen wir uns todmüde auf unsere Kojen, schliefen die Nacht über tief und fest. Vergessen waren das Nordmeer mit seiner Kälte, die Ängste der Kenterung. Vor uns lagen die erträumten Inseln mit grünen Palmen, weißen Stränden und einem Meer, dessen klares Wasser selbst im Mondlicht den Grund unter dem Kiel unseres Bootes erkennen ließ.

DIE VERGESSENEN INSELN

Jetzt machen wir das Schlauchboot klar und fahren an Land!«
freute ich mich am nächsten Morgen. «Ich habe Lust auf frisches Brot, Eier und Butter. Außerdem möchte ich bei deiner Familie am Tegernsee anrufen, um unsere Ankunft zu melden.«

Angelika stand neben mir im Cockpit und betrachtete die Szenerie um uns herum: Yachten, die wie wir in der leichten Dünung schaukelten, eine heiße Sonne, die auf unser helles Teakdeck herunterbrannte, und in einiger Entfernung grüne Hügel, die die weite Bucht halbkreisförmig einrahmten. Dann blickte sie besorgt auf meinen Fuß. »Und du meinst, dein kranker Fuß hält die Lauferei aus?«

»Doch, doch«, versicherte ich schnell, »wenn ich vorsichtig und langsam gehe...« Zu groß war meine Neugierde, die Stadt nach so vielen Jahren wiederzusehen und das neue Schlauchboot auszuprobieren, das wir noch nie benutzt hatten.

Es kam, wie es kommen mußte: Die Besorgungen und vor allem das Telefonat auf dem vorsintflutlichen Amt nahmen viel mehr Zeit in Anspruch, als ich für möglich gehalten hatte. Am Abend wurden die Schmerzen schlimmer, aber am nächsten Morgen wiederholte sich unser Gespräch vom Vortag mit dem gleichen Ergebnis. Ich wollte an Land, wollte einkaufen!

Nochmals fuhren wir in den Ort, brachten dann später fünfzehn Flaschen zollfreien Rum an Bord und füllten auch unser Holzfaß mit der heißen Ware.

Während des Törns nach Martinique hoffte ich Ruhe zu finden, aber die 150 Seemeilen zwischen einem Dutzend Inseln erforderten häufige Segelmanöver und besondere Wachsamkeit. Jede Bewegung nahm der Fuß übel. In Martinique endlich der Gang zum Zoll, zur Polizei und Paßkontrolle, schließlich noch eine Busfahrt zum Flughafen, um Mutter und Großmutter abzuholen – dann war ich wieder am Ende.

Ich verordnete mir selbst strenge Bettruhe, und dabei blieb es bis zum Jahresende. Keine Landausflüge, auch keine Fahrt zu einer der schönen Nachbarinseln. Aber wir hatten lieben Besuch, es gab viel zu erzählen, und das half mir, meine mißliche Lage zumindest zeitweise zu vergessen.

Erst an Silvester steuerte ich die Solveig zur Insel Dominica. Dort ankerten wir vor einem kleinen Sandstrand, der sich zwischen dichten Palmenhainen auf der einen und steilen Felsen auf der anderen Seite erstreckte. Wir wollten schwimmen und die zauberhafte Landschaft genießen.

Sogar die achtzig Jahre alte Großmutter vertraute sich tapfer dem kleinen Schlauchboot an und ließ sich von uns zum Strand übersetzen. Schnorchelnd bestaunten wir zusammen mit Angelikas Mutter die farbigen Riffe, und am späten Nachmittag ließen wir unseren Besuch am Strand zurück, um auf der Solveig einen Imbiß vorzubereiten.

Als wir nach einer Stunde mit dem Dingi die beiden Frauen abholen wollten, konnten wir sie vom Wasser aus nicht sehen. Erst nach der Landung fanden wir sie völlig verstört hinter einem Strauch versteckt.

»Was ist los?« rief ich, während ich noch durch die Brandung watete.

Stockend erzählte Angelikas Mutter, was geschehen war: »Wir hatten schreckliche Angst – fast wären wir verletzt worden! Oben auf den Felsen zeigten sich plötzlich einheimische Burschen, schrien Schimpfworte und fingen an, große Steine nach uns zu werfen!« Sie hielt einen Moment inne. »Wir versuchten, keine Angst zu zeigen, und erklärten ihnen, daß wir zu einer Yacht gehörten, aber sie warfen weiter mit Steinen. Schließlich haben wir unsere Sachen genommen und Schutz hinter den Büschen gesucht. Ich glaube, die Kerle sind jetzt weg.«

Eilig packten wir Kameras, Tauchbrillen und Decken ins Schlauchboot und fuhren zu unserem vergleichsweise sicheren Schiff zurück.

Vorfälle dieser Art waren leider in der Karibik an der Tagesordnung. Fast auf jeder Yacht hatte man eine ähnliche Geschichte zu erzählen. Es gab sogar Inseln, die von vorsichtigen Skippern nicht mehr angesteuert wurden. Auch Dominica stand nicht im besten

Ruf, obwohl wir gerade dort die Bekanntschaft eines sehr netten Jungen machten.

Es ist schade um dieses Tropenparadies. Schade, daß eine Politik auf den Karibik-Inseln betrieben wurde, die bis zu sechzig Prozent Arbeitslosigkeit zur Folge hatte. Schade auch, daß ganz Mittelamerika in das Kreuzfeuer der Großmachtinteressen geriet und deshalb von Kuba aus eine erbarmungslose Hetzkampagne über die Ätherwellen in Gang gesetzt wurde, die im Fall Grenada sogar zur direkten Einflußnahme auf die Regierung führte.

Da mein Fuß nicht recht heilen wollte und ich weiterhin jeden Schritt überlegen mußte, verzichteten wir auf ausgedehnte Kreuzfahrten. Martinique bot viele landschaftlich reizvolle Ankerplätze, auf denen wir jeden einzelnen Tag genossen, bis für Angelikas Familie der Urlaub zu Ende ging.

Inzwischen war es Ende Januar geworden und höchste Zeit, uns der SOLVEIG anzunehmen. Das Unterwasserschiff zeigte bereits üppigen Bewuchs, der ihre Fahrgeschwindigkeit erheblich verminderte. Bevor wir wieder auf See gingen, war eine Überholung dringend notwendig.

Von Martinique aus wollten wir in die Südsee segeln, nach Panama zunächst, dann in den Pazifik. Keinesfalls sollte die Durchquerung des Panamakanals zu spät erfolgen. Ich hatte mir Mitte März als äußersten Termin gesetzt, um die gewaltige Strecke über die Galapagos-Inseln, die Osterinsel und Pitcairn nach Tahiti bis Mitte Juni zu schaffen.

Noch am Tag des Abflugs von Angelikas Familie kreuzten wir über die große Bucht nach Fort de France, der Hauptstadt von Martinique. Unser Schiff sollte dort auf einer kleinen Werft mit einem Kran aus dem Wasser gehoben werden, da ein geeigneter Slip nicht zur Verfügung stand.

Mit ihren dreizehn Tonnen Gewicht und ihrem fünfzehn Meter hohen Mast war die SOLVEIG nicht so leicht zu bewegen, und wir machten uns Gedanken, ob die Aktion ohne Gefahr für das Boot abgehen würde.

Angelika hatte vor Aufregung kaum mehr geschlafen und war entsprechend nervös, als wir am nächsten Morgen durch den großen Handelshafen steuerten und uns mit größter Vorsicht in das enge Dock der Werft schoben. Langsam rollte der Travellift heran – ein Ungetüm auf vier riesigen Rädern, ein Portalkran, zwischen dessen Stahlgerippe die Yacht angehoben wird, sobald die Tragegurte unter dem Rumpf liegen.

SOLVEIG war etwas zu lang für den Lift, wir mußten das Vorstag vom Bug lösen: Grund für noch mehr Nervosität! Als die Gurte unter dem Kiel lagen, hielten wir beide die Luft an. Der Kranführer, ein kleiner schwarzer Kobold, brachte die Maschinerie in Gang.

Angelika stand wie versteinert neben mir auf der Mauer. Mit weit aufgerissenen Augen beobachtete sie das Boot. »Jetzt bewegt sie sich! Schau, ein paar Zentimeter! Gleich stößt der Mast an!« Angst klang aus ihrer Stimme.

Auch ich schluckte ein paarmal, sagte dann aber: »Nein, der Mast stößt nicht an. Der Mann versteht seine Sache.«

Höher und höher wurde das Schiff gehoben, schwankte zwischen den Traversen. Wir stoppten die Schwingung, die gefährlich zu werden begann, mit Hilfe der Festmacher.

Der Kobold sprang herbei, betrachtete die Lage und schärfte uns ein, die Festmacher nicht aus der Hand zu lassen. Dann hüpfte er flott die Leiter hoch in seinen Maschinenstand, zog an langen Hebeln, drückte Knöpfe. Das Ungetüm jaulte auf und setzte sich dann mit SOLVEIG in seinen Fängen in Bewegung.

Ein paar Meter rollten die riesigen Räder rückwärts, dann hörte ich lautes Knirschen und Krachen. Angelika schrie auf, der Koloß stöhnte – und blieb endlich stehen.

»*Mon Dieu!*« fluchte der Kobold und kam die Leiter heruntergesprungen. »Was ist denn los?« Inzwischen waren wir umringt von schreienden und gestikulierenden Menschen. Vor uns hing SOLVEIG immer noch in der Luft. Was war geschehen?

Beim Zurückstoßen hatte der Kranführer einen Pkw nicht gesehen – von seinem Stand aus gar nicht sehen können –, der unerlaubt auf dem Gelände abgestellt war und nun wie ein Pappkarton zusammengequetscht am Hinterrad des Riesen klebte. Es gab laute Diskussionen mit dem Besitzer des Wagens, einem Firmenvertreter, der die traurigen Reste seines geliehenen Fahrzeugs betrachtete.

Eine lange Stunde verging, bis unser Lift von dem Wrack befreit war und mit der SOLVEIG weiterrollte, zu einem Platz am Absperrgitter des Hafengeländes, wo er seinen Schützling endlich sanft zu Boden ließ. Rasch war das Boot mit ein paar Rundhölzern abgestützt, dann gab der Travellift seine Beute frei und rollte zum Dock zurück.

Angelika atmete sichtbar erleichtert auf und wischte sich Schweißperlen von der Stirn. Die Arbeit konnte beginnen.

Ein Boot an Land ist kein angenehmer Wohnplatz. Allein schon der Aufstieg über eine wackelige Leiter, womöglich noch mit Werkzeug und Farbtöpfen in der Hand, war lästig. Am meisten für mich selbst, denn auch wenn der Fuß ziemlich ausgeheilt war, taten die Sprossen der Leiter noch weh, besonders wenn ich schwere Gegenstände zu tragen hatte.

Übrigens habe ich nie herausfinden können, ob es sich bei meinen Schmerzen um eine Gelenk- oder Nervenentzündung oder um beides gehandelt hat. Der Gang zum Arzt erschien mir nicht ratsam. Eine Fehldiagnose und entsprechende Fehlbehandlung hätte den Abbruch unserer Reise zur Folge haben können. Ich wußte, daß sofort eine Besserung eintrat, wenn ich dem Fuß Ruhe gönnte. Damit war eigentlich der Weg der Behandlung vorgezeichnet. Wenn ich mich nun trotzdem wegen der schönen Landschaft, des blauen Wassers oder notwendiger Arbeiten am Boot dazu verleiten ließ, diese Behandlung zu unterbrechen, dann wäre es auch widersinnig gewesen, einen Arzt um Rat zu fragen. Die einzig vernünftige Antwort, die er mir geben konnte, wußte ich selbst.

Nach einer Woche lag die SOLVEIG wieder an ihrem Ankerplatz in der Anse des Flammands vor der Stadt. Die häßlichen Muscheln, die ihren Körper wie Zecken bedeckt hatten, waren abgekratzt worden; sie hatte ein sauberes, rotes Unterwasserkleid angelegt und wünschte sich nichts sehnlicher, als die Fahrt nach Westen forsetzen zu dürfen.

Für die weiten Segelstrecken des Pazifik hatten wir auf Martinique eine Windfahnen-Selbststeuerung montiert, die uns helfen sollte, das Boot während der monatelangen Überfahrten auf Kurs zu halten. Es hatte sich nämlich herausgestellt, daß mein altes Steuersystem – mit Steuerleine von der Fock auf die Pinne –, das sich während zweier Weltumsegelungen auf SOLVEIG III glänzend bewährt hatte, für die größere SOLVEIG IV mit ihrer Radsteuerung

Zauber der Tropeninseln in der Karibik

Mit einem gewaltigen Ruck legte sich das Schiff auf die Seite, nahm Fahrt auf und preschte mit schäumender Bugwelle durch die See.

Hier ankerten die berühmtesten Yachten der Welt: Marigot Bay, St. Lucia

»Götterdämmerung« in der Südsee

SOLVEIG *und* SAGAFJORD: *zwei Skandinavierinnen vor Moorea*

Filmaufnahmen in der Cook's Bay von Moorea

Auslegerkanus in der Vanuatu-Gruppe

Insel Ambrym: Das Kanu war aus einem ausgehöhlten Baumstamm sorgfältig gebaut, mit kräftigem Ausleger.

Vor dem Eingang zum Männerhaus, der mit den verschiedensten Muscheln und Figuren geschmückt war.

Poinciana Pulcherrima

Hinter dem Männerhaus fand ich eine aus Farnholz gearbeitete Statue, die mich in ihrem Ausdruck an die Giganten der Osterinsel erinnerte.

Rhythmisches Singen und Stampfen kündete den Beginn des Tanzes an.

Wo die Freude Blüten trägt...

SOLVEIG *auf ihrem Ankerplatz in Moorea: Die Stille gab uns Kraft.*

nicht taugte. »Wir brauchen noch zwei Tage für die Lebensmittel-einkäufe, für die letzten Briefe und für die Ausklarierung bei Zoll und Polizei«, rechnete ich Angelika vor.

Mit Putzmittel, Scheuerlappen und Eimer säuberten wir vom Schlauchboot aus SOLVEIGS Außenhaut von den Überresten der schmutzigen Gurte, an denen sie ins Wasser gesenkt worden war.

»Und noch mal einen Tag, um seeklar zu machen«, überlegte ich laut.

»Das macht also drei Tage«, unterbrach mich Angelika unge-duldig, während sie angestrengt versuchte, einen besonders wi-derspenstigen Fleck zu entfernen.

»Nimm das blaue Gelee aus dem Töpfchen, damit bekommst du ihn weg. Du mußt das Zeug aber fünf Minuten einwirken lassen«, empfahl ich. »Und am vierten Tag segeln wir los«, sagte ich augen-zwinkernd. »Aber nicht aufs Meer hinaus, sondern auf einen ruhi-gen Ankerplatz, wo uns keiner sieht. Wir stehlen uns einfach einen Urlaubstag, er soll nur uns gehören – wir ruhen aus, essen gut und holen Luft für die Überfahrt!« Angelika fiel mir mit dem Putzlappen in der Hand um den Hals, so daß wir auf dem schau-kelnden Dingi beinahe das Gleichgewicht verloren hätten; sie küßte mich und strahlte: »Das ist die beste Idee, die du seit langer Zeit ausgebrütet hast. Ein ganzer Tag ohne Landgang, ohne Ein-käufe, ohne irgendwelche Verpflichtungen!«

Mit Eifer machten wir uns daran, eine Liste der notwendigen Besorgungen aufzustellen, und teilten dann ein, wer was und wann erledigen sollte. Wir kamen uns vor wie Kinder, die eine auferlegte Arbeit beschleunigt ausführen, um sich damit Zeit für einen heimlichen Ausflug zu erschwindeln. Sollte man sich nicht öfter ein wenig selbst belügen und Freiräume schaffen, wo es eigentlich keine mehr gibt?

Nach dem Ruhetag waren wir jedenfalls in allerbester Stim-mung und sahen mit Spannung der Überfahrt entgegen, als wir am Morgen des 21. Februar den Anker aufholten, um auf westlichem Kurs Panama anzuliegen. Der Start nach Panama von Martinique aus ist etwas Besonderes: Erstens gelangt man direkt auf das of-fene Meer hinaus; keine Hafenmole, kein Kap, das umrundet werden müßte. Jedes Stück Holz, das man ins Wasser wirft, er-reicht über kurz oder lang die Küste Zentralamerikas. So manches

Beiboot einer ankernden Yacht, dessen Fangleine nicht mit einem ordentlichen Knoten belegt war, ist diesen Weg gedriftet. Zweitens ist die See ruhig, da die Dünung des Atlantik von der dreißig Kilometer langen Insel zunächst noch aufgefangen wird. Drittens gibt es auch nur leichten Wind, da der Passat auf der Leeseite der hohen Berge von Martinique kaum noch spürbar ist.

Ein geruhsamer Anfang also. Man hat Zeit, das Gerät wegzuräumen, die Seekarte gründlich zu studieren und sich im Seehandbuch über die in Frage kommenden Häfen zu informieren.

Wir saßen im Salon, die Karte auf dem großen Tisch vor uns ausgebreitet. Mir kam eine Idee. »Die Karibik hat bei Curaçao eine Ausbuchtung nach Süden, und es wäre durchaus kein Umweg, Curaçao oder Aruba anzulaufen. Beide Inseln gehören zu den Niederländischen Antillen, und man bekommt dort vorzügliche Lebensmittel.«

Der Gedanke gefiel Angelika keineswegs. Die Pause auf Martinique hatte ihr schon zu lange gedauert. »Was sollen wir auf Curaçao? Sicher sind die San-Blas-Inseln vor Panama viel interessanter, und wir wollen doch so bald wie möglich in den Pazifik. Lebensmittel haben wir genug besorgt, außerdem können wir in Panama einkaufen«, argumentierte sie eifrig.

Zögernd stimmte ich zu. »Mit Ein- und Ausklarieren und Einkaufen würden wir drei bis vier Tage auf Curaçao verlieren. Also, wenn du meinst – segeln wir direkt zu den San-Blas-Inseln!«

Angelika war begeistert, sie freute sich auf die Tage bei den Cuna-Indianern. Ich hatte ihr von dem Stamm erzählt und ihre Neugierde geweckt.

Die Cunas sind wohl das letzte Naturvolk im Bereich der Karibischen See. Sie siedeln auf atollartigen Koralleninseln, leben naturverbunden und anspruchslos, still und zurückhaltend. Von den spanischen Eroberern aus ihrer ursprünglichen Heimat an der Pazifikküste vertrieben, zogen sie sich auf kleine Inseln vor der Küste Panamas zurück. Dort ist es ihnen gelungen, ihr kulturelles Erbe bis in die heutige Zeit zu erhalten, indem sie sich von dem geschäftlichen Treiben in den Städten am Kanal fernhielten.

Langsam, fast unmerklich, nahm der Wind zu und füllte die Segel. Wir kamen aus dem schützenden Bereich von Martinique heraus, einzelne steilere Wellen schlugen gegen die Bordwand. Ich stellte die Windfahne ein und überließ ihr die Steuerung. Nach mehreren Korrekturen segelte das Boot auf dem gewünschten Kurs von 275° nach Westen.

In der Abenddämmerung blickten wir noch einmal zurück und erkannten deutlich die Umrisse von Martinique und Dominica. Der Atlantik lag hinter uns.

Angelika griff nach dem Fernglas und suchte langsam den Horizont ab. »Heute nacht müssen wir abwechselnd Wache halten. Zu viele Schiffe sind im Bereich der Inseln unterwegs, ich sehe dauernd Lichter«, sagte sie und gab mir das Glas. »Ich übernehme gern die ersten Stunden«, fuhr sie fort, »ich bin noch hellwach!«

Als ich um zwei Uhr früh durch ein Geräusch geweckt wurde, merkte ich im Halbschlaf, daß die See brodelnd um den Schiffsrumpf zischte, Brecher das Boot erfaßten und mit kräftigen Stößen durch die Wellen trieben. Ich rappelte mich hoch, ging vorsichtig, mit beiden Händen Halt suchend, in den Salon. Dort fand ich Angelika, am Kartentisch sitzend, in die Anzeigegeräte für Windrichtung, Windstärke, Kompaß und Fahrtgeschwindigkeit vertieft.

Eine Weile beobachtete ich sie von hinten, dann fragte ich mit leiser Stimme: »Wie geht es?«

Sie schrak auf. »Mein Gott, hast du mich überrascht! Ich hab' dich gar nicht gehört.« Ihre Stimme klang müde.

»Willst du dich nicht schlafen legen? Ich kann jetzt wirklich eine Weile aufpassen«, bot ich an. »Sind denn Schiffe in der Nähe?«

»Ein Licht an Backbord, aber weit entfernt.«

»Gut, ich sehe nach«, versprach ich und stieg drei Stufen des Niedergangs hoch ins Cockpit, unter das kleine Deckshaus. Bis hierhin und nicht weiter – das hatten wir fest ausgemacht – durfte einer von uns allein die Kajüte in der Nacht verlassen. Für alle anderen Aktionen an Deck, auch wenn sie nur Sekunden dauerten, sollte der andere geweckt und herbeigeholt werden. Wenn einer von uns beiden über Bord ging, hatte er keine Aussicht mehr, gefunden zu werden. Wind und Segelgeräusche würden jeden Schrei übertönen. Ein Alptraum, der mich ständig verfolgte, war die Vorstellung, eines Nachts auf See aufzuwachen und Angelika nicht mehr an Bord zu finden. Ihr ging es sicherlich ebenso, wenn sie an mich dachte.

Ich warf einen Blick in die Finsternis und sah nichts als die grauen Wogen mit ihren hellen Schaumkämmen. Wir hatten Windstärke sechs, und die SOLVEIG schoß mit hoher Fahrt in die Wellentäler.

»Alles in Ordnung«, murmelte ich, nachdem ich wieder in den Salon heruntergestiegen war und das Luk hinter mir geschlossen hatte. »Geh jetzt schlafen und leg dich auf meine Koje.«

Angelika stand zögernd auf, legte sich aber auf die schmale Bank im Salon und wickelte sich in ein Leintuch. Ohne es auszusprechen, empfand sie noch immer eine Scheu vor der Achterkajüte, in der wir die Kenterung erlebt hatten.

Über die Windrichtung brauchten wir uns auf dieser Überfahrt keine Gedanken zu machen, denn der Passat wehte unverdrossen aus Ostnordost; seine Stärke nahm jedoch im Lauf der Nacht und an den folgenden Tagen weiter zu. Als wir die Länge von Curaçao erreicht hatten, wehte er mit vollen sieben Beaufort. Da der Wind in dieser Region wochenlang gleichmäßig durchsteht, hatten wir es mit entsprechendem Seegang zu tun. Wellen bis zu sechs Metern Höhe beschränkten unsere Tätigkeiten auf die notwendige Navigation und auf die Mahlzeiten. Essen konnten wir nur, wenn wir den gefüllten Teller krampfhaft mit der Hand festhielten. Gleichzeitig zu trinken, war ausgeschlossen. Es gehörte schon ein wenig Geschick dazu, das Essen ohne »Umwege« in den Mund zu befördern.

Sorgen bereiteten mir die Segel.

Es war mir nicht gelungen, zwei Vorsegel auszubaumen, die dann wie Schmetterlingsflügel das Boot gezogen hätten. Der Winddruck war zu stark, der Seegang zu steil, als daß wir mit den großen Segelflächen und den langen Alubäumen hätten so hantieren können, wie ich das früher bei meinem kleinen Boot ohne Schwierigkeiten zuwege gebracht hatte.

So blieb als Besegelung das gereffte Groß und eine ausgebaumte Fock – verschiedene Angriffspunkte für die Zugkraft des Windes also –, wobei das Kurshalten für die Windfahnensteuerung sehr erschwert wurde. Lief dann eine große See quer, konnte die Windfahne das Boot nicht mehr halten, der Ruderdruck wurde zu stark, der Bug schoß in den Wind, und die Segel schlugen mit

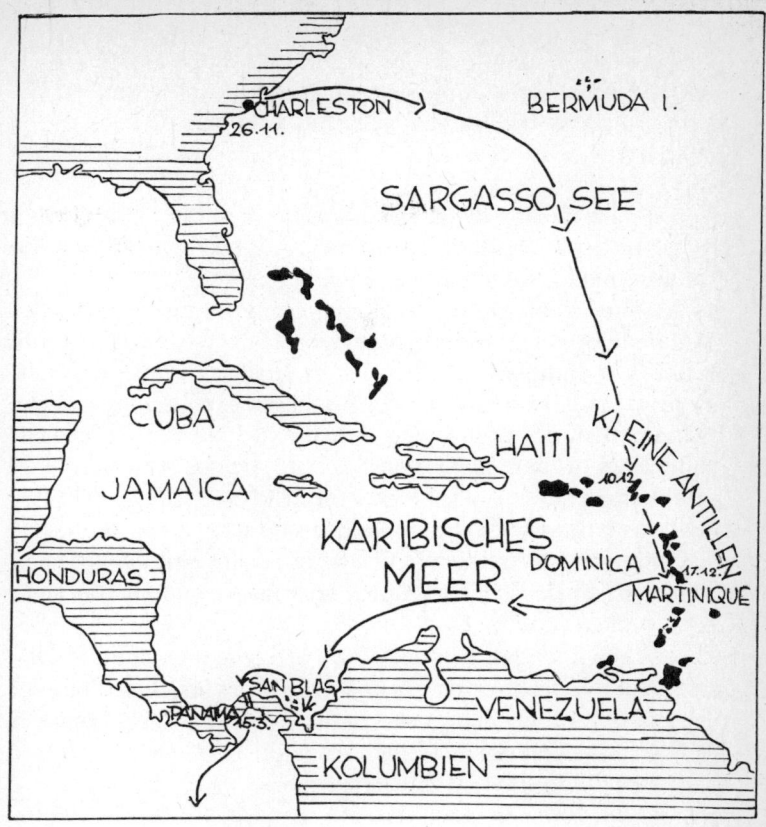

solcher Gewalt flatternd im Wind, daß wir unsere Not hatten, die Schoten einzufangen, dichtzuholen und die killenden Segel zu halten, bis wir wieder auf Vorwindkurs waren.

Ein solches Manöver bei Nacht kostete Kraft und Nerven. Danach fielen wir erschöpft auf die Kojen – schweißüberströmt und salzwassergebadet –, konnten stundenlang nicht einschlafen, sondern lauschten ängstlich, ob sich in dem Zischen der Wellen und dem Heulen des Windes eine neuerliche Kursänderung ankündigte.

Bereits nach neun Tagen hatten wir 1400 Seemeilen zurückgelegt und bereiteten uns auf die Ansteuerung der San-Blas-Inseln vor. Genaue Seekarten von der Küstenregion zwischen Panama und Kolumbien gibt es nicht. Bei halbwegs klarem Wetter kommen zuerst die weit im Hinterland liegenden Bergketten in Sicht und erst viel später die flachen, palmenbestandenen Inseln, deren Grün sich nur sehr schwach von den Hügeln des Festlands abhebt.

Aber für uns blieben die Berge in Wolken gehüllt, als wir in den Morgenstunden des 1. März mit einem kräftigen Passat im Rücken auf die Inseln der Cuna-Indianer zuhielten.

Das größte Problem bei der Annäherung an eine Küste, der Korallenriffe in langer Kette vorgelagert sind, besteht darin, die eigene Geschwindigkeit so einzurichten, daß man sich dem Riffsaum zu einer günstigen Tageszeit nähert. Am besten sind die Morgenstunden, nur sollte man sicher sein, daß das Boot nicht schneller läuft als berechnet, sonst könnte die Ankunft bereits in der Dunkelheit und völlig unerwartet erfolgen. Zeugen solcher Navigationsirrtümer sind die zahlreichen Wracks, die in der tosenden Brandung der Riffe liegen, bis die See dann eines Tages auch die letzten Reste des Schiffsrumpfes zertrümmert und in die Tiefe reißt.

Ich setzte meinen Kurs in der Karte auf eine angedeutete Öffnung im Riff ab, drehte aber um drei Uhr früh vorsichtshalber bei und ließ das Boot nur »langsam voraus laufen«, wie im Logbuch steht. Nach Sonnenaufgang rief ich Angelika ins Cockpit.

»Siehst du die Inseln?« fragte ich lachend.

Aber so verbissen sie auch den Horizont absuchte, sie konnte nichts erkennen. Es bereitete mir kindliche Freude, meinen Arm um ihre Schultern zu legen und mit der anderen Hand die Richtung anzudeuten, in der sich feine dunkle Streifen – Palmwipfel der flachen Inseln – in der Morgendämmerung vom grauen Hintergrund abhoben.

Wir brachten das Boot auf Kurs und hielten auf die nun immer deutlicher hervortretenden grünen Streifen zu.

»Weißt du eigentlich, wo wir sind?« fragte Angelika besorgt, als wir eine Stunde später etwa zehn verschiedene Inseln vor uns liegen sahen.

»Die Karte ist zu ungenau, ich weiß nicht, wo der Paß durch das Riff sein soll«, bekannte ich. »Wir müssen noch näher heran.«

Mit Spannung sahen wir der Überfahrt entgegen, als wir am 21. Februar Segel setzten, um auf westlichem Kurs Panama anzuliegen.

Als das Insellabyrinth nur noch zwei Meilen entfernt war, brachte ich endlich Karte und Wirklichkeit in Übereinstimmung. »Schau mal, dort neben der großen Insel muß das Riff offen sein. Ich sehe jedenfalls keine Brandung!« rief ich aufgeregt.

»Ich auch nicht.« Angelika schwankte zwischen Freude und Angst.

Rasch kamen wir dem Paß näher.

Auch mir war nicht wohl unter meinem Ölzeug, wieder und wieder griff ich zum Fernglas. Ob es wirklich der Paß war? Vielleicht bedeutete der dunkle Streifen zwischen der Brandung nur, daß der Meeresboden hier mit Seegras bewachsen war und wir in Wirklichkeit auf flaches Wasser zuhielten?

Drückend spürte ich die Verantwortung, die mir wie ein Zentnergewicht auf der Seele lag.

Wenn es noch einer besonderen Mahnung zur Vorsicht bedurft hätte, dann erhielt ich sie jetzt: Auf der Riffkante lag ein kleiner Frachtdampfer in der Brandung! Das Schiff war noch nicht rostig, die Farben schienen frisch, vielleicht war es erst vor ein paar Tagen oder Wochen hier gestrandet.

»Wir sollten die Segel bergen, den Motor anlassen und das Echolot einschalten. Wir steuern jetzt auf die Einfahrt zu«, sagte ich.

Wortlos sprang Angelika zum Mast und begann, das Großfall klarzulegen. Ich startete die Maschine und half ihr dann, das Segel zu bergen. Beide starrten wir gebannt auf die Anzeige des Echolots, als wir die Brandungslinie passierten.

»Zwanzig Meter, fünfzehn Meter!« meldete Angelika schnell. »Jetzt sind es nur noch zehn!«

Deutlich konnte ich die Riffgebirge im klaren Wasser erkennen. Sie schienen zum Greifen nahe.

Das war die Einfahrt, kein Zweifel. Aber ich mußte irgendwie an den Rand des tiefen Wassers geraten sein.

»Vier Meter! Willst du nicht umkehren?« Angelika bemühte sich, ganz ruhig zu sprechen. Ich verlangsamte die Fahrt auf zwei bis drei Knoten, gelangte allmählich wieder in dunkleres Wasser.

»Zehn Meter, zwölf Meter!« rief Angelika erleichtert, während ich die verschiedenen Wasserfarben vor dem Bug im Auge behielt.

Princess Margaret Beach, Bequia

Zehn Minuten später lag die Riffwand hinter uns, wir hatten das geschützte Wasser der Lagune erreicht. Flaschengrün leuchtete es zu beiden Seiten der Bordwand, ein Zeichen für ebenen, sicheren Sandgrund. Dicht neben uns zog langsam die erste der Inseln vorbei, weißer Sand glitzerte in der Morgensonne, ringsum herrschte Frieden und Stille.

Ich hätte singen können vor Freude, aber ich mußte meine Aufmerksamkeit auf die Korallen richten, die in kleinen und großen Stöcken, zum Teil in Form ganzer Mauern, wie unterseeische Wälder die Durchfahrt verwehrten. Häufige Kursänderungen waren notwendig, um den Gefahrenstellen in weitem Bogen auszuweichen. Die Riffe ließen sich deutlich an den in allen Braun- und Gelbtönen schillernden Farben erkennen. Ich folgte den dazwischenliegenden grünen Flächen.

Vor dem Strand einer unbewohnten Insel warfen wir Anker.

Angelika befand sich in einem wahren Rausch. Und ihre Begeisterung erfaßte auch mich, so daß ich sofort daranging, auf dem Vorschiff das Schlauchboot aufzupumpen, statt erst einmal auszuruhen. Nach diesem schwierigen Landfall und der fast schlaflosen Nacht wäre eine Entspannung notwendig gewesen. Doch ich wollte sofort hinüber an den lockenden Strand.

105

Meine Ungeduld mußte ich teuer bezahlen.

Als ich – immer noch allein, denn Angelika war im Cockpit mit Aufräumen beschäftigt – das Schlauchboot über die Reling schieben wollte, rutschte es mir aus der Hand und fiel so unglücklich auf meinen großen Zeh, daß der Nagel mit einem Ruck herausgerissen wurde.

»Verdammter Mist!« Selten habe ich so geflucht wie nach diesem völlig überflüssigen Zwischenfall. Wieder hatte ich mich verletzt, nachdem der eine Fuß gerade erst ausgeheilt war!

Auch Angelika schien verzweifelt. Mit Schrecken sah sie das Blut aufs Deck tropfen. »Bleib stehen!« rief sie. »Ich hole Verbandszeug!« Kurz darauf erschien sie wieder und wickelte den traurigen Stummel fest ein.

»Trotzdem gehen wir jetzt an Land. Ich will mir den Aufenthalt nicht wegen der Zehe verderben lassen«, sagte ich verbissen.

Jetzt warfen wir das Boot gemeinsam ins Wasser und pullten zum Strand der kleinen Trauminsel, die uns allein gehören sollte.

»Sieh nur, wie die Lagune in allen Farben glänzt!« sagte ich glücklich. »Wie die grünen Inseln ringsum den Ankerplatz einrahmen! Und dort hinten zwischen den Palmen kannst du einen weißen Brandungsstreifen erkennen: Das ist das Außenriff.«

Angelika ließ den Anblick auf sich wirken. Sie lag neben mir im Sand, Beine ausgestreckt, die Hände nach hinten abgestützt. Dicht bei uns stand ein Reiher und starrte unbeweglich in das klare Wasser. »Ich komme mir vor wie in einer anderen Welt«, flüsterte sie.

Der Passatwind ließ die Wipfel der Kokospalmen knistern, hier und da hörten wir einen Vogelschrei und in der Ferne das gleichmäßige Rauschen der Brandung. Über uns zogen kleine weiße Wolken am blauen Himmel dahin. Lange verharrten wir schweigend, bis Angelika sich aufrichtete. »Ich habe wahnsinnige Lust, schwimmen zu gehen. Oder gibt es hier Haie?«

Ich schüttelte den Kopf. »Haie gibt es in der Lagune wohl kaum. Aber sei vorsichtig mit den großen Quallen – ihre Fäden sind giftig.«

Schritt für Schritt watete Angelika in tieferes Wasser und ließ sich mit einem kleinen Platsch in die glitzernden Wellen gleiten.

Am Nachmittag kehrten wir an Bord zurück und packten ohne

Hast Segel, Tauwerk und Seekarten beiseite. Nach einem erfrischenden Nachtschlaf zogen wir den Anker wieder an Deck, um ein paar Meilen weiter zu einem neuen Strand zu segeln.

»Wo leben denn nun die Cuna-Indianer?« wollte Angelika wissen. »Ich habe noch keine einzige Hütte gesehen.«

»So leicht sind sie auch gar nicht zu sehen«, antwortete ich, hinter dem Ruder stehend. »Wie alle Naturvölker verstecken die Cunas ihre Behausung eher, als daß sie sie zeigen. Es gibt auch keine Wege oder Landungsstege, die auf eine Siedlung hinweisen, jedenfalls nicht in diesem Teil der Inselgruppe.«

Doch dann entdeckten wir ein Kanu, einen Einbaum mit primitivem Mast und kleinem Segel. Wir folgten seinem Kurs eine Zeitlang mit den Augen und hielten auf die Stelle zu, wo das Schiffchen im Grün der Palmen verschwunden war.

Am Strand sahen wir dann mehrere Kanus im Schatten der Bäume und dahinter zwei Hütten.

»Sie scheinen unbewohnt zu sein. Schade!« meinte Angelika.

»Die Indios leben nicht ständig auf den Inseln.«

Ich steuerte das Boot langsam auf einen Ankerplatz. »Nur in der guten Jahreszeit kommen sie zum Fischen und zum Ernten der Kokosnüsse, bewohnen dann die eine oder andere Hütte. Trinkwasser muß in Kanus vom Festland geholt werden, es gibt keine Quelle auf den Inseln.«

Wir hatten guten Sandgrund erreicht und ließen den Anker fallen. Nach einer Weile, wir waren noch mit dem Aufschießen des Tauwerks beschäftigt, näherte sich langsam ein Kanu, das ich vorher nicht bemerkt hatte. Darin saß ein junger Mann, der gemächlich sein Paddel schlug.

»Wie leise er kommt, wie zurückhaltend er ist«, freute sich Angelika. Kein Rufen und Schreien, wie wir es in den Antillen so oft erlebt hatten.

Als er neben der SOLVEIG lag und von mir eine Leine zum Festmachen gefangen hatte, schöpfte er erst das Wasser aus seinem Boot – bedächtig, als handelte es sich um ein wichtiges Zeremoniell. Dabei betrachtete er uns aufmerksam und begann schließlich zu sprechen.

Leider verstanden wir fast kein Spanisch; als er das begriff, deutete er auf sich und sagte: »Arnulfo!«

Nachdem auch wir unsere Namen genannt hatten, zeigte er zum anderen Ende der Insel. Dort lebte seine Familie. Ob wir sie nicht besuchen wollten?

Er paddelte zurück, so gemächlich, wie er gekommen war, und ich sah, wie er seine Hütte erreichte, die man durch die Büsche eben noch erkennen konnte.

»Laß uns ein paar Kanister mit Süßwasser füllen und der Fami-

Am Strand der kleinen Trauminsel, die uns ganz allein gehören sollte.

lie bringen. Ich glaube, das freut sie am meisten«, schlug ich vor. »Wasser ist hier so knapp.«

Am frühen Nachmittag zogen wir unser Schlauchboot am Strand hoch und gingen langsam auf die Hütte zu.

Zwei Frauen, beide mit farbigen Blusen und Röcken bekleidet, waren damit beschäftigt, über dem offenen Feuer eine Mahlzeit zu bereiten. Sie begrüßten uns ohne Aufhebens und ohne die Männer zu rufen, die am Strand ein leckes Kanu mit Teer abdichteten.

Im häuslichen Bereich haben die Frauen das Sagen, auch im Geschäft, denn die Cunas leben in einer Art Matriarchat. Männer machen die grobe Arbeit und fahren hinaus zum Fischen oder ans Festland, um Wasser zu holen.

Meine beiden Kanister wurden mit Dank und Freude entgegengenommen, aber ohne Überschwang. So wenig diese Menschen auch besitzen, sie haben alles Nötige zum Leben, sind auf keine Hilfe angewiesen, und ihr Trachten geht nicht dahin, möglichst viel Besitz zu erlangen. Deshalb ist es auch möglich, daß sich alle Inseln im Gemeineigentum des Stammes befinden. Jede Familie nimmt nur so viel von den reifen Früchten und Kokosnüssen, wie sie zum Leben braucht.

Wir gingen zu den Männern. Den Jungen kannten wir schon, der ältere war sein Vater, er hieß ebenfalls Arnulfo, mit Familiennamen Robinson. Vater Robinson sprach etwas Englisch, er war früher auf amerikanischen Schiffen als Seemann gefahren, wie er mir erklärte.

Mit einer Handbewegung zeigte er über die türkisfarbene Lagune und zu den palmenbestandenen Stränden. »Ist es nicht schön hier? Hier bin ich zu Hause«, rief er begeistert. »Ich könnte Geld verdienen in Panama, ich könnte auch wieder zur See fahren, aber auf meiner Insel fühle ich mich am wohlsten. Ich lebe in der Natur, ohne Hast und ohne Zwang. Was wir haben, genügt uns, wir brauchen kein Geld.«

Die Cunas haben es fertiggebracht, sich innerhalb des Staatsgebietes von Panama eine gewisse Autonomie zu erhalten. Sie haben auch ihren alten Glauben bewahrt und werden von ihren »Neles«, von Sehern, geführt. Ihre Überlieferung erzieht zu tiefer Ehrfurcht vor der Natur, vor Tieren und Pflanzen, vor Flüssen und Bergen. Nach ihrem Glauben entstand die Welt durch unentwegte Geburten der Baumgöttin. Die Geschichte der Schöpfung wurde in ihren Liedern festgehalten. Es gibt ein Lied vom Ursprung des Feuers, des Regens und der Sonne.

Undenkbar, daß Menschen, die einem solchen Glauben huldigen, jemals der Natur ernsten Schaden zufügen könnten. Leider verhielt es sich da mit den christlichen Eroberern ganz anders. Niemand dachte an die Erhaltung von Wäldern und Flüssen, der eigene Nutzen schien das oberste Gebot der Eroberer und ihrer Nachkommen geblieben zu sein, bis zum heutigen Tage.

Angelika unterhielt sich mit Gesten und wenigen spanischen Worten im Kreis der Frauen und der drei Kinder, einem Buben und zwei Mädchen. Eine der Frauen zeigte ihre Arbeit an einer Mola, einem rechteckigen, in kräftigen Farben gemusterten Tuch. Die Muster entstehen durch Ausschneiden der oberen Stofflagen, so daß die Farbe der unteren Lage hervortritt. Mehrere Lagen werden so zu Mustern geschnitten, unter Verwendung von Motiven aus dem Bereich der Natur oder der Religion.

Fasziniert beobachtete Angelika, wie die Frau ihre Mola Stich um Stich zusammennähte.

Unbemerkt hatte sich die kleine Tochter Mercedes genähert; sie zog Angelika leicht am Ärmel, während sie in der anderen Hand etwas hinter dem Rücken versteckt hielt. Als Angelika überrascht aufsah, zeigte ihr das kleine Mädchen voller Stolz eine selbstgefertigte Mola. Die Mutter erklärte, es sei die erste, die die Kleine allein genäht hatte. Angelika sollte sie als Erinnerung behalten, dolmetschte der inzwischen dazugekommene Vater.

Am Tag darauf hatten wir die ganze Familie an Bord. Größte Sensation für Frauen und Kinder waren Spiegel und Kosmetiksachen in der Kajüte. Die Mädchen bemalten sich mit Lippenstift und Wimperntusche, ließen es sich aber nicht nehmen, als wir am Nachmittag wieder an Land waren, Angelika ihrerseits einen Lidschatten aus Pflanzenfarbe und einen dicken schwarzen Strich auf die Nase zu ziehen. Dafür verwendeten sie ein Stück verkohlter Kokosnuß.

Cuna-Frauen lieben Schmuck und Farben. Sie tragen Goldringe um Arme und Beine und meist einen kleinen Goldreif in der Nase. Waden und Handgelenke schmücken bunte, geflochtene Bänder.

Zuletzt sollte auch Angelika einen Ring durch die Nase erhalten. Lachend winkten wir ab.

Nach so viel gemeinsamen Freuden und Spielen mußte der Abschied uns allen weh tun. Die Kinder kletterten auf eine Palme, Mutter und Vater Robinson winkten vom Strand aus. Angelika und mir liefen Tränen über das Gesicht, und das Winken nahm kein Ende, bis SOLVEIG hinter den Palmen der Nachbarinsel verschwunden war.

»Was für Menschen!« sagte Angelika schließlich mit belegter Stimme. »Was für liebe und sanfte Menschen!«

»Vielleicht ist es gerade die sanfte Herrschaft der Frauen und ihre Klugheit, die den Stamm der Cunas bis zum heutigen Tag vor der Zerstörung durch eine fremde Zivilisation bewahrt hat«, dachte ich laut. »Oder hast du auch nur eine einzige Konserven-dose oder Abfall am Strand liegen gesehen?«

*Bei Familie Robinson:
»Was wir haben, genügt
uns, wir brauchen kein
Geld!«*

Nachdenklich sah mich Angelika an. »Welch ein Gegensatz zu
den Einheimischen der Antillen-Inseln, die sich so selbstverständlich die Zivilisationsgüter nehmen und dann wieder achtlos weg-
werfen.«

»Zweifellos haben Zivilisation und technischer Fortschritt ihren
Erfindern, den Völkern Europas, viel Gutes gebracht. Sie haben
uns das Leben erleichtert und lebenswerter gemacht«, wandte ich

Im häuslichen Bereich haben die Frauen das Sagen, denn die Cunas leben in einer Art Matriarchat. Sie lieben Schmuck und Farben; ihre selbstgefertigten Molas sind weltberühmt.

ein. »Aber auf die meisten Menschen in Übersee haben sie einen verheerenden Einfluß ausgeübt. Nur wenigen ist es gelungen, das Angebot mit Maß und zu ihrem Nutzen zu verwerten.«

Ich machte mir Gedanken um die Zukunft der Cunas. »Wenn hier eines Tages ein zweiter Kanal gebaut wird, dann verlieren sie ihr kleines Reservat, dann ist es vorbei mit der Freiheit und dem Leben in der Natur«, sagte ich traurig.

Tatsächlich führen die Indios schon heute ein Doppelleben. Einerseits hängen sie an ihrer überlieferten Religion und an ihren

Sehern, andererseits gilt Christentum und panamesische Verwaltung als »gesetzliches Bekenntnis«. Ihre Sprache blieb erhalten dank eigener Schulen, aber Spanisch ist Amtssprache und muß ebenfalls gelehrt werden.

Auf den Inseln leben die Cunas ohne feste Häuser, ohne Geschäfte, ohne Elektrizität. Auf dem Festland aber unterwandert die Zivilisation allmählich ihre alten Bräuche und Sitten. Wie lange noch kann der Stamm in solchem Zwiespalt überleben?

Klein von Wuchs, bescheiden und friedvoll, werden die Cunas wohl eines Tages das Opfer der schwarzen und weißen Einwanderer werden, die das wehrlose Volk verdrängen.

San Blas – die vergessenen Inseln. Hoffentlich werden sie nie durch eine blutige Tragödie in die Schlagzeilen der Weltpresse geraten!

AUSSTEIGERDRAMA AUF
DEN GALAPAGOS

Wir hatten unser Paradies verlassen und segelten bei frischem Passat an der Küste Panamas entlang.

Bereits um acht Uhr abends konnten wir das Leuchtfeuer von Punta Manzanillo ausmachen, Ansteuerungspunkt für den Kanalhafen Cristobal. Viel zu früh waren wir in die Nähe der Schifffahrtslinien geraten; deshalb verbrachten wir eine unruhige Nacht, mit gedrosseltem Motor auf und ab kreuzend. Der Wind war eingeschlafen.

Gegen sechs Uhr, in der ersten Morgendämmerung, nahm ich Kurs auf die Hafeneinfahrt. Innerhalb der Mole lagen eine Reihe großer Frachter vor Anker. Zunächst umkreiste ich die dicken Schiffe, denn ich erwartete eine Barkasse mit Zoll und Polizei, die mir Erlaubnis zum Ankern geben würde.

Barkassen schwirrten hierhin und dorthin, doch niemand kümmerte sich um uns. Ich ließ die Solveig driften, während Angelika ein Frühstück vorbereitete. Wir waren übermüdet von der schlaflosen Nacht und standen noch unter dem Eindruck des Abschieds von den Cunas.

Der Hafen gefiel mir nicht. »Wie lange sollen wir hier herumdümpeln?« fragte auch Angelika etwas ärgerlich. Ich wußte es nicht. »Ich will aber keine Schwierigkeiten bekommen, wenn ich unerlaubt weiterfahre«, erläuterte ich. »Warten wir lieber noch eine Stunde.«

Nach dem Frühstück bemerkte ich, daß alle Schiffe als Gastlandflagge die panamesischen Farben führten.

»Du, ich glaube, der neue Kanalvertrag ist schon in Kraft getreten, den Präsident Carter mit Panama ausgehandelt hat. Die Kanalzone gehört nicht mehr den USA!« rief ich Angelika zu, die in der Kajüte mit dem Aufräumen des Frühstücks beschäftigt war.

»Such gleich mal die Flagge von Panama heraus und setze sie unter der Saling!« Dann ließ ich den Motor an und steuerte über die meilentiefe Bucht zu dem mir von früher her bekannten Platz dicht bei den Dockanlagen.

Dort ankerten bereits zwei Yachten aus Frankreich und Kanada, wir gesellten uns dazu. Unser Zwangsaufenthalt in Cristobal hatte begonnen.

Ja, ich gebe zu, diese Stadt zählt nicht gerade zu meinen Lieblingsorten. Bei meiner ersten Durchfahrt 1968 war ich hier auf offener Straße an einem Sonntagmittag niedergeschlagen und ausgeraubt worden. Damals wurde der Vorfall in Deutschland nicht recht geglaubt, doch inzwischen ist die Kriminalität in Panama zu einem festen Bestandteil des Lebens geworden, und viele Segler mußten ähnliche Erfahrungen machen. Ich wollte nur so kurz wie möglich bleiben und auf der Pazifikseite, wo die Hauptstadt Panama City liegt, überhaupt nicht mehr an Land gehen.

Wir saßen im Cockpit; vor mir lag ein noch weißer Zettel, aus dem eine Liste für unsere Besorgungen werden sollte.

»Die notwendigen Einkäufe in Panama machen wir per Bahn«, überlegte ich. »Mit Rucksack und großer Tasche fahren wir morgens mit dem ersten Zug los und sind am Spätnachmittag wieder zurück.«

Angelika äußerte sich nicht weiter; denn sie war todmüde, wollte sich aber nicht ausruhen, da wir jeden Augenblick die Barkasse mit den Zollbeamten erwarteten.

Sie kamen um 13.30 Uhr. Der Rudergänger, kein Amerikaner wie früher, manövrierte sein schweres Fahrzeug ungeschickt und rammte die SOLVEIG: zwei Relingstützen wurden verbogen, ein Stück wurde aus der Scheuerleiste gebrochen. Ich hatte Mühe, meinen Ärger zu unterdrücken, denn die Herren erklärten fröhlich: »Das macht nichts, nur eine Kleinigkeit!«

Nach einer halben Stunde waren wir mit den Formalitäten fertig. Nicht unhöflich, aber sehr distanziert verhielt sich der panamesische Offizier und erklärte nicht ohne Stolz: »In den letzten Jahren hat sich hier sehr viel verändert. Der Kanal gehört jetzt zu Panama!«

Das hatte ich bemerkt! Wir durften jetzt zum Yachtklub verholen, der ebenfalls unter panamesischer Verwaltung stand.

Ich meldete mich im Büro. Liegegebühren mußten vorausbezahlt werden, für fünf Tage zunächst, pro Tag zwölf Dollar. So blätterte ich 60 Dollar auf die Theke. Erstaunt sah mich die Sekretärin an, holte die Rechenmaschine, kam zu dem gleichen Ergebnis. »Wie haben Sie das so schnell herausgefunden?« fragte sie verdutzt.

Für Spezialaufgaben waren noch etliche amerikanische Ingenieure und Offiziere bei der Kanalgesellschaft beschäftigt. Bei ihnen machte der Spruch die Runde: »Jimmy Carter war der beste Präsident von Panama!«

Der Liegeplatz im Klub war für uns ein willkommener Luxus, und ich bereute keinen einzigen Dollar, den wir dafür ausgeben mußten. Wir hatten fließendes Wasser zur Verfügung, konnten an einem sauberen Holzsteg direkt vor dem Restaurant festmachen und hatten vom Klubgebäude aus nahen Zugang zur Stadt. Die Klubanlagen waren mit Stacheldraht und Mauern festungsartig ausgebaut, so daß man sich innerhalb des Geländes ohne Angst aufhalten konnte. In die Stadt selbst fuhren wir nur wenige Male und dann zu zweit und mit einem Taxi.

Angelika nutzte das unbegrenzt zur Verfügung stehende Süßwasser, um mit Seife und Bürste das gesamte Teakdeck zu scheuern. Ich machte mich auf die Beine, um den Behördenslalom für die Kanaldurchfahrt zu bewältigen.

Abgesehen von einem halben Dutzend Zoll-Einklarierungspapieren waren folgende Gänge notwendig:

1. Einklarierung für die Gesundheitsbehörde
2. Einklarierung bei Immigration
3. Beantragung eines *Permiso de Navegation* (28 Dollar)
4. Beantragung der Vermessung des Bootes
5. Vermessung an Bord
6. Anträge bei der Kanalbehörde (36 Dollar)
7. Antrag für die Kanaldurchfahrt (105 Dollar)

Meine große Zehe war soweit verheilt, daß ich trotz des fehlenden Nagels wieder Schuhe tragen konnte. Dafür machte mir die Hitze zu schaffen: 34° im Schatten.

Im Zeitlupentempo erledigte ich die Behördengänge und benötigte fünf Tage, bis ich alle Unterlagen beisammen hatte. Zwei Tage blieben dann noch für Besorgungen, einen davon brauchten wir für die Fahrt nach Panama City, um weitere Seekarten und Seehandbücher heranzuschaffen. Geldumtausch, Telefonate mit Deutschland, Einkauf von Lebensmitteln und Haushaltswaren, schließlich das Auffüllen des Kraftstofftanks nahmen den Rest unserer Zeit in Anspruch.

Es gelang mir sogar, die für den Panamakanal geforderte Besatzung von fünf Mann zusammenzustellen, ohne dafür Heuer bezahlen zu müssen, da sich der Skipper unserer Nachbaryacht Ascot und seine Tochter bereit erklärten, mit uns durch den Kanal zu gehen und von Balboa aus per Bahn zurückzukehren. Als fünfter »Mann« fand sich eine amerikanische Tramperin, die ihre Reise durch Zentralamerika mit einer Fahrt durch den berühmten Kanal krönen wollte.

Am 15. März um 4.30 Uhr hatte ich meine Crew an Deck versammelt. Das notwendige Tauwerk – vier Trossen von je 30 Meter Länge – lag bereit, und um 4.45 Uhr erschien auch pünktlich unser Lotse oder »Berater«, wie er neuerdings genannt wurde.

Der junge Panamese wirkte gelassen, aber hatte er auch genügend Erfahrung? Würde er wissen, wie sich eine kleine Yacht in den Strudeln der riesigen Schleusen manövrieren läßt? Wie stark würde der Wasserdruck auf ein Boot mit Langkiel wirken?

Ich war sicherlich ebenso aufgeregt wie Angelika.

Im Klub gingen eine Menge Geschichten von Mund zu Mund über Yachten, die nicht ohne Schaden durch den Kanal gelangt waren. Das System funktionierte nicht mehr so reibungslos wie zur Zeit, als die US-Verwaltung mit Sekundengenauigkeit jeden Schleusendurchgang organisierte.

Während der Kanalfahrt hielten wir einige Male vor Angst die Luft an, vergossen manchen Schweißtropfen. Als das Boot in den Strudeln einer Schleuse außer Kontrolle geriet, konnte es erst im letzten Augenblick wieder eingefangen werden. Zurück blieben blutende Schürfwunden an den Händen der Mädchen, denen die Trossen die Haut aufgerissen hatten.

Am Ende brachten wir in gemeinsamer Anstrengung die Solveig unbeschädigt durch die letzte Schleuse in den Golf von Panama. Der Pazifik – die andere Hälfte der Welt – war erreicht.

Als wir unsere Helfer zusammen mit dem Lotsen am Nachmittag in Balboa verabschiedeten, waren wir Freunde geworden und freuten uns darauf, die Besatzung der Ascot womöglich in Tahiti wiederzusehen.

Tahiti – das lag für uns noch in unendlicher Ferne, denn wir wollten ja nicht auf der direkten Passatroute segeln, sondern erst zu den Galapagos-Inseln und von dort aus zur Osterinsel, tief im Süden des Großen Ozeans.

Wir hatten vor einer Urlaubsinsel im Golf von Panama geankert, um die letzten Vorbereitungen für den langen Törn zu treffen. Der Nachmittag war weit fortgeschritten, und ich studierte die großformatigen Wetterkarten des Hydrographischen Instituts der USA.

»Von nun an gelten neue Maßstäbe«, erklärte ich feierlich. »Sieh dir mal die Entfernungen an! Der Pazifik ist so groß wie die gesamte Landmasse der Erde. Wir werden erst nach Monaten wieder Post erhalten oder telefonieren können. Die Inseln, die wir jetzt ansteuern, liegen am Rand der Zivilisation. Wir werden wenig Lebensmittel bekommen und nur selten Wasser.«

Angelika schaute mir wie so oft über die Schulter und vertiefte sich ebenfalls in die Karte. »Unvorstellbar, daß wir diese Entfernungen ausschließlich mit Hilfe des Windes zurücklegen werden«, staunte sie. »Wie weit ist es eigentlich zu den Galapagos?«

»Etwa 900 Meilen. Aber wahrscheinlich mit viel Gegenwind und Flauten. Den Motor dürfen wir zunächst nicht einsetzen, weil wir ihn später zwischen den Inseln brauchen werden. Und ich bin nicht sicher, ob wir irgendwo Diesel nachfüllen können.«

Wir beschlossen, zeitig schlafen zu gehen, um noch einmal Kraft zu schöpfen für eine Überfahrt, von der wir nicht wußten, wie lange sie dauern würde. Das ganze Unternehmen Galapagos war eine einzige unbeantwortete Frage:

Würden wir von der ekuadorianischen Marine Genehmigung bekommen, die Insel Floreana anzulaufen? Dort wollte ich Deutschlands älteste Aussteigerin, Frau Wittmer, aufsuchen, die ich während meiner ersten Weltumsegelung kennengelernt hatte. Alle Versuche, vor Antritt der Reise über das Ministerium in Ekuador ein *Permiso* zu erhalten, waren gescheitert. Die Galapagos sind Nationalpark und offiziell für fremde Yachten gesperrt.

In der Weite des Pazifik. Wir werden erst nach Monaten wieder Post erhalten oder telefonieren können.

Mein Gehirn quälte sich mit diesen Problemen herum. Angelika schlief friedlich auf ihrer Koje. Wie beneidete ich sie um ihre selbstverständliche Ruhe! Irgendwann fielen auch mir schließlich die Augen zu. Doch die Galapagos – die Tiere, Frau Wittmer, die Marine – verfolgten mich noch im Traum.

Bei günstigem Ostwind segelten wir am 25. März aus dem Golf von Panama. Kaum hatten wir Cabo Malo gerundet, setzte die Brise aus, und wir dümpelten auf der langen Dünung des Pazifik.

Ich fing an zu grübeln. »Vielleicht hätte ich einen südlicheren Kurs steuern und erst später auf die Galapagos zuhalten sollen?«

»Du hast doch immer erzählt, dies sei ein berüchtigtes Flautengebiet. Glaubst du wirklich, ein paar Meilen weiter im Süden hättest du mehr Wind?« Angelika spannte das Sonnensegel über dem Cockpit aus, damit das Deck nicht zu heiß wurde.

Am Abend versank die Sonne glutrot hinter dem Horizont, und die Luft verlor ein wenig von ihrer schwülen Hitze. Uns blieben nur wenige Stunden, bis ein neuer heißer Tag erwachte, mit einer grausamen, grellen Sonne, die erbarmungslos auf die See herunterglühte.

Jeden kleinsten Windhauch nützten wir aus, um ein paar Meilen voranzukommen. Delphine brachten gelegentlich Abwechslung, wenn sie um den Bug der SOLVEIG spielten, drehten aber bald wieder ab, da ihnen das langsame Boot nicht genug Unterhaltung bot.

Zwei Wochen Flautensegelei hatten wir zu überstehen, bis eines Tages nach Sonnenaufgang die Insel San Cristobal in Sicht kam: in Dunst gehüllt und schemenhaft, wie man es sich von einer der »verwunschenen« Inseln vorstellt.

Gegen Mittag hatten wir die Küste dicht vor Augen. Gigantische Lavafelsen und erloschene Krater schufen eine Traumlandschaft, deren bizarre Formen Bilder der Unterwelt, des Schattenreiches heraufbeschworen.

Darwin schrieb über seine Landung auf dieser Insel im Jahre 1835: »Nichts konnte weniger einladend sein als die erste Erscheinung. Ein zerklüftetes Feld schwarzer, basaltischer Lava, welche in die verschiedenartigst zerrissenen Wellen geworfen und von großen Spalten durchsetzt ist, wird überall von verkümmertem, sonnenverbranntem Buschholz bedeckt, welches nur wenige Zeichen von Leben gibt.«

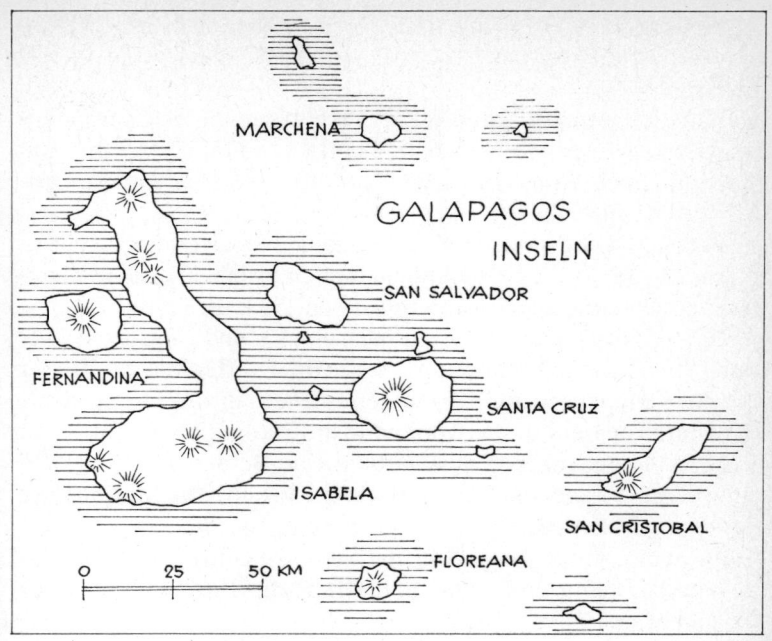

Als ob er Darwins Beschreibung Lügen strafen wollte, schwebte ein neugieriger Fregattvogel über unseren Köpfen und ließ sich auf der Mastspitze nieder. Er setzte sich auf den Windrichtungsanzeiger, dessen Arme sich unter dem Gewicht des schweren Tieres erheblich verbogen.

Eine Stunde später fiel unser Anker in Wreck Bay, dem Haupt- und Einklarierungshafen der Inselgruppe. Der Name Wrack-Bucht rührt wahrscheinlich daher, daß manch ein Schiff auf den tückischen Klippen vor der Bucht zu Bruch gegangen ist. Man kann den Namen auch im übertragenen Sinne verstehen, denn wer hierher verbannt ist, in diese wasserlose Felswüste, der muß in seinem Leben schon Schiffbruch erlitten haben!

Die Ortschaft: ein paar ärmliche Häuser, ein trostloser Allerweltsladen. Einzig das Verwaltungsgebäude der Marine reckt sich zwei Stockwerke in die Höhe.

Wir waren so aufgeregt, daß uns der trostlose Anblick kaum

beeindruckte. Unsere Gedanken kreisten nur um ein Thema: Würden wir eine Ausnahmegenehmigung erhalten, die Inseln zu besuchen?

Die Hitze war höllisch, die Luft roch wie in einem Ofen. Dennoch bat ich Angelika:»Zieh dich nett an, nimm Lippenstift und Make-up, auch Wimperntusche. Wir müssen versuchen, die Offiziere zu beeindrucken.«

Auch ich kleidete mich, als ob ich in ein Nobelrestaurant gehen wollte. Außerdem legte ich meine beiden bisher veröffentlichten Bücher neben die Schiffspapiere auf den Tisch im Salon.

So vorbereitet, empfingen wir nach einer Stunde Wartezeit zwei Unteroffiziere der Marine, und tatsächlich verfehlten die Bilder von den Galapagos-Inseln in meinen Büchern ihre Wirkung nicht. Wir sollten später auf die Kommandantur kommen und mit dem *Capitano* sprechen. Sie selbst hätten keine Befugnis, ein *Permiso* zu erteilen. Vor allem brauchten wir ein Visum. Die Marineleute hatten von höchstens 72 Stunden Aufenthalt gesprochen.

Der heiße, staubige Weg hügelauf bis zum Büro der Einwanderungspolizei nahm uns schon viel Kraft, die Enttäuschung aber noch mehr.

Der zuständige Offizier sei nicht da, sagte der Schreiber in dem kahlen Amtszimmer. Wir sollten in einer Stunde wiederkommen. Es war bereits Nachmittag. Unbarmherzig brannte die Äquatorsonne vom wolkenlosen Himmel.

Ich stöhnte:»Glücklicher Darwin! *Er* mußte sich vor hundert Jahren hier nicht mit Behörden herumschlagen!«

In kleinen Bächen rann mir der Schweiß vom Gesicht, ich war wütend über die Gleichgültigkeit, mit der man uns den weiten Weg erneut zumutete. Aber:»Wir wollen eine besondere Genehmigung, also müssen wir Geduld haben«, mahnte Angelika.

Später im Boot bat ich sie:»Ich glaube, es ist geschickter, wenn du nachher allein gehst. Die Offiziere sind dann bestimmt zugänglicher. Du kannst ja mein Buch mitnehmen.«

Voll Mitleid sah ich ihr nach, als sie sich nochmals auf den Weg machte. Nochmals durch die trostlose Ortschaft! Und wieder vergebens! Der hohe Herr war noch nicht eingetroffen.

Gegen 17 Uhr ging Angelika ein drittes Mal – und kam nach einer Stunde freudestrahlend zurück. »Wir bekommen ein Visum für zwei Wochen, ich muß allerdings noch mal wiederkommen, der Dienststempel war nicht zu finden!« Freude mischte sich mit totaler Erschöpfung, aber wir schmiedeten eifrig Pläne.

Am nächsten Vormittag – 24 der 72 genehmigten Stunden Aufenthaltszeit waren bereits vergangen – wanderte Angelika wieder die heiße Straße bergauf. Dann hatte sie endlich die ersehnten Stempel im Paß. Stolz zeigten wir dem Leutnant auf der Kommandantur die Visa der Polizei.

Er nahm beide Pässe, setzte sich hinter seinen Schreibtisch und blätterte sie langsam durch, bis er auf der entscheidenden Seite angekommen war. Lange betrachtete er die Stempel wie eine Geheimschrift. Dann kratzte er sich am Hinterkopf, bevor er zu sprechen begann. »Das Visum hätte Ihnen die Polizei nicht erteilen dürfen! Hier hat nur die Marine zu entscheiden!«

Angelika erzählte mir später, daß ich mit einem Mal schneeweiß im Gesicht geworden war. Ich versuchte zu argumentieren, erzählte von meinem früheren Aufenthalt in den Galapagos – vergebens.

Ungerührt erklärte er: »Sie müssen erst wieder zur Polizei und sich den Ausreisestempel geben lassen!«

Jetzt war ich endgültig mit meinen Nerven am Ende und hörte kaum, wie mich Angelika tröstete.

Und wieder machte sie sich auf den Weg zur Polizei, unermüdlich und verbissen, um den Ausreisestempel zu holen. Ich setzte mich auf das Schlauchboot am Strand und wartete, bis sie zurückkam. Dann nochmals Kommandantur. Diesmal ließ ich mich beim *Capitano* persönlich melden.

Sehr freundlich, aber bestimmt erklärte er in gebrochenem Englisch: »Ich kann Ihnen keine Genehmigung geben, Floreana oder eine der anderen Inseln anzulaufen. Das wäre gegen die Vorschrift.« Dann fügte er leise hinzu: »Bestellen Sie aber Frau Wittmer viele Grüße von mir und auch von meiner Sekretärin, und machen Sie für Ihr neues Buch wieder so schöne Fotos von den Inseln.«

Das war es also! Südamerika!

Wir eilten zurück zur Solveig, besorgten zwei Kanister voll Diesel und versuchten vergeblich, an der verfallenen Landungsbrücke Wasser zu erhalten.

Noch während der Nacht lichteten wir den Anker und steuerten in der Dunkelheit vorsichtig zwischen den Klippen, deren Lage ich mir am Tage gemerkt hatte, auf die See hinaus. Ich nahm Kurs auf eine kleine, abgelegene Insel. Dort, so hoffte ich, würden wir eine unberührte Tierwelt finden.

Als der Morgen graute, kam die Küste in Sicht, und wenig später ließen wir vor einem breiten Sandstrand, der sich in weitem Bogen über zwei Kilometer erstreckte, den Haken fallen. Gespannt beobachtete ich durch das Fernglas die Brandung und den Strand dahinter.

Da lagen sie, die plumpen braunen Kolosse! Ich gab Angelika das Glas. »Dort! Siehst du die Seelöwen?«

Angelika war sprachlos vor Aufregung und Freude.

Ich konnte meine Ungeduld nicht mehr bezähmen. »Komm, wir versuchen eine Landung. Die Brandung müßte mit dem Schlauchboot zu schaffen sein. Aber wir brauchen feste Kleidung, trotz der Hitze: Bootsstiefel, Jeans und Hemd. Eine Verletzung darf es nicht geben!«

Wir zogen uns schleunigst um, kletterten mit Filmkamera und Leica ins Dingi und hielten auf den Strand zu. Nach fünf vergeblichen Versuchen fanden wir eine Stelle, an der wir uns durch die Brandung schmuggeln konnten, ohne von einem Brecher umgedreht zu werden.

Kaum hatten wir das Dingi ein Stück über den Strand hochgezogen, hüpften drei kleine graue Vögel auf uns zu. Mit ihren langen Beinen sahen sie aus wie Bachstelzen. Es waren Galapagos-Drosseln.

Darwin hatte als erster wissenschaftlich bewiesen, daß die Tierarten auf den Galapagos nicht nur verschieden von denen Südamerikas waren, sondern auch untereinander von Insel zu Insel verschiedene Merkmale aufwiesen. Er fand allein 26 Arten von Landvögeln, die »alle dem Archipel eigentümlich und nirgends anderswo zu finden sind«.

Gerade diese Tatsache einer selbständigen Entwicklung von Tieren und Pflanzen auf einander so naheliegenden Inseln gewährte ihm einen Blick in die Schöpfungsgeschichte der Erde. Seine Erkenntnisse waren damals eine Sensation, und sein Buch

Pelikane am Ankerplatz in Wreck Bay

»Über die Entstehung der Arten« revolutionierte die Wissenschaft.

Die kleinen Drosseln, die Anstoß zu solch großen Erkenntnissen gegeben hatten, hüpften um unsere Füße, flatterten auf den Rand des Schlauchbootes und zeigten sich äußerst neugierig, als ich die Kamerataschen auspackte und meine Filme bereitlegte.

Angelika geriet völlig aus dem Häuschen. »So zahm sind ja nicht mal Kanarienvögel!«

Ich war glücklich, Angelika diese Tierwelt zeigen zu können. Langsam und vorsichtig bewegten wir uns über den Strand und mieden das dahinterliegende dichte Buschwerk. Nur jetzt keine Verletzung! Einer allein hatte kaum Aussicht, durch die Brandung zur SOLVEIG zurückzugelangen.

Wir näherten uns einer Gruppe Seelöwen. Ich erinnerte mich: Besonders die männlichen Tiere konnten recht angriffslustig sein. Und so komisch ihre Bewegungen mit den Flossen an Land auch wirken, sie sind allemal schneller als wir.

Aber hier, an diesem einsamen Strand, wo nur selten Menschen

127

in ihre Nähe kommen, blieben selbst die mächtigsten Bullen mit ihrem dicken Höcker auf der Stirn freundlich und gelassen, ließen sich in ihrer Mittagsruhe kaum stören.

Angelika näherte sich einem der Tiere vorsichtig, sprang aber sofort zurück, als sich der Seelöwe aufrichtete, sein röhrendes Geheul ertönen ließ und ihr entgegenrobbte.

Bald aber hatten sich die Seelöwen an uns gewöhnt und blickten kaum noch auf, wenn wir in ihre Nähe kamen. »Leg dich doch einfach mal neben die Herde«, schlug ich vor.

Angelika legte sich in den Sand. Die Tiere schliefen neben ihr weiter, eine Mutter säugte ihr Junges. Nur die Spottdrosseln, die uns über den ganzen Strand gefolgt waren, spielten mit Angelikas Zopf und zogen an ihrem Hemd.

»Was für ein Tag!« lachte ich, als wir wieder auf der SOLVEIG waren.

»Pst – wir haben Besuch!« flüsterte Angelika und zeigte auf eine Drossel, die ihren Weg bis in die Kajüte gefunden hatte und auf dem Kartentisch saß. »Du darfst dich jetzt nicht bewegen! Das Vögelchen erschrickt sonst«, bat sie und weigerte sich sogar, Essen zu bereiten, obwohl unser Magen gewaltig knurrte.

Die neugierige Drossel verließ das Boot am Ende auf eigenen Wunsch, nachdem sie jeden Gegenstand ausgiebig betrachtet und beschnäbelt hatte.

Als ich später in meiner Koje lag, schlief ich lange nicht ein; zu viel ging mir durch den Kopf. Galapagos! Vor sechzehn Jahren hatte ich zum ersten Mal die »verwunschenen Inseln«, die *Encantadas*, wie die Seefahrer früherer Jahrhunderte sie nannten, aufgesucht. Nebel ist hier häufig, die Meeresströmungen sind stark. Oft wird ein Schiff so schnell abgetrieben, daß es nach der Auflösung des Nebels eine Insel aus der Sicht verloren hat oder eine andere aufgetaucht ist.

Verwunschen sind die Galapagos noch heute. Es geschehen unaufklärbare Morde, geheimnisvolle Anschläge gegen Menschen und Einrichtungen. Nicht zuletzt ereignen sich Naturkatastrophen größten Ausmaßes durch Vulkanausbrüche und anschließende Brände. Regenfälle, die Wege und Hütten fortreißen, Dürreperioden, die Mensch und Tier verenden lassen, vervollständigen das Bild einer feindseligen Natur.

Als ich damals diese Urlandschaft betrat, glaubte ich zu fühlen, daß hier die Welt noch im Entstehen begriffen war. Und trotzdem versuchen immer wieder zivilisationsmüde Europäer, auf diesen Lava-Inseln zu siedeln, in der Hoffnung auf ein neues, besseres Leben.

Ich hatte damals Frau Wittmer kennengelernt, die zusammen mit ihrem Mann Heinz im Jahre 1932 die von politischen Wirren und einer Wirtschaftskrise zerrüttete Heimat am Rhein verlassen hatte. Heinz war Sekretär in der Stadtverwaltung von Köln gewesen, unter dem damaligen Oberbürgermeister Adenauer.

Nach einer beschwerlichen und nicht enden wollenden Schiffsreise saß das junge Paar an einem schwül-heißen Augusttag auf seinen Koffern am schwarzen Strand der Insel Floreana: Lavabrocken und dürres Gestrüpp vor sich, den unendlichen Ozean hinter sich.

»Wir können nicht sprechen. Wir wagen kaum zu atmen. So trostlos sieht alles aus. Und hier wollen wir leben? Hier soll das Paradies sein?« schrieb Margret Wittmer in ihr Tagebuch. Welche Vorahnung! Nur zu bald wurde ihnen die Insel zur Hölle.

Denn Margret und Heinz waren nicht allein.

Drei Jahre vor ihnen hatte sich ein wunderliches Paar auf Floreana niedergelassen: der Berliner Zahnarzt Dr. Ritter und seine Geliebte Dore Strauch. Dr. Ritter suchte nach einer höheren Art der Selbstfindung, nach der Vollendung im Sinne Nietzsches, und fühlte sich als bedeutender Philosoph. Er war Vegetarier aus Überzeugung und hatte sich vor Antritt der Reise alle Zähne ziehen lassen. Kurzum: ein Zahnarzt ohne Zähne, ein Philosoph, Abenteurer und Ehebrecher! Denn sowohl er als auch Dore hatten ihre ahnungslosen Ehepartner in Deutschland zurückgelassen.

Was Wunder, daß die Presse Europas und Amerikas Dr. Ritter als neuen Faust bezeichnete, das Paar als Adam und Eva im Paradies. Dr. Ritter wurde weltbekannt. Er schrieb selbst für viele Zeitungen und bekam Besuch von neugierigen Millionären, die seinetwegen mit ihren Luxusyachten das verlorene, bis dahin unbekannte Inselchen ansteuerten, um das vermeintlich nackte Paar zu bestaunen.

Weltreisende und Journalisten, die sich an Bord befanden, brachten wertvolle Nahrungsmittel, Konserven, Haushaltsgegen-

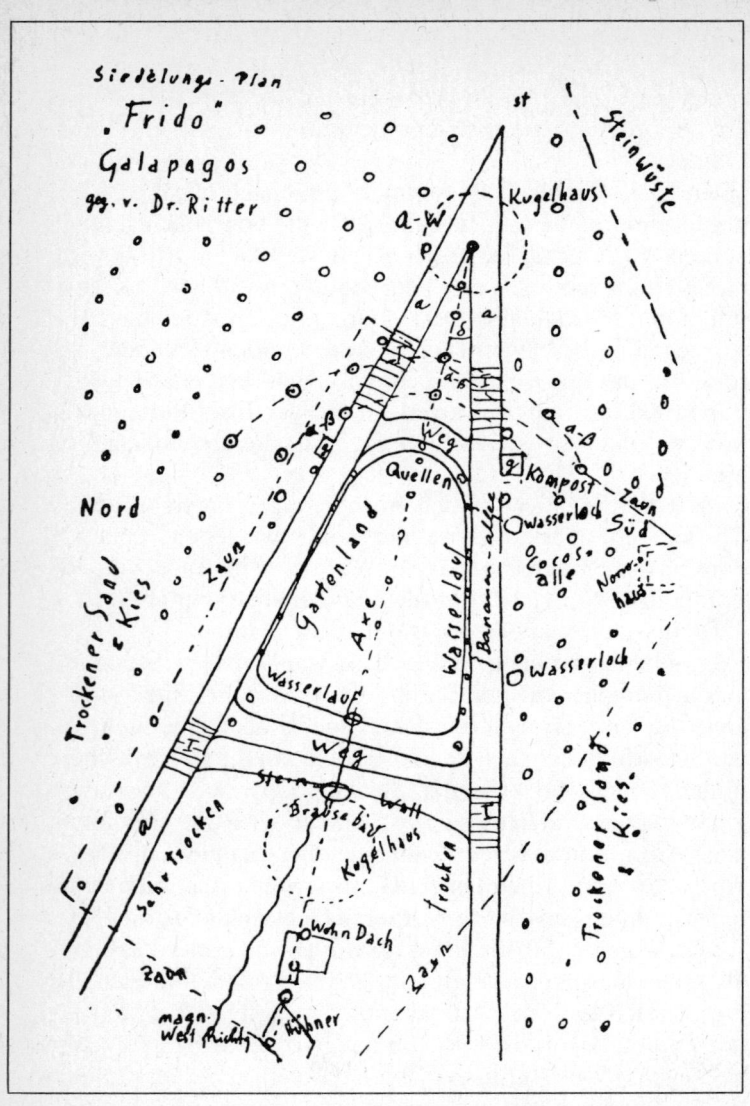

Der »Philosoph« Dr. Ritter entwarf den Plan für sein Refugium auf
Floreana mit viel Überlegung.

stände und dringend benötigte Werkzeuge als Geschenke mit auf die Insel. Dr. Ritter und seine Geliebte konnten allein deshalb schon nicht begeistert sein, wenn jetzt Neuankömmlinge einen Teil der Güter erhielten.

Wittmers dagegen machten kein Hehl daraus, daß ihnen Dr. Ritters Philosophie untauglich schien, um in der Wildnis zu überleben. Sie wollten arbeiten: pflügen, säen und ernten, mit deutschem Fleiß und deutscher Gründlichkeit eine Existenz aufbauen, Besitz erwerben. Die Kluft war geschaffen. Doch auch die beiden ungleichen Paare blieben nicht allein.

Ein halbes Jahr später landete eine angebliche Gräfin Wagner de Bousquet aus Paris mit drei Männern auf Floreana. Sie träumte von einem Leben in sexueller Freiheit, wollte ein Hotel erbauen und Gäste auf die Insel locken. Das Drama begann.

Die blonde Gräfin ließ von ihren Männern eiligst eine Art Bungalow errichten, den sie »Paradiso« taufte. Mit dem plötzlichen Erscheinen dieser attraktiven Frau um die Vierzig, die stets Pistole und Reitpeitsche trug, wurde der Friede zerstört. Sie ernannte sich laut Presseberichten zur »Kaiserin der Insel«. Drei Männer als Untertanen hatte sie mitgebracht. Sollte Dr. Ritter ihr ebenfalls huldigen?

Wohlüberlegt hatte sie Wegweiser zu ihrer Hazienda aufstellen lassen. Am Strand war folgender Hinweis zu lesen:

Wer ihr auch seid – Freunde! Nicht weit von hier liegt die Hazienda *Paradiso*. Sie ist ein Fleckchen, wo der müde Reisende das Glück hat, auf seinem Weg durchs Leben Ruhe, Erfrischung und Frieden zu finden. Das Leben, dieser kleine Teil der Ewigkeit, an eine Uhr gefesselt, ist so kurz – laßt uns daher glücklich sein!

Gräfin Wagner-Bousquet

Stets wollte sie also als erste die eventuellen Besucher empfangen und die mitgebrachten Geschenke entgegennehmen. Rauschende Orgien wurden gefeiert. Musik dazu erklang aus dem Koffergrammophon. Doch einer der drei Männer verließ die liebestolle Gräfin und kehrte nach Südamerika zurück. Er sollte der einzige aus ihrem Gefolge sein, der lebend von der Insel fliehen konnte.

Zahnarzt flüchtet mit Patientin auf einsame Insel – doch dann kommt die splitternackte Baroneß

Die Frau mit den 2 Pistolen verdreht allen Männern den Kopf

Galapagos, 1929

Jeder träumt einmal vom Leben auf einer einsamen Insel — mit einer Frau natürlich. Der Berliner Zahnarzt Dr. Karl Ritter (44) aus der Kalckreuthstraße in Schöneberg erfüllte sich diesen Traum.

Er ließ sich alle Zähne ziehen, ein Stahlgebiß einsetzen, nahm seine Patientin Dora Strauch (31) und landete auf der abgelegenen Insel Floreana.

Auf dieser, 1929 unbewohnten Galapagos- oder Schildkröten-Insel im Stillen Ozean wollte Ritter mit seiner Gefährtin Robinson spielen.

Die Neuigkeit von dieser Zivilisationsflucht ging blitzschnell durch die Weltpresse. Schlagerkomponist Rudolf Nelson schreibt für Willy Forst und Camilla Spira prompt das Duett „Galapagos" und ganz Berlin singt „Links sind Bäume, rechts sind Bäume, in der Mitte, das sind wir."

Die Träume vom Paradies sind für Karl und Dora jedoch schnell vorbei. Es taucht auf Floreana plötzlich die österreichische Baroneß Eloisa Bosquet de Wagner-Wehrborn auf.

Nackt, nur mit einem Gürtel bekleidet, an dem zwei Pistolen hängen, macht sie ihre drei jungen Begleiter, einen Ekuadorianer, einen Engländer und einen Deutschen verrückt. Die drei kämpfen um die Frau.

Man fand auf der Nachbarinsel Marchena zwei Männerleichen. Die eine konnte als die des Deutschen Rudolf Lorenz (22) identifiziert werden. Niemand stellte fest, wer wen erschossen hatte.

Die liebestolle Baroneß hatte sich ein Nest aus Ritters Insel gebaut, das sie „Hazienda Paradiso" nannte. Der paradiesische Friede aber, den „Robinson" Ritter und Dora sich ersehnt und beinahe gefunden hatten, war zerstört.

Zeitgenössischer Originalbericht über die Ereignisse auf Floreana

Im *Paradiso* waren Haß und Feindschaft ausgebrochen. Die Gräfin berauschte sich an der Rivalität der beiden Männer Lorenz und Philippson. Es wurde sogar berichtet, daß sie Tiere anschoß, um sie dann gesund zu pflegen. Einen Besucher, der ihr eindeutiges Angebot abwies, wollte sie auf ähnliche Weise an sich binden. Sie veranstaltete eine Jagd, zielte auf ihn, traf aber einen anderen Teilnehmer.

Bis heute ist nicht geklärt, in welchem Verhältnis die Gräfin zu Dr. Ritter stand. Zumindest aber hatte ihre Anwesenheit sein Zusammenleben mit Dore unerträglich gemacht.

Die Gräfin und Philippson waren eines Tages verschwunden. Kein Schiff wurde je gesehen, welches die beiden hätte mitnehmen können. Man fand auch keine Leichen.

Lorenz verließ Floreana kurz darauf mit einem Boot, kam aber nie in Ekuador an. Sein ausgedörrter Leichnam wurde neben dem des norwegischen Fischers, der ihn mitgenommen hatte, am Strand einer unbewohnten Insel im Norden der Gruppe entdeckt.

Der Vegetarier Dr. Ritter starb wenig später an einer Fleischvergiftung. Verbrechen oder Schicksal? Hatte Dore ihre Hände im Spiel gehabt? War es die Rache einer zutiefst verletzten Frau? Fragen, die wohl für immer unbeantwortet bleiben müssen.

Frau Wittmer, die einzige noch lebende Zeugin jener mysteriösen Vorfälle, wollte ich aufsuchen. Inzwischen war sie achtzig Jahre alt geworden, ihr Mann schon vor zwanzig Jahren gestorben. Wir ankerten in der Black Beach Bay von Floreana, vor dem Farmhaus der legendären deutschen Siedlerin.

»Alles sieht genauso aus wie damals!« rief ich begeistert. »Wenn nur auch Frau Wittmer noch hier ist und der Posten der Marine uns den Landgang erlaubt!«

Der Marineposten war nicht daheim. Seine Schwester empfing uns und zeigte den Weg zur »Casa Wittmer«.

Ein schwaches Licht erhellte den bescheidenen Eingang des kleinen Holzhauses. Über der Tür hing noch immer der Spruch: »Hilf Dir selbst, dann hilft Dir Gott!« Darunter vergilbte Bilder der Heimatstadt Köln: der Dom, die Rheinbrücke...

Wir betraten den Wohnraum, ich nannte meinen Namen. Die Familie saß beim Essen. Frau Wittmer verstand mich nicht; sie war schwerhörig geworden. Als ich ihr aber ein Foto mit meinem Namen reichte, sprang sie auf.

»Was – Sie sind wieder da? Na sowas! Und 'ne hübsche Frau haben Sie auch mitjenommen, richtig so! Wissen Se noch, wie Se damals Ihren Anker verloren haben, wie dat Boot abjetrieben is'? Der Rolf hat Ihnen den Anker raufjetaucht! Wissen Se noch?«

Und ob ich das wußte! Die SOLVEIG war damals hinausgetrieben auf die See, und ich mußte sie mit dem Schlauchboot zurückholen.

»Wie lange is dat jetzt her?« Rasch hatte sie das Gästebuch der sechziger Jahre geholt und schlug nach. »Gott, dat war 1968! Wie die Zeit verjeht!«

Die alte Dame saß mir gegenüber, wir sahen uns lange an. Sie war älter geworden, ihr Haar schneeweiß, aber ihre Energie schien ungebrochen. »Los, bring den beiden wat zu essen!« rief sie ihrer Schwiegertochter zu. Dann wandte sie sich wieder an mich. »Ihr Fernsehfilm hat mir viele Besucher gebracht, die haben von Ihnen erzählt.«

Mit ihren achtzig Jahren stand Frau Wittmer noch jeden Morgen um fünf Uhr auf. Dieser Fleiß verhalf ihr zu bescheidenem Wohlstand. In ihrem Nebenhaus betrieb sie jetzt eine Pension. Ich frage mich, ob sie es mit dem halben Kraftaufwand in der Heimat nicht ebenso weit oder weiter gebracht hätte? Die Antwort

Ich war glücklich, Angelika diese Tierwelt zeigen zu können.

findet man in ihrem Buch: »Wenn ich nach diesen fünfzig Jahren auf mein Leben auf Floreana zurückschaue, bin ich glücklich, daß mich das Schicksal auf diese Insel gebracht hat.« Sie schrieb aber auch im Jahre 1959: »Damals, vor siebenundzwanzig Jahren, ahnte ich noch nicht, was uns auf dieser Insel alles bevorstehen würde an Schwerem, an Sorgen, an Qual und an furchtbaren Tragödien. Und das war gut so.«

Ihre erste Wohnung war eine verlassene, feuchte Seeräuberhöhle gewesen. Alles für den täglichen Bedarf Nötige mußte sie selber herstellen. Aus der Haut von Rindern nähte sie Schuhe für sich und ihren Mann, aus dürren Zweigen der Bäume entstand ein Besen.

»Der Anfang war schwer, unsagbar schwer! Viel Steine gab's und wenig Brot«, brach es aus ihr heraus, als ich mich am nächsten Morgen mit ihr unterhielt. Seufzend fügte sie hinzu: »Ich habe auf dieser Insel mehr erlebt, als für einen Christenmenschen gut ist! Als damals die Gräfin auf die Insel kam, war die Hölle los! Nach Dr. Ritters Tod waren mein Mann und ich allein auf der Insel, und noch heute gibt es Leute, die behaupten, wir hätten alle umgebracht!« Sie erzählte auch von der schweren Zeit, die sie durchzumachen hatte, als vor einigen Jahren ihr Schwiegersohn eines Tages von der Jagd nicht zurückkehrte und spurlos verschwunden blieb. Von den monatelangen Polizeiverhören, die folgten, und von ihrer endlichen Rehabilitierung.

Vielleicht war sie gerade deshalb so stolz auf das Verdienstkreuz der Republik Ekuador, das ihr am 15. Februar 1981 vom Präsidenten persönlich überreicht wurde.

Ob ihre Familie später auf Floreana bleiben und Pension und Farm weiterführen wird? Sie zweifelte daran, aber: »Es wäre mein größter Wunsch«, lauten die letzten Worte in ihrem Buch.

Die große Freiheit oder ein Paradies haben die Wittmers jedenfalls nicht gefunden.

Dr. Ritter lebte auf der Flucht vor der Zivilisation immerhin ein paar Jahre in der Abgeschiedenheit. Wenn man Frau Wittmers Bericht liest, erfährt man jedoch, daß sich zwischen ihm und seiner Lebensgefährtin Dore immer mehr Haß entwickelte; in seiner qualvollen Sterbestunde soll er sie sogar verflucht haben. Er konnte die Zwiespältigkeit seines Seelenlebens auch auf der einsa-

Margret Wittmer: »Ich habe auf dieser Insel mehr erlebt, als für einen Christenmenschen gut ist...«

Frau Wittmer mit Sohn Rolf und dem Autor

men Insel nicht überwinden. Hierin liegt das Problem der meisten Aussteiger: Zwangsläufig nehmen sie ihr Selbst überall mit hin, wo sie sich niederlassen. Und am Ende kämpfen sie mit den gleichen Schwierigkeiten wie in der Heimat.

Dr. Ritters innere Zerrissenheit dokumentieren am besten seine eigenen Äußerungen: »Ich halte mich für berechtigt, alles Getier auszurotten, was mir meine Existenz streitig macht. Einem salonfähigen, großstädtischen Naturschutz huldige ich keineswegs – gestern warf ich mit einem Stein einen Spatzen kaputt, welcher am Baum Orangen fraß, und vorgestern einen, welcher sich in den Tomaten gütlich tat.«

Der große Vegetarier tötete also Tiere, die nur seine Früchte naschten. (Übrigens dürfte es sich kaum um Spatzen gehandelt haben, sondern um die bekannten Darwin-Finken, die zahm und zutraulich sind.) Dann aber schrieb er: »Ich selbst könnte weder Viehzucht treiben noch mich der Jagd oder dem Fischfang hingeben.«

Wir wollten Dr. Ritters Grab besuchen und den Platz, an dem seine Behausung stand. Frau Wittmer erklärte uns den Weg, trotzdem verloren wir ihn am Nachmittag in der Wildnis der Berge.

Fast hätte uns die Nacht überrascht, wären uns nicht ein junger Ekuadorianer und seine Frau – beide hoch zu Roß – begegnet, die uns zu der gesuchten Stelle führten.

Die Sonne versank bereits hinter dem Horizont, als wir vor einem schlichten Kreuz standen, das von Buschwerk überwuchert war.

»Das ist ein ganz besonderes Kreuz, es stammt aus einer Kirche in Ekuador. Freunde haben es gebracht, denn das alte Holzkreuz war vermodert. Dieses Holz kann nicht verfaulen«, erklärten unsere Führer auf englisch. »Dort hinten stand übrigens die Hütte von Dr. Ritter. Heute leben unsere Familien hier.« Sie zeigten auf einen großen Wiesengrund, wo inzwischen ein neues Holzhaus errichtet worden war.

Ein paar Schritte entfernt vom Grab entspringt eine Quelle dem Boden. Ringsum gedeihen Pflanzen und Bäume. Ob Dr. Ritter den Frieden im Jenseits gefunden hat, der ihm auf Erden versagt blieb?

Nachdenklich machten wir uns auf den Rückweg zur Black Beach. Unversehens brach die Dämmerung herein, und die bizarren Äste der kahlen Büsche, die knorrigen Kakteen boten das Bild einer Gespensterlandschaft. Wir glaubten den Hauch jener dämonischen Kraft zu spüren, die der Insel und ihren Menschen so viel Leid zugefügt hat.

»Kannst du dich erinnern, welchen Weg wir gekommen sind?« fragte ich Angelika unsicher. Auf einmal schienen unzählige Pfade zwischen dürren Bäumen in alle Richtungen zu führen.

»Keine Ahnung! Alles sieht so ähnlich aus.«

Wir stolperten weiter bergab.

Erst nach 22 Uhr trafen wir bei Frau Wittmer ein.

»Na, da seid ihr ja! Ich habe schon gehört, daß ihr euch verlaufen habt.« Das Buschtelefon war also schneller gewesen als unsere müden Beine. »Nun jeht mal schlafen, ich alte Frau muß auch ins Bett!«

Zum Abschied bekamen wir am nächsten Vormittag ein Stück besten Rinderfilets, Brot, Eier und Kuchen geschenkt. Aus der SOLVEIG blieben einige Werkzeuge, deutsche Konserven und Batterien in der Casa Wittmer zurück.

Wir segelten an der Küste der Insel entlang und blieben noch mehrere Stunden in der Post Office Bay, an deren Landeplatz das alte Postfaß steht: ein leeres Rumfaß, in dem die Walfänger des vorigen Jahrhunderts bei der Ausfahrt ihre Briefe zurückließen, die später von heimkehrenden Schiffen nach Europa mitgenommen wurden.

Die Bucht ist ein unheimlicher Ort. Schwarze Lava und dichtes Gestrüpp erschwerten uns jeden Schritt. Erst nach langem Suchen fanden wir das Postfaß, in der Nähe Reste eines Hauses und weiter oben die Ruinen einer Terrasse und alte Wassertanks. Was mochte die lebenshungrige Gräfin mit ihren Freunden in diese Einöde getrieben haben? Wie konnte sie ausgerechnet hier von einem »Hotel Paradies« träumen?

Noch am selben Abend setzten wir Segel, um ein letztes Ziel in der Galapagos-Gruppe anzusteuern: die abgelegene Insel Fernandina. Sie ist eigentlich keine richtige Insel, sondern nur eine riesige Lavamasse, gekrönt von einem gewaltigen Vulkan, der wenige Tage vor unserer Ankunft ausgebrochen war. Dort sollten Seeleguane leben, Pinguine und flugunfähige Kormorane – drei Tierarten, die nur in den Galapagos vorkommen.

Je mehr wir uns der Insel näherten, desto drohender und wüster erschienen uns ihre schwarzen Umrisse. Die Ufer fielen steil ab, wo die Lava in die bodenlose Tiefe des Ozeans gestürzt war. Bis zu zwanzig Meter hoch schäumte eine schneeweiße Brandung gegen die dunklen Felsen. Hier landen?

Mit den Augen suchte ich die Küste ab, konnte keinen Einschnitt, keine geschützte Bucht erkennen. Ich fühlte, wie nackte Angst in mir aufstieg. Überall konnten hier auch unter Wasser Lavaklippen lauern. Denn die Seekarten waren Jahrzehnte alt, und das Vulkangestein befand sich in ständiger Bewegung. Fast hätte ich in Panik den Plan aufgegeben, hier einen Landgang zu versuchen.

»Was bist du doch für ein Feigling«, flüsterte dagegen die innere Stimme. »Versuch es noch einmal!«

Ich wendete den Bug und segelte an der wilden Küste entlang zurück, denn ich mußte den einzigen laut Karte möglichen Ankerplatz bereits passiert haben. Tatsächlich erkannte ich bald einen Vorsprung, eine Art Landzunge. Dahinter ragten zuhauf spitze schwarze Lavatürme aus der See.

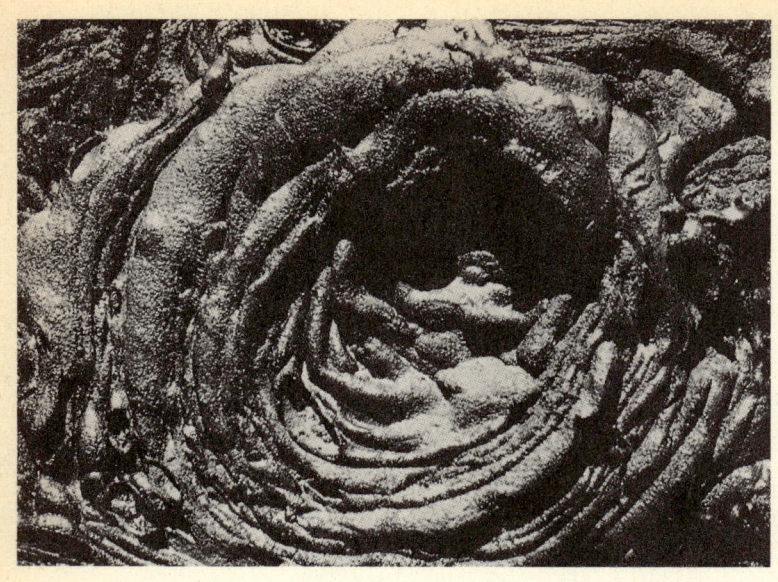

Verwunschen sind die Galapagos noch heute...

Ich wagte eine Wende, die das Boot den Klippen und Felsen näherbrachte, schob mich dann langsam in ein halbwegs geschütztes Becken und gab Angelika, die am Bug bereitstand, ein Zeichen. »Laß den Anker fallen!«

Pelikane und Tölpel schwebten in lässigem Gleitflug über unseren Köpfen, aber am Ufer konnten wir kein Lebewesen erkennen.

»Schlauchboot klar! Hemd, Hose, Stiefel anziehen! Kameras bereit!« Aufgeregt riefen wir uns gegenseitig Weisungen zu, die Ungeduld ließ uns keine Ruhe.

»Am Ende hat der Vulkanausbruch die Tiere vernichtet oder vertrieben?« befürchtete Angelika.

Mit dem Schlauchboot fuhren wir dicht an den Klippen vorbei, die mich von See aus so erschreckt hatten. Ihre bizarren Formen wurden in meiner Phantasie zu Sagenfiguren.

Und Drachen, wenn auch in verkleinerter Form, sollten wir bald zu sehen bekommen. Ich fand einen ruhigen Winkel zwischen zerklüftetem Gestein, belegte die Leine des Dingis mit einem Törn um eine Lavaspitze – und kaum waren wir auf das scharfkantige Geröll gesprungen, als uns die Augen eines kleinen Ungeheuers anglotzten! Unbeweglich saß der Seeleguan auf einem schwarzen Lavabrocken. Schwarz auch sein Schuppenpanzer, mit einer gezackten Krone auf dem Kopf. Die Luft flimmerte in der brennenden Hitze – das dunkle Gestein schien zu glühen wie eine Ofenplatte.

Schritt um Schritt erkletterten wir eine Anhöhe und fanden dort ganze Herden der merkwürdigen Tiere, die nebeneinander, aber auch übereinander wie leblos in der Sonne ruhten. Nur ihre kleinen Augen bewegten sich und verfolgten uns.

Wo waren wir eigentlich, in welcher Zeit?

Angelika stand ein paar Meter von mir entfernt, in die Betrachtung einer Echse vertieft.

»Ich glaube, ich träume!« Meine eigene Stimme klang mir wie die eines Fremden. Die Verzauberung war vollkommen. Zwei Meter unter mir schwamm in Reihe hintereinander eine Familie Pinguine. Zwischen ihnen tauchten zwei Leguane mit ihren gezackten Panzern auf. Keines der Tiere ergriff vor dem anderen die Flucht, sie schienen in völliger Eintracht mit- und nebeneinander zu leben.

Eine rote Krabbe kletterte in aller Ruhe über den Rücken eines Leguans, ohne daß dieser auch nur den Kopf wandte. Und das Fehlen von Angst erklärt auch die merkwürdige Entwicklung des Galapagos-Kormorans: Seine Flügel sind im Lauf der Jahrtausende verkümmert, da er sie zur Flucht nicht mehr benötigte, seine Nahrung aber als Tauchvogel aus dem Meer fischt.

Mehrere der drolligen Kreaturen saßen auf einem Lavabrocken und trockneten in der Sonne ihr Gefieder. Mit ihren ausgebreiteten Stummelflügeln sahen sie aus wie Vogelscheuchen. Sie besitzen kaum noch ein Viertel der normalen Spannweite.

Wie der König unter all dem Getier saß ein Bussard auf seinem Felsenthron und starrte, ohne den Körper zu bewegen, in die Runde. Ruhig wartete er auf Beute.

»Diese Inseln sind nicht für Menschen geschaffen. Laß uns morgen weitersegeln – ich möchte wieder auf die offene See«, machte ich meiner Beklemmung Luft, als wir am Abend in unserem Boot saßen.

Angelika nickte. »Ein unheimlicher Ort. Die Lavafelsen ringsum ängstigen mich. Mir ist, als könnte der Vulkan jede Sekunde erneut ausbrechen!«

Zwölf Stunden später segelten wir entlang der Küste von Fernandina nach Westen, dann nach Süden. Die See war friedlich, kaum ein Windhauch, wir mühten uns langsam über die nur leicht gekräuselte Wasserfläche. Der Vulkan blickte uns noch lange nach, als wolle er uns verfolgen.

AUGEN,
DIE IN DEN HIMMEL BLICKEN

Wie ein großer brennender Ball schob sich die Sonne über den östlichen Horizont herauf. Ein weiterer Tag mit kaum erträglicher Hitze brach an. Noch immer sah ich die Umrisse des Vulkans von Fernandina. Doch ich wußte, daß wir im Randgebiet des Südostpassats dümpelten.

»Die Flaute wird nicht von langer Dauer sein, der Passat kommt bestimmt, vielleicht weht er dann stärker, als uns lieb ist.« Mit meiner Warnung wollte ich Angelika auf die schwierige und lange Überfahrt einstimmen, die bis zur Osterinsel noch vor uns lag.

Die Entfernung von den Galapagos würde etwa zweitausend Seemeilen betragen. Zweitausend Meilen in südwestlicher Richtung. Bei vorherrschendem Wind aus Südost bedeutete dies, daß wir die gesamte Strecke »am Wind« segeln mußten.

Wir würden es allerdings nicht nur mit dem Wind zu tun haben, sondern vor allem mit einem enormen Seegang, gegen dessen Ansturm SOLVEIGS Bug Tag und Nacht kämpfen mußte.

»Du solltest dich nach den anstrengenden Tagen auf den Inseln erst einmal ausruhen«, riet Angelika und versprach: »Ich werde uns, solange es ruhig bleibt, viel gutes Essen kochen und das Boot von vorne bis hinten aufräumen!«

Am 17. April setzte der Passat ein, mit einer frischen Brise zunächst. Er legte rasch auf Stärke 5 bis 6 zu, und die grobe See machte uns das Leben schwer. Hart schlugen die Brecher gegen den Bug, der stampfend Welle um Welle erklettern mußte. Jede Arbeit erforderte ein Vielfaches der normalen Zeit.

»Unser Leben wird unruhig, das Schlafen schwierig. Besan geborgen, Regenschauer«, schrieb ich am 18. ins Logbuch. Und weiter:

19. Grobe See, Wind 6, Groß gerefft, kleine Fock gesetzt.
20. Wir sind ziemlich kaputt. Essen ist ein Problem, aber Angelika gibt sich größte Mühe, eine warme Mahlzeit zu zaubern. Ich halte sie fest, wenn sie mit beiden Händen arbeitet.
21. Seegang unglaublich gewachsen. Wellenberge bis sieben Meter und mehr. Wir schlafen kaum noch, essen wenig.
22. Ostern. Wie lange noch zur Osterinsel? Welches Wetter werden wir dort antreffen?

Meine Sorge um das Wetter auf der Osterinsel, die ich im Logbuch festgehalten hatte, war begründet. Denn dem Seehandbuch entnahm ich, daß man nur bei Ostwind vor dem Dorf Hangaroa ankern kann. Ich saß am Kartentisch und vertiefte mich in die Küstenlinien der Insel. »Wenn wir Westwind haben, könnten wir vielleicht auf der Ostseite ankern, falls wir eine Stelle finden, die flach genug ist«, überlegte ich laut.

Angelika blätterte in einer alten Zeitschrift. Jetzt schreckte sie hoch. »Was sagst du da?«

»Ich mache mir Gedanken über einen Ausweich-Ankerplatz, falls wir bei Hangaroa nicht bleiben können.«

»Gibt's denn bei Hangaroa nicht wenigstens eine geschützte Bucht?« fragte sie überrascht.

»Eben nicht!« erwiderte ich. »Schau dir mal die Karte an.«

Sie stand auf und kam zu mir an den Navigationstisch. »Die Insel hat nur die eine Ortschaft. Wenn wir auf einen Ankerplatz im Osten, Norden oder Süden ausweichen müssen – wie kommen wir dann ins Dorf?« fragte sie.

Ich dachte einen Augenblick nach. »Irgend jemand wird unser Boot schon entdecken und uns in den Ort bringen. Am wichtigsten ist, daß das Wetter mitspielt und wir überhaupt ankern können.«

»Allerdings! Ich darf mir gar nicht vorstellen, daß wir zweitausend Meilen segeln, nach drei oder vier Wochen die Osterinsel endlich vor uns liegen sehen und dann keine Möglichkeit finden, an Land zu gehen!« klagte sie.

Niemals ist die Osterinsel als Paradies beschrieben worden, eher als düster und abweisend. Um so mehr wünschte ich mir, diese Insel selber betreten zu können, mit deren Geheimnissen sich so viele Archäologen und Völkerkundler beschäftigt haben, vor allem Thor Heyerdahl, dessen Bücher die Osterinsel in aller Welt bekannt machten.

Ihren Namen bekam sie durch Zufall, wie so viele andere Inseln im Pazifik auch. Am Ostermorgen des Jahres 1772 sichtete der holländische Kapitän Roggeveen das damals bereits verödete Stück Land mit seinen erloschenen Vulkankegeln.

Die Begrüßung durch die polynesische Bevölkerung war, wie überall, zunächst freundlich. Aber danach geschah das, was sich wie ein roter Faden durch alle Entdeckungsgeschichten der Südsee zieht: die Konfrontation der europäischen mit den polynesischen Eigentumsbegriffen. Die Polynesier entwendeten mehr oder weniger wertvolle Gegenstände der Besucher, diese fühlten sich bestohlen und feuerten ihre Gewehre ab. Es gab Verwundete.

Hundert Jahre später bekamen die Insulaner dann die ganze Grausamkeit spanischer Eroberer zu spüren. Eine Flotte unter dem Befehl des Capitano Aguirre überwältigte durch List die Einwohner und brachte über tausend von ihnen als Sklaven nach Peru zur Arbeit in den Guano-Betrieben. Nur fünfzehn überlebten die Verschleppung. Als sie endlich auf ihre Insel zurückkehren durften, brachten sie Pocken und Tuberkulose mit. Wie auf den Marquesas wurde fast die gesamte Bevölkerung von Epidemien dahingerafft. Von ursprünglich viertausend Menschen waren 1880 nur noch einhundertzehn am Leben!

Bald darauf wurde die entvölkerte Osterinsel von Chile annektiert und an eine englische Gesellschaft als Weideland verpachtet. Die ohnehin auf wenige Menschen zusammengeschrumpfte polynesische Bevölkerung vermischte sich mit den neuen Herren, und heute gibt es keine reinblütigen Polynesier mehr auf Rapa Nui, wie die Insel in der Sprache der Einheimischen genannt wird.

Starker Wind aus Osten und häufige Regenschauer machten uns das Leben weiterhin schwer, bis am 3. Mai um 15 Uhr Rapa Nui plötzlich in Sicht kam.

»Da ist die Insel!« schrie ich mit vor Müdigkeit heiserer Stimme, und beide blickten wir fasziniert auf die Vulkankegel, die wie ein Schemen hinter einer Regenwand auftauchten.

»Ist die aber klein«, entfuhr es Angelika.

»Ich habe sie mir auch größer vorgestellt. Aber wir sehen jetzt nur die schmale Seite. Wir müssen noch etliche Meilen segeln, bis wir um die Huk herum und am Ankerplatz sind. Hoffentlich schaffen wir es vor der Nacht!« antwortete ich.

Stunden vergingen. Allmählich wurde Rapa Nui in seiner ganzen Ausdehnung über dem Horizont sichtbar. Es bedurfte keiner der unheimlichen Geschichten von Kannibalenhöhlen mit Totenschädeln und von dämonischen Kräften der verstorbenen Priester und Könige, um mir Schauer über den Rücken zu jagen. Schon die Ansteuerung dieser Insel war ein einziger Alptraum!

»18.00 Uhr: Segeln entlang der Ostküste«, schrieb ich ins Logbuch. »See ist steil, riesige Wellen brechen sich an den Felsen und schlagen über das Boot! Habe keine Hoffnung mehr, vor Dunkelheit den Ankerplatz zu erreichen.«

Schwarze Wolken jagten am Himmel dahin, verdeckten zeitweise die Vulkangipfel oder Teile der Küstenlandschaft. Übergroße Dünungswellen erschwerten uns das Kurshalten, und die Dämmerung begann die Konturen der Felsen zu verwischen, als wir uns endlich der Küste auf eine Meile genähert hatten.

Drei vorgelagerte kleine Felsinseln waren deutlich zu erkennen.

»Um diese Felsen müssen wir herum. Auf der anderen Seite ist dann irgendwo der Ankerplatz«, sagte ich möglichst ruhig. »Ich könnte versuchen, zwischen den Inselchen hindurchzusegeln, das würde eine Stunde Zeit sparen, aber ich wage es nicht. Die Karte zeigt Wassertiefen von vier bis zwölf Metern, da könnten bei dem enormen Seegang gefährliche Brecher entstehen.«

»Außerdem ist die Sicht nicht mehr gut genug.« Angelika hatte das Fernglas genommen und sich zwischen Süll und Relingstützen festgeklemmt. »An der Küste sehe ich eine riesige Brandung hochschießen, auf der Insel kein einziges Licht!«

»Auf dieser Seite gibt es nach der Karte auch keine Häuser, nicht einmal Leuchtfeuer«, gab ich zur Antwort. Jetzt nur keine Erschöpfung aufkommen lassen, Hauptsache durchhalten! »Wenn wir erst um das Kap gesegelt sind, kommen wir auf ruhiges Wasser. Laß uns die Schoten dichter holen und den Kurs ändern. Die ganze Küste hier ist mir nicht geheuer!«

Es wurde mir noch unheimlicher, als wir eine halbe Stunde später das Tosen der Brandung hörten und dicht neben dem Felsen das Kap rundeten.

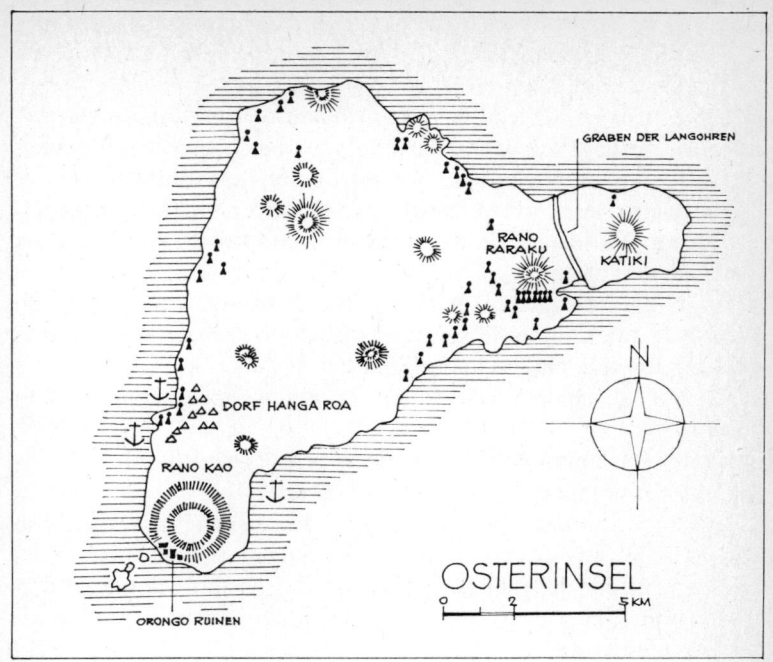

Unsere Ankerplätze vor der Osterinsel

Wo war der Ankerplatz?

Die Dunkelheit der angebrochenen Nacht ließ uns erschauern. Wir sprachen wenig, gaben nur noch kurze Anweisungen.

»Ich sehe Lichter, das muß das Dorf sein«, sagte ich heiser.

»Paß auf den Kurs auf!« hörte ich Angelikas Stimme, und schon klatschte wieder ein von der Steilküste zurückgeworfener Brecher über das Deck.

Doch bald ließen von Minute zu Minute Wind und Seegang nach. Wir hatten die Westseite der Insel erreicht. Ich schaltete das Echolot ein. Die Wassertiefe betrug noch hundert Meter und mehr, trotzdem wagte ich es nicht, näher an die mit felsigen Untiefen gespickte Brandungszone heranzugehen. In der Finsternis war es unmöglich, die auf der Karte verzeichneten Landmarken zu erkennen.

»Siehst du irgendwo einen felsigen Vorsprung?«

Angestrengt starrte Angelika in die Dunkelheit. »Ich sehe fast gar nichts mehr«, sagte sie nur.

Um 22 Uhr stellte ich fest: »Wir sind am Ankerplatz längst vorbei. Voraus liegt schon die Nordhuk der Insel. Wir müssen wenden!« Angst beschlich mich. Nur jetzt keine Strandung!

Und dann, kurz vor Mitternacht: »Hier ist eine Stelle mit dreißig Meter Wassertiefe. Laß die ganze Kette raus! Dann wird der Anker schon halten.«

Angelika lief zum Vorschiff, und mit Gerassel, das in der Stille der Nacht überlaut zu hören war, rauschten sechzig Meter Kette und der schwere Haken in die Tiefe.

Es war geschafft! Wir fielen in einen ohnmachtähnlichen Schlaf...

Lautes Pochen und das Tuckern eines Außenbordmotors weckten uns um sieben Uhr. Mein Kopf dröhnte.

Ich hörte Stimmen. »Die kommen sicher zur Einklarierung. Sie wissen nicht, was sie uns antun!« rief ich und versuchte, Angelika wach zu rütteln. Nur langsam kam sie zu sich, hob stöhnend den Kopf. »Bin gleich da« oder so ähnlich klang es unter der Decke hervor. Ich taumelte an Deck.

Es war Morgen, die Sonne schien, und neben der SOLVEIG schaukelte ein bunt bemaltes Fischerboot, in dem fünf abenteuerlich gekleidete Gestalten saßen. Hätte ich nicht gewußt, wo ich war, ich hätte an einen Überfall von Seeräubern geglaubt.

Mühsam rang ich um Fassung, als das Fischerboot mit Wucht an die Bordwand knallte und alle fünf, kaum daß ich eine Trosse geworfen hatte, eiligst an Bord sprangen. Die SOLVEIG war besetzt! Es schien, als habe jeder, der im Dorf ein kleines Amt innehatte, die Gelegenheit benützt, auf die fremde Yacht zu gelangen, die in der Nacht angekommen war. Endlich ein Ereignis!

Nur drei- bis viermal im Jahr, so erzählten sie uns später, ankert ein Schiff vor Rapa Nui. Sie ist wohl die entlegenste Insel der Welt, bedenkt man, daß sie von der Küste Chiles dreitausendfünfhundert Kilometer und von ihrem polynesischen Nachbarn Mangareva etwa dreitausend Kilometer entfernt ist.

Man versammelte sich um den Frühstückstisch, den Angelika inzwischen gedeckt hatte, und allmählich wurden die Aufgabenbereiche der einzelnen Besucher offenbar: einmal Einwanderungsbehörde, einmal Hafenmeister, einmal Polizei, einmal Gesundheit und einmal Bürgermeister. Das entsprechende Bündel Formulare zogen die Herren aus ihren Taschen.

Über eine Stunde dauerte die Beantwortung aller Fragen, das Ausfüllen der Dokumente. Unsere Pässe wurden anschließend mitgenommen. Wir waren nun frei, die Insel Rapa Nui zu betreten oder *Te Pito o te Henua* – »Nabel der Welt«, wie die Polynesier sie früher nannten. Noch poetischer war der Name, den die allerersten Polynesier ihr vor achthundert Jahren gegeben hatten: *Mata Ki Te Rangi*, was so viel heißt wie: »Augen, die in den Himmel blicken«. Mit diesen Augen waren vielleicht die Krater der erloschenen Vulkane gemeint.

Der Name könnte aber auch eine viel tiefere Bedeutung gehabt haben, wenn man sich vorstellt, daß die Bewohner dieser kleinen Insel keinen anderen Ausblick besaßen als den Himmel über ihren Häuptern. Es gab keine auch noch so entfernte Nachbarinsel. Einzig die Beobachtung von Sonne und Mond, die Berechnung der Sternenbahnen am nächtlichen Firmament brachten die Menschen der einsamsten Insel des Ozeans in einen festen Bezug zum Lauf der Welt, zum Universum.

Daneben existierte nur noch ein weiterer Mittelpunkt ihres Glaubens und ihres Weltbilds: die Seelen und die geistige Kraft der verstorbenen Ahnen, ihr »Mana«, wie es auf polynesisch heißt. Es spielt in allen Riten der Südseevölker eine große Rolle.

Ist es dann so erstaunlich, daß sie diesen Ahnen gewaltige Monumente errichteten – so gigantisch, wie es ihnen bei äußerster Anstrengung all ihrer Mittel gerade noch möglich war?

Am Nachmittag standen wir vor den steinernen Riesen, am Rande des Kraters Rano Raraku, aus dessen Tuffstein die Figuren gehauen wurden. Wegen dieser Statuen und der sich um sie rankenden abenteuerlichen Erzählungen und wissenschaftlichen Theorien waren wir monatelang in einem kleinen Boot auf See gewesen, hatten Tausende von Meilen quer über den Ozean zurückgelegt.

Wir wanderten allein am Hang des Kraters aufwärts, fanden einzelne und auch ganze Gruppen der Kolosse – Moais genannt – deren Blicke über die weite Ebene der Grassteppe in unendliche

Ferne gerichtet sind. Allen gemeinsam ist dieser dem irdischen Drängen völlig entrückte Ausdruck, die unerschütterliche Ruhe, mit der sie über Jahrhunderte hinwegschauen. Mehr noch als ihre in Meterzahlen meßbare Höhe war es für mich dieser Gesichtsausdruck, der mir das Gefühl der eigenen Zwerghaftigkeit vermittelte.

Der Abend bescherte uns einen jener seltenen Sonnenuntergänge, bei dem die rote Scheibe, von keiner Wolke verdeckt, im Meer versinkt. Wir standen unter sieben Moais, die von der Plattform einer alten Begräbnisstätte auf uns heruntersahen, und waren sprachlos in das Schauspiel versunken, das sich uns bot. Zuerst leuchteten ihre Köpfe im goldenen Schein der Sonne, dann wurden die Umrisse der Giganten dunkler und hoben sich endlich als schwarze Figuren gegen das rötlich glänzende Meer und den flammenden Himmel ab.

Götterdämmerung in der Südsee!

Das gute Wetter hielt zu unserem Glück auch am nächsten Tag noch an, und wir hatten Gelegenheit, zu einer Kultstätte zu gelangen, die dem Vogelgott Make Make geweiht war.

Die Anbetung des Vogelmenschen wurde auf Rapa Nui eingeführt, nachdem ein schrecklicher Kampf zwischen den Völkern der Insel stattgefunden hatte, in dessen Verlauf die meisten Ahnenfiguren in mörderischem Haß gestürzt wurden. Das Ende der Ahnenverehrung begann also schon, bevor die ersten Europäer die wundersame Insel entdeckten.

Am Rande des Kraters Rano Kao an der Südwestspitze Rapa Nuis befindet sich eine steinerne Plattform; von dort aus kann man auf zwei Felsen im Meer hinabblicken. Jedes Jahr kommen Seeschwalben, um auf diesen Felsen zu nisten.

Die Ankunft der Vögel bedeutete damals den Beginn eines neuen Zeitabschnittes; das erste Ei galt als Symbol neu erwachenden Lebens.

Um dieses Ei schwimmend von den Felsen auf die Insel zu bringen, wetteiferten die vornehmen Familien untereinander. Der Sieger herrschte ein Jahr lang als »Vogelmann« über die Insel.

In einigen Steinen fand ich eingemeißelte Reliefs des Vogelgottes, der mit seinem langen Schnabel an Darstellungen des Gottes Ibis in altägyptischen Tempeln erinnert. Ähnliche Figuren habe

Am Nachmittag standen wir vor den steinernen Riesen am Rande des Kraters Rano Raraku.

ich auch am Sepik in Neuguinea gefunden und für meine private Sammlung erworben. Die Verehrung heiliger Vögel war in großen Teilen Polynesiens und Melanesiens verbreitet.

Ich entdeckte auch einen zunächst unscheinbar wirkenden Stein, auf dem man bei näherem Hinsehen eingemeißelte geometrische Zeichen erkannte. Mit seiner Hilfe wurde der genaue Zeitpunkt für den Beginn des Festes und die Ankunft der ersten Vögel vorausbestimmt. Dieser Stein ist ein Beweis für die außerordentlichen astronomischen und mathematischen Kenntnisse der polynesischen Priester. Die Ankunft der Vögel muß für sie eine Art Kontrolle des astronomischen Kalenders gewesen sein.

Die alten Ägypter besaßen ähnliches astronomisches Wissen, und der Bau der Pyramiden ist dem Transport der Steinkolosse auf der Osterinsel, was technische Fertigkeiten betrifft, durchaus vergleichbar. Gewiß wären die Statuen auf Rapa Nui, hätten die Griechen im Altertum von ihrer Existenz gewußt, als Weltwunder in die Geschichte eingegangen.

Wir verbrachten den Nachmittag bei den Ruinen des heiligen Ortes Orongo; er war Zentrum des Kultes um den Vogelmenschen.

Für die aus aufgehäuften flachen Steinen errichteten, wabenartigen Bunker wäre selbst die Bezeichnung Hütte noch schmeichelhaft gewesen. Der Eingang war kaum höher als sechzig Zentimeter, der Bau hatte keine Fenster und nur einen völlig dunklen Innenraum von vielleicht vier Meter Länge auf zwei Meter Breite. Keine Stehhöhe. Nur tief gebückt und kriechend konnte ich mich in dem kerkerartigen Raum bewegen. Ich fand jedoch erstaunlich gut erhaltene farbige Malereien an den Wänden.

Wie hatten Menschen in diesen bedrückenden Behausungen ihr Dasein fristen können?

Die Hütten hatten seinerzeit bereits das Mitleid der Entdecker erregt. Georg Forster, ein deutscher Forscher, der Capitän Cook während seiner Reise in die Südsee von 1772 bis 1775 begleitete, schrieb in seinem Bericht: »Wer hinein oder hinaus wollte, mußte auf allen Vieren kriechen. Das Innere war leer und kahl, und man fand nicht einmal ein Bund Stroh darin. Das muß ein elender Aufenthalt sein, zumal sie wegen der wenigen Hütten einer über dem anderen liegen müssen.«

Es fehlte offensichtlich an Holz, um Hütten zu bauen. Es fehlte folglich auch an Rinde und Blättern, die für Kleidung gebraucht wurden. Holz war aber auch der Baustoff für Boote. Also gab es kein Segelboot mehr auf Rapa Nui, nachdem einmal der letzte Baum gefällt war!

Und damit war den großen Seefahrern der Südsee, vielleicht den größten, die die Welt je gekannt hat, der Rückweg in ihre Heimat und die Verbindung zu anderen Inseln abgeschnitten.

Die Zerwürfnisse, die sich aus dem Mangel an allem Nötigen ergaben, mögen der Grund gewesen sein für jene Stammeskämpfe, die schließlich zum Sturz der Statuen führten. Der dann die Insel beherrschende Vogelkult diente der Priesterschaft dazu, die ins Wanken geratene Ordnung mit Hilfe furchteinflößender Riten aufrechtzuerhalten. Höhlen und Steinhäuser waren der schauerliche Ort für kannibalische Handlungen.

Rapa Nui war die einzige Insel der Südsee, die ihren Entdekkern und ganz besonders Kapitän Cook eine herbe Enttäuschung bereitete. Er brauchte nach der langen Fahrt um Kap Hoorn dringend Lebensmittel – und erhielt dort so gut wie nichts, weil Fleisch, Gemüse und Früchte nur in ganz kleinen Mengen vorhanden waren.

Einige Zitate aus dem Bericht von Georg Forster werfen ein deutliches Licht auf die verzweifelte Lage, in der sich die Einwohner befanden:

»Es fehlt ihnen an Handwerkszeug, sie haben kaum ein nötiges Obdach, die Kleider fehlen ihnen, Hunger und Mangel verfolgen sie immer und überall... Wir entdeckten auch einige bepflanzte Felder, doch schien die Insel im ganzen genommen einen elenden, dürren Boden zu haben... Wir trafen mehrere Insulaner auf dem Schiff, die es gewagt hatten, vom Lande herzuschwimmen. Sie schienen über alles erstaunt und maßen die Länge der Schiffe mit ausgebreiteten Armen. Einem Volke, dessen Kanus aus lauter kleinen Stückchen zusammengeflickt sind, mußte natürlich eine solche Menge Zimmerholz unbegreiflich sein!... Wenigstens 25 Meilen hatten wir auf den beschwerlichen Wegen zurückgelegt, ohne auch nur ein Bäumchen anzutreffen.«

Aber eine traditionelle Fertigkeit in der Kunst des Bootsbaus müssen die Insulaner dennoch besessen haben, sonst wären sie

Mann der Osterinsel – 18. Jahrhundert

*Die Ahnenfigur von der
Insel Ambrym zeigt
Ähnlichkeiten mit den
Steinkolossen der
Osterinsel.*

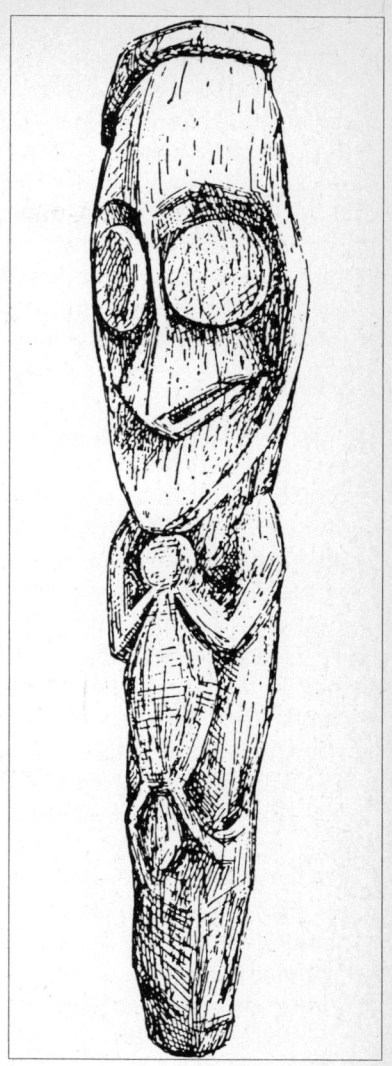

nicht in der Lage gewesen, aus kleinen Holzstückchen ein formschönes Kanu zu zimmern.

Forster berichtete auch über Beobachtungen, die deutlich auf die hohe Kultur hinweisen, die die Insulaner aus ihrer alten Heimat mitgebracht hatten. Auf meinen jahrelangen Fahrten durch die Südsee habe ich von den Marquesas-Inseln bis Neuguinea hölzerne oder steinerne Ahnenfiguren der verschiedensten Art gefunden. Viele dieser Kunstwerke zeigten durchaus Ähnlichkeit in Haltung und Ausdruck mit den Giganten der Osterinsel.

Auf Rapa Nui gab es in Gestalt des Tuffsteins das geeignete Material für die Statuen und genügend harten Obsidian, um Werkzeuge herzustellen, mit denen sich der Tuffstein bearbeiten ließ.

Ich glaube außerdem, daß die Holztafeln mit den Rongo-Rongo-Schriftzeichen, über deren Inhalt und Herkunft seit Jahrzehnten gerätselt wird, schon von den ersten Ankömmlingen auf die Insel mitgebracht wurden und vielleicht gerade deshalb als Gegenstand besonderer Verehrung lange Zeit erhalten blieben.

Der deutsche Professor Thomas Barthel kam im Jahre 1958 zu einer überraschenden Erkenntnis: »Die Texte der etwa zweitausend Zeichen umfassenden Rongo-Rongo-Schrift geben keinen Aufschluß über geschichtliche Abläufe und somit keine genaue Auskunft über die Vergangenheit von Rapa Nui. Jedoch enthalten die rituellen Gesänge und kultischen Handlungsabläufe, die auf den Holztafeln eingeritzt sind, eine Reihe von Hinweisen auf Tahiti, Bora Bora und Moorea. Von Raiatea ist ebenfalls die Rede.«

So gelang es Professor Barthel, den Weg der polynesischen Seefahrer nachzuzeichnen, den sie bei der Besiedelung der Osterinsel genommen hatten. Auch fanden sich Symbole für Pflanzen auf den Tafeln, die auf Rapa Nui nicht vorkommen, die aber auf Tahiti zum täglichen Leben gehören, wie die Brotfrucht.

Aus alledem geht für mich klar hervor, daß Rapa Nui keinesfalls, wie Thor Heyerdahl angenommen hatte, von Südamerika aus besiedelt wurde, sondern daß Rapa Nui den äußersten östlichen Pfeiler des großen polynesischen Dreiecks bildet, welches nach Norden bis Hawaii reicht und in südwestlicher Richtung bis Neuseeland. Auch mündlich überlieferte Sagen bestätigen, daß die Osterinsel von Polynesien aus angesteuert wurde. Als König Hotu Matua um das Jahr 1400 auf dem Eiland landete, bezeichnete er eine Insel in der Nähe Tahitis als seine Heimat.

Für mich gibt es kein Geheimnis der Osterinsel mehr. Die berühmten Fragen um die gigantischen Statuen und um den Vogelkult lassen sich aufgrund der bekannten Tatsachen ohne weiteres erklären.

Ein hochkultiviertes Volk, die Polynesier, erreichten mit ihren hochseetüchtigen Doppelrumpfbooten Rapa Nui, gerieten jedoch auf dem nur dreißig Kilometer langen Eiland sehr bald in Bedrängnis. Sie konnten ihre Fruchtbäume nicht anbauen, da die Insel kein tropisches Klima besitzt. Es stand kein Holz mehr zur Verfügung, um Boote zu bauen. Das verlorene Volk flüchtete sich in Glauben und Aberglauben, verwandte alle Kraft auf die Herstellung der riesigen Ahnenbilder. Die erhoffte Rettung blieb aus. Verzweiflung führte zu blutigen Stammesfehden und schließlich zur Verarmung.

Nur so ist der für europäische Forscher verblüffende Gegensatz zwischen dem Elend der Bewohner und der Großartigkeit ihrer künstlerischen Leistungen zu deuten. Ich glaube, der Umstand wurde zu wenig gewürdigt, daß hier ein Kulturvolk versucht hat, eine Insel zu besiedeln, die ihm aufgrund ihrer kargen Natur keine Überlebensmöglichkeit bot. Sie besaß nicht einmal eine geschützte Bucht, in der die Schiffe erhalten geblieben wären, mit denen die verzweifelten Menschen in ihre alte Heimat hätten zurückkehren können.

Selbst heute sind Waren hier so knapp, daß wir auf dem Markt mehr nach Schuhen oder Kleidung gefragt wurden als nach Geld. Ein Paar Gummistiefel ermöglichte uns den Einkauf von Tomaten und Kartoffeln, die mit Geld kaum zu bezahlen sind.

Nach wie vor herrscht Armut auf Rapa Nui.

Holztafel mit Rongo-Rongo-Schrift
(Foto: Britisches Museum)

In den Ruinen des heiligen Ortes Orongo: Nur tief gebückt konnte ich
mich in dem kerkerartigen Raum bewegen.

INSEL DER VERDAMMTEN

Als wir nach einer Woche die SOLVEIG wieder seeklar machten, zogen dunkle Wolken auf. Kaum war der Anker an Deck, fegten bereits heftige Böen über das Boot. Von Minute zu Minute baute sich der Seegang höher auf.

Vor dem Dorf Hangaroa konnten wir nicht bleiben. Aber bei dieser Wetterlage auf das Meer hinauszusegeln, wäre unklug gewesen.

»Das wird einen ordentlichen Sturm geben, der Barograph fällt rapide«, rief ich Angelika zu, die mich im Heulen des Windes kaum mehr verstehen konnte. »Wir müssen versuchen, unter Motor auf die andere Seite der Insel zu kommen, vielleicht finden wir dort einen geschützten Platz!«

Erst nach zwei Stunden Fahrt um das Kap gelang es uns, hinter einem Felsen Anker zu werfen. Die See war hier ruhiger, aber der Wind legte noch weiter zu und pfiff in Böen bis Stärke zehn von den Hügeln herunter.

»Wenn nur der Anker hält, dann ist keine Gefahr«, versuchte ich uns zu beruhigen.

»Das dauert sicher nicht ewig. Wir müssen eben die Zähne zusammenbeißen«, sagte Angelika schnell, verstaute aber doch unser Porzellangeschirr, das wir normalerweise am Ankerplatz verwenden, im Schapp über der Pantry.

Ich steckte den Kopf aus dem Schiebeluk und beobachtete, wie die meterhohen Dünungswellen um das Kap in unsere Bucht liefen und an die felsige Küste brandeten. SOLVEIG zog jedesmal, wenn ihr Bug gehoben wurde, an der Ankerkette, die sich dann ruckartig mit hartem Knirschen spannte.

»Wir müssen sofort seeklar machen!« entschied ich. »Dann können wir segeln, sobald der Wind nachläßt, und wir sind auch bereit, falls die Kette bricht.« Ich schob das Luk hinter mir zu; es war empfindlich kalt geworden.

»Bei dem Seegang können wir ja nicht mal mit dem Schlauchboot an Land. Es würde glatt umgedreht«, überlegte Angelika.
»Also räumen wir auf!«

Ich holte Jacken und Hosen aus dem Vorschiff. »Zieh gleich
dein Ölzeug über. Zuerst verzurren wir das Mofa, die Leinen sind
lose geworden.«

Es dauerte vier Tage, bis der Sturm nachließ.

»Welch ein Glück, daß es bei unserer Ankunft nicht so fürchterlich geblasen hat«, meinte Angelika. »Sonst hätten wir die Osterinsel wohl nie gesehen. Ich wage nicht, mir vorzustellen, wie de-
primiert wir gewesen wären, wenn wir nach der langen Überfahrt
kurz vor dem Ziel hätten aufgeben müssen.«

Als die Sonne vorsichtig zwischen den Wolken zum Vorschein
kam, steuerten wir auf der noch immer hochgehenden See weiter
nach Westen. Ein Jahr war vergangen, seitdem wir von Travemünde aufgebrochen waren, und über 13 000 Seemeilen hatte
SOLVEIG bereits hinter sich.

Wir nahmen jetzt Kurs auf eine Insel, die zur Legende geworden ist. Eine Insel, die für neun verzweifelte Seeleute die letzte
Chance war, dem Galgen zu entkommen, und die für sie zum le-
benslangen Gefängnis wurde. Es ist die Insel der Meuterer von der
BOUNTY. Ihr Name: Pitcairn. Ein großer Fels im Meer, keine
schützende Bucht, kein Strand, kein flacher Grund vor der Küste,
wo Schiffe ankern können, das ist Pitcairn. Aber ich wußte, noch
immer leben dort die Nachkommen der BOUNTY-Leute, die 1789
gegen Kapitän Bligh die berühmte und inzwischen mehrmals ver-
filmte Meuterei angestiftet hatten.

Vom Wetter allein würde es abhängen, ob wir vor der Insel wenigstens einige Stunden ankern konnten.

Die Unsicherheit zerrte an unseren Nerven. »Sollen wir nicht
besser den Umweg vermeiden und Tahiti direkt ansteuern?«
fragte sogar Angelika, als der Wind uns wieder einmal entgegen-
stand.

Doch am Morgen des 28. Mai erkannte ich voraus die Umrisse
eines großen Felsens. Ich rief Angelika an Deck, und wir waren
beide überwältigt. Wie eine Vision erschien die graue Masse am
Horizont, die hinter einer Regenwolke wieder zu verschwinden
drohte. Das also war Pitcairn!

Ich schrieb ins Logbuch:
»10.00 Uhr, vor der Bounty Bay! Ich drehe bei, wir bergen die Segel. Ein Brandungsboot kommt auf uns zu. Werden wir abgeholt?
10.20 Uhr. Der Magistrat und ein Bootsführer klettern an Bord. Sie erklären uns, daß wir bei der enormen Dünung hier nicht ankern können. Sie lotsen uns zu einer Stelle am Nordwestende der Insel, wo wir auf 20 Meter Tiefe den Anker fallen lassen. Wir beten, daß er hält.«

Der Anker hielt.

Und dann preschten wir zusammen mit den beiden Männern in halsbrecherischer Fahrt durch die Brecher zurück zur Bounty Bay. Zu dem Platz, wo vor zweihundert Jahren das Meuterer-Schiff sein tragisches Ende fand.

Als die BOUNTY 1787 England verließ, um unter dem Kommando eines gewissen Kapitän Bligh junge Brotfruchtbäume von Tahiti in die Karibik zu bringen, ahnte Fletcher Christian, sein Dritter Offizier, noch nicht, daß er seine Heimat niemals wiedersehen würde. Durch schwere Stürme vor Kap Horn aufgehalten, benötigte die BOUNTY fast ein Jahr, bis endlich ihre halb verhungerte Mannschaft am 25. Oktober 1788 auf Tahiti den Fuß an Land setzen konnte. Es war wie die Ankunft im Paradies! Jedenfalls mußte Tahiti mit seiner Überfülle an Lebensmitteln den Männern nach einem Jahr Seefahrt so erschienen sein.

Neugierige und äußerst entgegenkommende Mädchen besuchten die Matrosen an Bord, nahmen sie später mit an Land, und die Seeleute bezogen Quartier bei den gastfreundlichen Polynesiern.

Fletcher Christian verliebte sich in die Tochter einer vornehmen Familie und wurde von ihr wie ein Sohn aufgenommen.

Kapitän Bligh war inzwischen damit beschäftigt, von den tahitianischen Fürsten Stecklinge der Brotfruchtbäume zu erbitten. Die Tahitianer waren bereit, eine große Menge Pflanzen zu beschaffen, aber die BOUNTY mußte fünf Monate warten, bis die Schößlinge herangewachsen waren. Fünf lange Monate für Bligh – für Christian und die Matrosen vergingen sie wie im Fluge.

Es kam der Tag, an dem die BOUNTY ihre Anker lichten mußte. Alle waren unglücklich.

Die Meuterer setzen Kapitän Bligh und seine Getreuen aus
(Foto: National Maritime Museum, London)

Die verlassenen Frauen liefen schreiend und weinend zum Strand, doch die Bounty setzte Segel, beladen mit Hunderten von Brotfruchtbäumchen, die den ohnehin beschränkten Raum noch weiter verkleinerten.

Abschiedsschmerz und der Gedanke an das kalte feuchte England trübten die Stimmung. Sicher war auch Bligh selbst besonders gereizt. In der Nähe der Tonga-Inseln kam es dann zu der berüchtigten Meuterei.

Fletcher Christian holte zusammen mit drei bewaffneten Matrosen seinen Kapitän in den frühen Morgenstunden des 28. April 1789 aus dem Bett, zerrte ihn im Nachthemd an Deck, ließ ihn fesseln und zwang ihn in das wurmstichige Beiboot. Die meisten Offiziere und ein Teil der Besatzung, neunzehn Mann, blieben Bligh ergeben. Mit ihm sprangen sie in das nur siebeneinhalb Meter lange, offene Boot.

Was Christian damals tat, war nicht besser als Mord. Alles Flehen von Bligh und den anderen Offizieren konnte den wütenden Mann nicht von seinem unseligen Vorhaben abbringen. Er schrie:

»Ich habe die letzten vierzehn Tage die Hölle erlebt, jetzt sollen sie die Hölle haben!« Doch er mußte seine unbedachte Tat schon bald bereuen und sollte danach seines Lebens nicht mehr froh werden.

Das Boot stieß ab, das Gewicht von neunzehn Menschen, einigen Lebensmitteln und Wasser drückte es so tief in die See, daß nur noch wenige Zentimeter Freibord blieben. In nur einundvierzig Tagen gelang es Kapitän Bligh dennoch, mit der überlasteten Nußschale 3618 Seemeilen zurückzulegen – bis zur Insel Timor im jetzigen Indonesien: eine unvorstellbare Leistung, ein bis zum heutigen Tag ungebrochener Rekord!

Die Meuterer dagegen wollten mit ihrem stolzen Schiff das Paradies erreichen, eine Traumwelt wie Tahiti.

Ein paar hundert Meilen südlich von Tahiti liegt Tubuai, eine Insel mit Quellen, angenehmem Klima und genügend Früchten. Aber dort scheiterte der Versuch, eine neue Heimat zu finden. Die Eingeborenen vertrieben das hilflose Häuflein der Meuterer mit Steinen und Speeren. Was nun?

Man beschloß, erst einmal nach Tahiti zurückzusegeln.

Mehrere Matrosen und ein Kadett fühlten sich unschuldig an der Meuterei und glaubten, das Risiko auf sich nehmen zu können, daß sie in Tahiti von einem britischen Kriegsschiff aufgegriffen wurden. Das stellte sich später als tragischer Irrtum heraus. Einige wurden trotzdem zum Tode verurteilt.

Um dem Strang zu entgehen, segelte Christian mit acht seiner Schicksalsgenossen, dazu zwölf Frauen und acht Männern aus Tahiti weiter. Die Fahrt in ein noch unbekanntes Exil begann.

Christian erklärte seinen Freunden, daß er vor Jahren von einer anderen Insel gehört habe – im Südosten von Tahiti –, und die wolle er nun suchen. Sie hieß nach dem irischen Matrosen, der sie zuerst gesichtet hatte, Pitcairn.

Drei Monate kreuzte die BOUNTY vergeblich in der Weite des Ozeans. Eine neue Meuterei drohte auszubrechen, denn die Männer waren erschöpft und mutlos. Neun Seeleute hatten die Arbeit von fast dreißig Mann zu verrichten. Christian trug stets eine Pistole bei sich.

Endlich kam die Erlösung: Land in Sicht! Die Insel Pitcairn lag vor ihnen.

Kapitän Bligh
*(Foto: National
Maritime Museum,
London)*

Die Meuterer jubelten, denn Pitcairn schien genau das Richtige. An diesen schroffen Felswänden würde jeder Verfolger scheitern, wenn überhaupt ein britisches Kriegsschiff jemals ihr Versteck fand.

Christian faßte einen verzweifelten Entschluß. Er riß das Steuer an sich und setzte die BOUNTY unter vollen Segeln auf die Klippen. Krachend barst der Kiel auf den Felsen. Nachdem alles brauchbare Gerät an Land geschafft war, setzte man das Wrack in Brand.

Niemand sollte sehen, daß die Insel von Menschen bewohnt war. Damit hatte sich Fletcher Christian zusammen mit seinen Getreuen zu lebenslänglicher Verbannung verurteilt. Ein tragisches Schicksal erwartete die Männer Brown, Martin, Williams, Smith, McCoy, Quintal, Mills, Young und nicht zuletzt Christian selbst.

Den Spuren dieser ersten Aussteiger aus der europäischen Zivilisation wollten wir nachgehen. Fast unwirklich erschien es mir, als Angelika und ich die Insel an derselben Stelle betraten, an der seinerzeit die Meuterer gelandet waren. Und vor uns stand einer ihrer Nachfahren: Brian Young.

Er war vielleicht vierzig Jahre alt, breitschultrig, mit einem breiten polynesischen Gesicht und hellbrauner Haut. Sein Freund, der mit ihm gekommen war, wirkte kleiner, europäischer im Aussehen, fast weiß.

»Wir haben euer Boot schon lange beobachtet«, begrüßte er uns. »Das ganze Dorf weiß, daß ich euch abhole. Mit einem normalen Schlauchboot wärst du niemals durch die Brandung gekommen!« Brian sprach gutes Englisch, obgleich sich im Lauf der zweihundert Jahre ein eigener, für Fremde unverständlicher Dialekt auf der Insel herausgebildet hatte.

Wie ging es damals weiter, nachdem die neun Unglücklichen mit ihren tahitianischen Freunden hier gelandet waren?

Zunächst waren die Siedler, die auf der fruchtbaren Insel ein neues Leben begannen, zufrieden und glücklich. Man baute Hütten, legte Gärten an. Schwere Arbeit ließ man die polynesischen Männer verrichten. Die Frauen wurden aufgeteilt. Jeder Engländer erhielt eine Freundin, für die Tahitianer blieben nur drei Frauen übrig. Als später zwei Frauen der Meuterer ums Leben kamen, holten sich die weißen Männer Ersatz bei den ohnehin schon benachteiligten Polynesiern.

Daraufhin begann ein grausames Gemetzel.

Vier Engländer wurden ermordet. Die restlichen fünf Meuterer töteten aus Angst und Rache alle männlichen Tahitianer und brachten sich später einer nach dem anderen gegenseitig um. Nur zwei blieben am Leben: der Kadett Young und der Matrose Smith. Der Kadett lehrte Smith Lesen und Schreiben, bevor er an einer Lungenkrankheit starb. So blieb die Kunst des Schreibens auf Pitcairn erhalten.

Smith, der einem seiner Gefährten noch eigenhändig mit der Axt den Schädel gespalten hatte, wurde fromm. Er änderte seinen Namen, hieß fortan Adams. Er herrschte über die verbliebenen Frauen und sorgte für zahlreiche Nachkommenschaft. Sonntags las er seiner kleinen Gemeinde aus der Bibel vor – aus derselben Bibel, die Kapitän Bligh an Bord der BOUNTY zum Gottesdienst verwendet hatte. Es war das einzige Buch auf Pitcairn.

Eine fromme christliche Gemeinschaft wuchs heran. Fand die Insel der Verdammten nun ihren Frieden?

Im Jahre 1808 entdeckte ein amerikanischer Segelschiffskapitän zufällig das Eiland und das Häuflein Menschen: zehn polynesische Frauen, zweiundzwanzig Kinder und ihr Oberhaupt John Adams. Sechs Jahre später erschien das erste britische Kriegsschiff am Horizont. Die Bevölkerung geriet in hellsten Aufruhr, fürchtete sie doch um das Leben ihres Patriarchen.

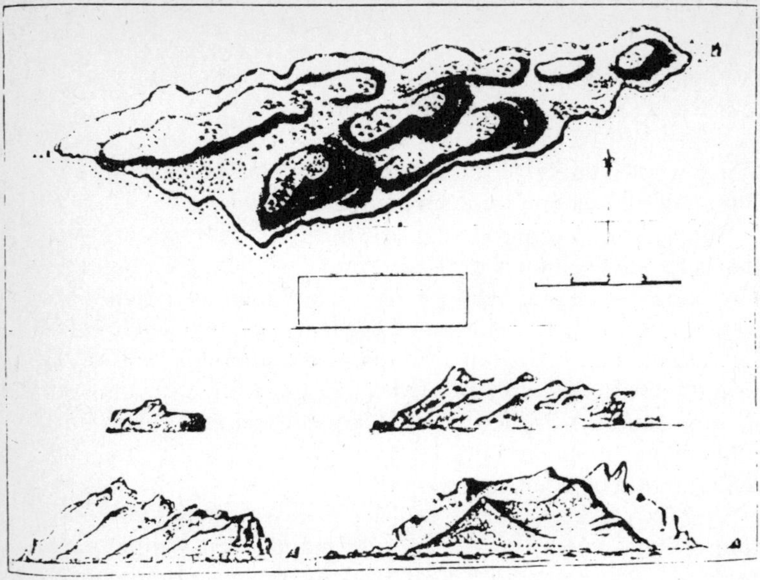

Pitcairn: Die Karte, die sich an Bord der BOUNTY *befand.*

Fletcher Christian .	Master's Mate
Edward Young . . .	Midshipman
John Mills	Gunner's Mate
Matthew Quintal .	Able Seaman
William McCoy . .	Ditto
Alexander Smith . .	Ditto
John Williams . . .	Ditto
Isaac Martin	Ditto
William Brown . .	Gardiner

Erste Siedlung auf Pitcairn

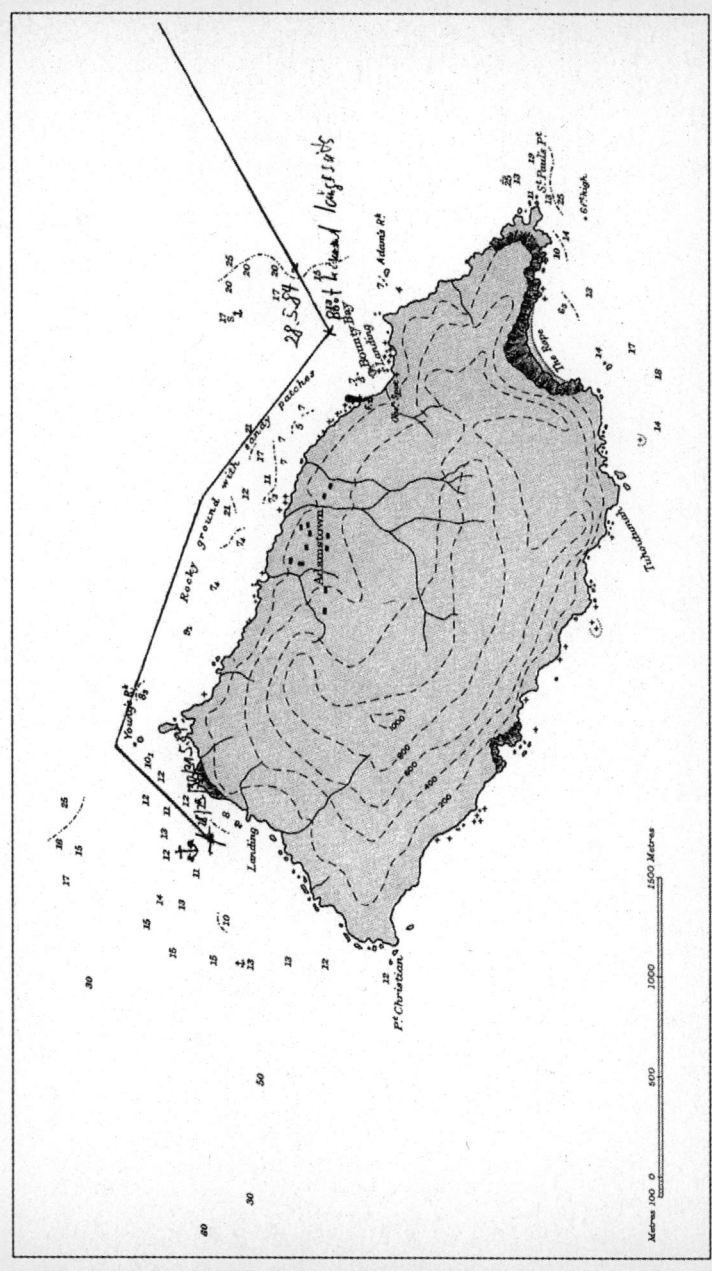

Pitcairn: die heutige Karte, die sich an Bord der SOLVEIG *befand.*

John Adams
(zeitgenössischer Stich von Kapitän Beechey)

Aber der Kommandant des Schiffes war erfreut über das gepflegte Aussehen und die Frömmigkeit der Insulaner. Beeindruckt von dem guten Beispiel, welches Adams seinen Nachkommen und denen seiner Kameraden gegeben hatte, hielt es der
Kapitän für zu grausam, den alten Mann in Ketten zu legen.

Adams starb Jahre später als freier und angesehener Stamm-
vater der Gemeinde Pitcairns im Alter von 62 Jahren.

»Komm, setz dich auf mein Motorrad«, wurde Angelika von Brian
Young aufgefordert, dem Nachfahren von Edward Young, der damals Adams Lesen und Schreiben gelehrt hatte.

Sein Freund Dennis lud mich auf seinen Bulldozer ein, und so
holperten wir über den vom Regen ausgewaschenen, tief zerfurch-
ten Weg bergauf bis zu der hoch am Hang gelegenen Siedlung.

»Wie viele Menschen leben noch hier?« fragte ich Brian neugierig, als wir vor seiner Hütte angekommen waren.

»Es sind nur noch dreiundvierzig übrig, vor allem ältere Menschen und Kinder. Leute in meinem Alter wandern lieber aus«,
gab er zur Antwort. »Nun kommt erst mal herein, meine Frau ist ja
schon so gespannt!«

Kurze Zeit später saßen wir alle zusammen um einen langen, rechteckigen, selbst gebastelten Holztisch in der Küche: Brian, Eira, seine Frau, Dennis und ihre vier Kinder, die gerade von der Schule heimgekommen waren und uns nun ausführlich musterten.

»Es gibt nichts Besonderes zum Essen«, entschuldigte sich Eira. »Ich koche auf einem Holzofen, und wir haben keinen Kühlschrank. Nur viermal im Jahr bekommen wir Nachschub, wenn ein Schiff Pitcairn anläuft.«

»Wie sieht es mit Wasser aus? Habt ihr genug?« fragte ich.

»Das kommt aufs Wetter an. Wir sammeln das Regenwasser in Zisternen. Im Augenblick reicht es nach dem vielen Regen der letzten Wochen für eine Weile aus«, lachte sie.

Ich beobachtete, wie sich Angelika verstohlen im Raum umsah. Die Wände waren eine bunte Mischung aus verschiedenartigen Brettern, die so, wie sie gerade herumlagen, zusammengehämmert worden waren. Dazwischen gab's auch mal ein Stück Blech oder Steine. Statt Türen hingen armselige Stoffetzen von der Decke, statt Betten lagen zerschlissene Matratzen wahllos auf dem dreckigen Boden.

»Gefällt euch unsere Insel?« wollte John wissen, das jüngste ihrer Kinder.

Aber bevor ich antworten konnte, klingelte es plötzlich.

»Das ist nicht für mich«, sagte Brian.

»Habt ihr denn hier Telefon?« wunderte ich mich.

»Ja, seit vier Monaten. Aber nur einen Draht. Man dreht die Kurbel, dann klingelt es bei allen, und alle können mithören!«

Angelika und ich brachen in Gelächter aus.

»Jede Familie hat ihr eigenes Klingelzeichen, so hört sie sofort, ob sie gemeint ist. Als ich euer Schiff am Horizont auftauchen sah, wußte innerhalb von fünf Minuten das ganze Dorf Bescheid«, sagte Brian stolz.

Dennis erhob sich. »Ich glaube, wir sollten jetzt zu den anderen gehen. Sie wollen euch doch auch kennenlernen.«

Dennis und Brian zeigten uns zunächst den Dorfplatz mit Kirche, Postamt und – dem alten Anker der BOUNTY! Geschichte war hier allgegenwärtig.

Unglaublich, was sich auf diesem Boden abgespielt hatte. Und noch unglaublicher, daß auf dem wenige Quadratkilometer gro-

Am Morgen des 28. Mai erkannte ich die Umrisse eines großen Felsens: Pitcairn!

Bounty Bay – hier fand vor zweihundert Jahren das Meuterer-Schiff sein tragisches Ende.

ßen Felsbrocken im Meer noch immer Nachkommen der schon zu Romanhelden gewordenen Meuterer lebten. Und sie waren stolz auf ihre Vorfahren.

»Einmal im Jahr, am 24. Januar, feiern wir ›Bounty Day‹«, erzählte Brian. »Wir bauen jedes Jahr ein Holzmodell und zünden es an, an derselben Stelle, wo damals die echte BOUNTY verbrannte.«

Die Verbrennung des Schiffes war seinerzeit der Beginn des neuen Lebens in der Verbannung gewesen.

Nur wenige Meter vom Anker entfernt steht die Kirche. Die Pitcairn-Leute sind heute Adventisten.

Als uns Brian das Innere der Kirche zeigte, entdeckte ich eine Kostbarkeit: In einem verschlossenen Glaskasten lag die alte Bibel der BOUNTY, jene Bibel, die Kapitän Bligh und John Adams in Händen gehalten hatten. Daneben die Heiratsurkunde von Kapitän Bligh!

Brian versicherte mir, daß sie dieses Erinnerungsstück niemals an ein Museum übergeben würden. »Willst du sie dir genauer ansehen?« bot er mir an. Er hatte meine Gedanken erraten.

Um den Schrein aufzuschließen, mußten außer ihm noch zwei Amtspersonen der Gemeinde anwesend sein: der Pfarrer und der Lehrer. Jeder von ihnen besaß einen Schlüssel.

Nach einer halben Stunde waren sie schließlich auf dem Dorfplatz eingetroffen, begleitet von einem Dutzend Neugieriger.

»Ich glaube, vor fünfzehn Jahren haben wir die Bibel zum letztenmal aus dem Kasten genommen«, flüsterte mir Brian ins Ohr, als er ihn gemeinsam mit dem Pfarrer aufschloß. Der Lehrer stand als Zeuge dabei.

Andächtig hielten Angelika und ich das kostbare Stück in Händen. Brian erlaubte uns sogar, die Bibel nach draußen zu nehmen, um sie zu fotografieren.

Und dann wurden wir den vielen Youngs, Christians und Browns des Dorfes vorgestellt. Sie begleiteten uns zum Friedhof, vorbei an den ärmlichen Behausungen der Pitcairner, die alle aus alten Brettern, Wellblechstücken und Steinen zusammengebastelt waren.

Auf dem Friedhof fanden wir, in verwitterte Grabsteine gemeißelt, die bekannten Namen der BOUNTY: Christian, Young, McCoy, Brown.

Die Bibel der BOUNTY

Ein alter Mann mit sonnverbranntem Gesicht hinkte langsam auf uns zu.

»Das ist der alte Christian!« sagte Brian. »Der älteste Bürger der Gemeinde.«

»Freut mich, Sie kennenzulernen – ich heiße Warren Christian«, begrüßte er uns lächelnd. »Fünfte Generation nach Fletcher Christian!« fügte er stolz hinzu.

Angelika sah mich bedeutungsvoll an, und auch mir war eigenartig zumute, als er so dicht neben mir stand: ein Urenkel des berühmten Fletcher Christian!

Bis zum heutigen Tag wurde dessen Leiche nicht gefunden, bis heute weiß man nicht genau, ob er einem Mord zum Opfer fiel, ob er sich selber umbrachte oder ob es ihm gelungen war, dem blutigen Gemetzel zu entkommen und heimlich in einem Kanu die Insel zu verlassen.

»Dort oben in der Felswand ist die Höhle von Christian«, unterbrach sein Nachfahre meine Gedanken und deutete auf eine gut erkennbare, dreieckig geformte Öffnung im Fels, etwa achthundert Meter vom Friedhof entfernt. »Ein Leben lang hatte er Angst

Grabstein des John Adams

vor dem Galgen des britischen Kriegsgerichts. Deshalb hielt er sich fast immer dort oben auf, um ein Schiff am Horizont sofort ausmachen zu können. Später zog er sich dann völlig in die Höhle zurück. Niemand weiß, was aus ihm geworden ist.«

»Wie muß er in diesem Loch gelitten haben!« Angelika war tief betroffen.

»Wenn ihr wollt, zeige ich euch die Überreste des Hauses von Christians einzigem Sohn. Ich kann nur nicht so schnell laufen.«

Auf dem Weg dorthin kamen wir an der Schule vorbei: einem schmalen, weiß getünchten Gebäude mit einem einzigen Klassenzimmer. Von seiner Veranda aus hatte man freien Blick auf den Ozean.

Der Nachmittagsunterricht hatte gerade begonnen. Als der Lehrer, von Neuseeland aus für ein paar Jahre nach Pitcairn versetzt, Angelika und mich eintreten sah, unterbrach er den Unterricht und stellte uns seine Schüler vor.

Nur zwölf Kinder saßen in den Bänken, vier davon gehörten zu Brians Familie. An der Wand hingen Zeichnungen vom »Bounty-Tag«. Angelika studierte jede einzelne und konnte sich nur schwer davon losreißen.

»Ich mache mir langsam Sorgen um die SOLVEIG«, mahnte ich.

So gingen wir mit dem alten Christian weiter, bis wir vor einem Holzhaus standen. Obwohl schon verfallen, war es weitaus solider gebaut und schöner in den Proportionen als die kümmerlichen Hütten der heutigen Einwohner. »Das ist das Haus von Christians Sohn. Er hieß Donnerstag Oktober«, erzählte der Alte.

Er war an einem Donnerstag im Oktober geboren worden. Ist dieser Name nicht ein Zeichen für die völlige Gleichgültigkeit, in die Fletcher Christian in seinen letzten Lebensjahren verfallen war?

Am Abend, als wir wieder auf unserem Boot saßen, sprachen wir noch lange über das, was wir an diesem Tag erlebt hatten: über die genügsamen Menschen auf der Meutererinsel, über ihre strenge Religiosität, die ihnen den Genuß von Alkohol und Zigaretten verbot. Zu tief saß noch der Schrecken über die Greueltaten, die vor zweihundert Jahren unter dem Einfluß des selbst gebrauten Branntweins hier verübt wurden. Die kleine Gemeinde, so hatte ich den Eindruck, hielt jetzt fest zusammen.

Brian erzählte auch, daß alle Güter, die durch Briefmarkenverkauf oder Holzschnitzereien erworben wurden, gemeinschaftlich genutzt oder aber auf dem Dorfplatz öffentlich verteilt wurden. Dort war eine Glocke aufgehängt, die alle Pitcairner zusammenrief. Verwaltung, Beratung und Abstimmungen spielten die wichtigste Rolle in ihrem Alltag, gaben ihrem Leben Form und Inhalt.

Sonst bot Pitcairn keine Annehmlichkeiten des modernen Lebens. Keinen Gaskocher, keinen Kaufladen, keine Bank, in der Regel nicht einmal genügend Wasser gab es hier.

»Woher kommt eigentlich der große Bulldozer, den wir gesehen haben? Der paßt doch nicht in das kleine Brandungsboot?« wunderte sich Angelika.

»Das ist eine tolle Geschichte, Brian hat sie mir erzählt. Der Bulldozer wurde von der britischen Luftwaffe nach Pitcairn geflogen und dann in einer abenteuerlichen Aktion mit dem Fallschirm abgeworfen. Eine beachtliche Leistung des Piloten! Das Problem war, daß sie nur eine sehr kleine, ebene Wiese besitzen, etwa 100 mal 100 Meter groß. Dort mußte der Fallschirm landen, sonst wäre das Gerät in die See gestürzt oder auf den Felsen beschädigt worden.« Welch ein Bild! dachte ich. Ein Bulldozer, der vom Himmel schwebt, und unten stehen gebannt die staunenden Insulaner!

Am nächsten Morgen, pünktlich um 10.00 Uhr, sahen wir Brian mit seinem Boot über die Wellen springen.

»Ich kümmere mich um die Kameras, denk du an die Geschenke«, sagte ich zu Angelika. »Wir müssen alles wasserdicht verpacken, heute ist die Brandung stärker als gestern!«

Wir hatten eine Menge Schinken- und Rindfleischkonserven, Knödelpulver und Schokolade eingepackt, sowie für Brian ein Schweizer Taschenmesser und für Eira ein Lederetui. Fleisch steht selten auf dem Speisezettel der Pitcairn-Leute. Ihre Religion verbietet zu üppigen Fleischgenuß, außerdem leben keine Rinder auf der Insel, lediglich ein paar Ziegen und Hühner konnten wir entdecken.

»Ist das eine Überraschung!« strahlte Eira, als wir, nachdem uns Brian in einer wilden Slalomfahrt auf die Insel gebracht hatte, aus der großen Plastiktasche die Geschenke auspackten. »Ich muß die Sachen schnell verstecken, bevor die Kinder kommen. Vor

Hier lebte Donnerstag Oktober Christian

Weihnachten wird nichts davon angerührt«, sagte sie mit einem strengen Blick für Brian, der die deutschen Etiketten der Konserven bereits eingehend studierte.

Den ganzen Vormittag streiften wir bei strömendem Regen durch den Ort und besuchten noch einmal Warren Christian.

Plötzlich kam Brian atemlos angelaufen. »Wenn ihr zum Boot zurück wollt, müssen wir sofort fahren«, keuchte er. »Ich komme sonst nicht mehr durch die Brandung!«

Als ich unten am Landeplatz die Brecher sah, wußte ich, was er meinte. Mir wurden die Knie weich.

»Nur einmal im Leben«, schwor ich, »fahre ich im offenen Boot durch eine solche Brandung!«

Und ich tat es auch nur, weil ich mußte. Brian steuerte das Schlauchboot mit seinem 50-PS-Motor sicher von Wellenkamm zu Wellenkamm, aber zum ersten Mal wortlos und bleich.

Wir atmeten tief durch, als wir nach zwanzig Minuten die Solveig hinter den Felsen auftauchen sahen, wild rollend, aber wohlbehalten.

Ein herzlicher Abschied, dann brauste Brian durch die tobende

Warren Christian

See zurück. Er hatte es eilig, denn die Brecher wurden von Minute zu Minute grimmiger.

Böiger Wind wehte von den Hügeln der Insel herab, verfing sich in der Takelage und ließ das ganze Boot zittern. Wenigstens fanden wir etwas Schutz vor dem groben Seegang, eingeklemmt in eine Ecke zwischen der Steilküste und zwei Felsen, die langgestreckt wie ein Löwe und sein Junges aus dem Wasser ragten und den Großteil der anstürmenden Wellen abfingen.

Dennoch lief genügend Dünung von der anderen Seite, um das Boot heftig rollen zu lassen: ein Ankerplatz, den man normalerweise fluchtartig verlassen hätte. Aber wir waren so erschöpft von unseren Landgängen und den vielerlei Eindrücken, daß ich mich nicht entschließen konnte, in einen möglicherweise drohenden Sturm hineinzusegeln.

In der Nacht stieg ich einige Male ins Cockpit und glaubte, die Felsen seien näher gerückt. Hielt der Anker nicht mehr richtig? Wurden wir abgetrieben? Doch es waren nur Täuschungen, Angstvorstellungen in der Finsternis. Meine Nerven spielten mir einen Streich. Am Morgen lagen wir noch an derselben Stelle wie tags zuvor.

Die pausenlose Anspannung seit der Fahrt durch den Panamakanal machte sich bemerkbar. Sieben Wochen auf See oder auf ungeschützten Ankerplätzen hatten an meinen Kräften gezehrt.

ZAUBER DER SÜDSEE

Wie lange brauchen wir noch bis Tahiti?« fragte Angelika beim Frühstück. Sie sehnte sich wie ich nach einem ruhigen Ankerplatz, auf dem wir endlich einmal schlafen und essen konnten, ohne uns dabei festhalten zu müssen.

»Von hier aus sind es nur noch tausend Seemeilen. Wir kommen auch allmählich wieder in den Passatbereich, bestimmt werden wir bald besseres Wetter bekommen und günstigen Wind«, erwiderte ich und entwickelte ihr gleich mein besonderes Vorhaben: »Auf der Route nach Tahiti liegt das Atoll Mangareva, die südlichste Insel der Tuamotus. Nur selten kommen Schiffe oder Yachten dorthin. Vielleicht erleben wir auf Mangareva ein Stück echtes Polynesien.«

Schnell räumten wir das Frühstücksgeschirr in die Pantry, und ich breitete die Seekarte auf dem großen Tisch aus. »Siehst du das Riff, das Mangareva wie eine Stadtmauer umschließt? Das Atoll mißt etwa dreißig Seemeilen im Durchmesser, und innerhalb des Walles liegen die einzelnen Inseln verstreut in der Lagune – wie farbige Blumen auf blauem Grund.«

Mangareva sollte tatsächlich unser erstes Südseeparadies werden.

Der 390-Seemeilen-Törn wurde zum reinen Sonntagssegeln, so daß ich ins Logbuch schrieb: »Das Traumwetter hält an. Wir lesen, schreiben, erfreuen uns am Anblick der See.« Schon nach drei Tagen leuchtete der weiße Brandungsstreifen des Riffs vor uns in der Sonne, und dahinter konnte ich die grünen Hügel der Inseln erkennen. Mit größter Aufmerksamkeit steuerte ich durch den Paß. Das Wasser war sehr flach, zwischen den Riffgärten nur etwa vier Meter tief, und es erforderte vollste Konzentration, die Fahrrinne zu finden.

Angelika kletterte auf den Sprossen bis zur Spitze des Besanmastes, da die Riffblöcke aus der Höhe leichter und vor allem früher zu erkennen sind. »Ein traumhafter Anblick, das blau und grün schimmernde Wasser!« rief sie begeistert von oben. »Halte etwas mehr nach Backbord!«

Noch zwei Kursänderungen – dann fiel der Anker vor dem Anleger des Dorfes Rikitea. Ich stellte den Motor ab. Um uns beglückkende Stille.

Angelika setzte sich neben mich ins Cockpit, legte ihre Beine auf die Bank gegenüber und sagte: »Das ist ja wie in Abrahams Schoß! Zum ersten Mal seit drei Monaten können wir uns auf dem Boot bewegen, ohne nachzudenken. Was meinst du, in welchen Tiefschlaf wir fallen werden!«

»Laß uns erst die Segel verstauen und das Schlauchboot aufpumpen, dann gehen wir an Land und sehen, wo wir einklarieren können«, antwortete ich. Trotz meiner aufkommenden Müdigkeit war ich noch voller Unternehmungslust und neugierig, das polynesische Inselchen kennenzulernen.

Im hellsten Sonnenschein wanderten wir von der kleinen Pier aus durch das Dorf, bis wir die Polizeistation fanden, und meldeten uns bei dem freundlichen Gendarmen. Er sprach französisch, und in wenigen Minuten waren die Formalitäten erledigt. Dann lud er Angelika und mich zu einem Glas Fruchtsaft ein, erkundigte sich nach unserer Fahrt und ob wir Lebensmittel brauchten.

Ich überlegte. »Ein paar Eier würde ich gern kaufen – und Brot natürlich.«

»Brot wird morgen gebacken, um elf Uhr können Sie es da drüben holen«, er zeigte auf ein Haus gegenüber. »Aber Eier gibt es hier nicht zu kaufen. Die Leute bringen es nicht übers Herz, ihre Hühner einzusperren. Sie lassen sie frei herumlaufen, und dann findet keiner mehr die Eier. Wieviel brauchen Sie denn?«

»Ein Dutzend vielleicht«, antwortete ich.

»Ein Dutzend? Das ist kein Problem, die habe ich im Kühlschrank. Aus Tahiti, mit dem Flugzeug angeliefert! Das kommt einmal die Woche.« Er wandte sich um, ging in die Küche und reichte mir die Schachtel mit der kostbaren Ware.

Ich wollte bezahlen. »Was bin ich schuldig?«

»Nichts, nichts! Wenn Sie mehr brauchen, kommen Sie nur wieder. Ich wünsche Ihnen eine schöne Zeit hier, bleiben Sie, solange Sie wollen!«

Ich bedankte mich freudig, und wir verabschiedeten uns. Was für ein Empfang!

»Siehst du, das ist Polynesien, die Gastfreundschaft und der Charme der Südsee«, begeisterte ich mich, als wir wieder auf die Straße traten.

Hunderte von Blumen der verschiedensten Art leuchteten aus grünen Gärten, Tiare-Blüten verströmten ihren berauschenden Duft. Zu beiden Seiten der Dorfstraße standen hinter Büschen und Bäumen die mehr oder weniger komfortablen Häuser der einheimischen Familien. Hier gab es keine Armut, auch keine aus Palmblättern geflochtenen Hütten. Die Zivilisation war schon seit langer Zeit nach Mangareva vorgedrungen und von der Bevölkerung angenommen worden. Dennoch fanden wir keinen Kaufladen. Jede Art von Handel ist den Polynesiern zuwider, und Chinesen, die auf den meisten anderen Inseln die Geschäfte betreiben, hatten sich auf Mangareva nicht angesiedelt.

Wir kamen auf unserem Rundgang zu einem Gebäude, das unsere Aufmerksamkeit erregte. Ich blickte in die offenen Fensterhöhlen und wandte mich dann zu Angelika um. »Sieh mal, ein richtiges zweistöckiges Haus aus Stein, wie in Europa. Aber es ist leer und unbewohnt. Was mag es für eine Geschichte haben?«

Nur ein paar hundert Schritte weiter standen wir vor einer großen Kirche, einer Kathedrale – ebenfalls aus Stein gemauert –, so groß, als ob ein mittelalterlicher Bau von Frankreich verschifft und hier wieder errichtet worden wäre.

Wir erhielten die Erklärung am nächsten Tag aus dem Munde eines deutschen Fremdenlegionärs, der nach seiner Pensionierung in eine Familie auf Mangareva eingeheiratet hatte.

»Auf dieser Insel«, erzählte er uns, »haben es die Missionare besonders schlimm getrieben. Unter der Leitung eines gewissen Pater Laval, der von 1884 bis 1871 auf Mangareva herrschte, wurde die riesige Kathedrale St. Michèle mit 1200 Sitzplätzen erbaut. Ebenso entstand ein Kloster für junge Mädchen – ihr habt die Ruine gesehen. Diese schwere Arbeit, die von den Einheimischen gefordert wurde und die ihnen bis dahin unbekannt gewesen war, forderte unzählige Opfer, vor allem durch Lungenkrankheiten. Denn die Polynesier holten sich Erkältungen in der kühlen Luft der Steinhäuser. Tägliche Fronarbeit für den neuen Gott, die

zunächst begeistert, später nur noch verbittert und unter Andro-
hung schwerster Strafen geleistet wurde, brachte fast der gesamten Bevölkerung den Tod. Als Pater Laval 1871 schließlich abgelöst wurde, waren von 4000 Menschen, die er ›bekehrt‹ hatte,
noch ein paar hundert am Leben.«

Fritz, so hieß der Fremdenlegionär, war ein Aussteiger besonderer Art. Zunächst einmal hatte er sich aus Abenteuerlust zur
Fremdenlegion gemeldet. Nach seiner Entlassung versuchte er
einen neuen Anfang in Deutschland, verließ aber die Heimat zum
zweiten Mal und zog sich auf eine Insel im Pazifik zurück: nach
Mangareva. Eine Insel, die ziemlich genau dem entspricht, was
sich der gehetzte, zivilisationsmüde und von Zukunftsängsten ver-
unsicherte Europäer als Südseeparadies erträumt: keine Autos,
keine Fabrik, kein Lärm, kein Gestank, keine Zeitung. Dafür
aber ewiger Sommer, reiche Vegetation, weiße Strände, sauberes
Wasser, gesicherte Versorgung mit allem Notwendigsten, einschließlich Kühlschrank und Hi-Fi-Anlage, freundliche Menschen...

War er nun glücklich?

Seine Abenteuerlust, sein Fernweh, sein Bedürfnis, besondere
Leistungen zu erbringen – kurz all das, was ihn einst in die Legion
trieb, hatte er als schweres Gepäck auf die stille Insel mitgenommen. Hier gab es kein Abenteuer mehr. Es gab keine Reisen
mehr. Und – es gab keine Leistung mehr.

Umgeben von Menschen, denen der tropische Alltag mit Ernten, Essen und Schlafen genügte, wurde in ihm jeglicher Unter-
nehmungsgeist unterdrückt. Fritz hatte die Hoffnung aufgegeben,
daß sich sein Leben in Zukunft noch einmal ändern könnte, denn
dazu fehlten ihm die finanziellen Mittel. Der bloße Gedanke an
Deutschland trieb ihm Tränen in die Augen.

Wir schenkten ihm zum Abschied Konserven mit Königsberger
Klopsen, Rouladen, Hackbraten und eine Fertigpackung Sem-
melknödel. »Das werde ich gleich verstecken, wenn ich nach
Hause komme. Denn jedes Wochenende besucht uns die Familie
meiner Frau, und am Montag ist der Kühlschrank dann leer«,
sagte er und lächelte mühsam. »Habt vielen Dank und grüßt
Deutschland von mir!«

Mangareva wäre eine Insel gewesen, auf der wir uns gewünscht

Mangareva: steinernes Kastell aus der Zeit des berüchtigten Pater Laval

hätten, drei Wochen zu bleiben – um unbewohnte kleine Inseln anzusteuern, zu ankern, Strände zu genießen und uns die Früchte von den Bäumen zu holen. Wollten wir aber wie geplant in zwei Jahren um die Welt segeln, mußten wir spätestens Ende Juni in Tahiti eintreffen.

Während der drei Tage Liegezeit hatte ich zwei Kuchen gebakken. Einen behielten wir für die Überfahrt, den anderen nahm ich bei der Ausklarierung mit zum Gendarmen. »Das ist aus Ihren Eiern geworden«, sagte ich, »ein englischer Teekuchen. Hoffentlich schmeckt er Ihnen.«

Er freute sich. »Warten Sie, ich habe noch etwas für Sie!« Er öffnete die Schranktür und holte einen großen Korb Früchte und ein Päckchen heraus. »Da drin sind Muscheln, die nur hier in der Lagune vorkommen«, sagte er mit Stolz. »Zur Erinnerung an Ihre Tage auf Mangareva!« Damit überreichte er uns den von seiner Frau geflochtenen Korb, gefüllt mit einer Staude Bananen, mit Orangen, einer riesigen Papaya und Pampelmusen, so groß wie Kohlköpfe. Ein echt polynesischer Abschied!

Zuletzt führte er mich zu einer großen Seekarte an der Wand seiner Polizeistation. »Sehen Sie, hier liegt Mangareva, und da, keine zweihundert Seemeilen entfernt, das Mururoa-Atoll, wo die Atombombenversuche stattfinden. Mangareva gehört zur äußeren Sperrzone.« Er zeigte auf ein großes, rosa eingefärbtes Feld. »Sie sind ohne Genehmigung in dieses Sperrgebiet gesegelt, das macht aber nichts. Ich muß Ihren Aufenthalt nach Tahiti melden, aber Sie haben nichts zu befürchten. Doch möchte ich Sie dringend davor warnen, auf der Weiterfahrt nach Tahiti in den inneren Sperrbereich von Mururoa einzulaufen.« Jetzt zeigte er mir das dunkelrot gefärbte Gebiet, das sich dreißig Meilen rings um das Atoll erstreckte. »Sie könnten große Schwierigkeiten bekommen, die Einfahrt ist streng verboten!«

»Ich habe nicht vor, ausgerechnet Mururoa zu nahe zu kommen«, sagte ich und bedankte mich für seine Information.

Als wir den Anker aufholten, standen der Gendarm und Fritz am Landeplatz und winkten. *»Au revoir* – auf Wiedersehen!« hörten wir sie rufen. Ob wir Mangareva noch einmal wiedersehen? Ich fürchte nein.

Aber als ich damals Tahiti im September 1976 verließ, hatte ich auch geglaubt, es sei ein Abschied für immer. Und jetzt, so rechnete ich mir aus, würden wir wohl in acht bis zehn Tagen an der Uferstraße von Papeete festmachen.

Die Tropensonne stand hoch am Himmel. Angelika war wieder auf den Mast geklettert und wies mir die Richtung des Fahrwassers zwischen den Korallen, bis ich den Paß durch das Riff gefunden hatte.

Von dem Augenblick an, da wir die Lagune verlassen hatten, lenkte ich mein ganzes Augenmerk auf die Umfahrung von Mururoa. In jeder Logbucheintragung ist das Atoll erwähnt, das genau in unserer Richtung lag und mich zu ständigen Kursänderungen zwang. Wegen der wechselnden Windrichtungen fiel mir die Entscheidung schwer, nach welcher Seite ich ausweichen sollte. Wie hypnotisiert starrte ich auf den länglichen Kreis in der Seekarte, dem wir uns näherten. Und dann war es auf einmal zu spät!

Der Wind hatte wieder gedreht, und ich wußte, jetzt mußten wir mitten durch die rote Sperrzone segeln. Nicht daß ich wirklich Angst hatte, aber wohl war mir nicht in meiner Haut.

»Der Wind ist so schwach geworden, daß wir kaum mehr Fahrt machen«, rief ich Angelika zu. »Ausgerechnet hier komme ich nicht weiter, am Rande des Sperrgebiets!« Es war zum Verzweifeln.

»Was kann uns denn passieren?« fragte sie zurück.

»Keine Ahnung. Vielleicht kommt ein Schnellboot der Marine zum Kontrollieren. Vielleicht bemerken sie uns auch gar nicht. Wir brauchen nur etwas stärkeren Wind, dann sind wir bald an Mururoa vorbei.«

»Willst du nicht Kurs ändern?«

»Nein, auf keinen Fall, dann würden wir ja zurücksegeln. Ich lasse das Boot weiter nach Westen laufen, morgen haben wir die Sperrzone dann schon hinter uns.«

Ich schlief ruhig und tief in dieser Nacht.

Am Morgen fragte Angelika: »Hast du das Flugzeug gehört?«

Ich war verblüfft. Sollte ich so fest geschlafen haben? Aber ich hatte nichts gehört.

»Ich erwachte von Motorenlärm, stand auf und stieg ins Cockpit«, berichtete Angelika. »Da sah ich die Lichter eines Flugzeugs. Es kam zurück und heulte dicht über unsere Masten. Das war vielleicht unheimlich! Mit Scheinwerfern leuchteten sie das Boot an.« Angelika kroch aus ihrer Koje und setzte sich neben mich.

Und ich hatte selig geschlafen! Ich wollte noch etwas sagen, da hörte ich nun selbst das Brummen von Motoren. »Du, die kommen wieder! Die wissen genau, wo wir sind!«

Eine viermotorige Maschine raste im Tiefflug auf SOLVEIG zu, donnerte nur wenige Meter über die Mastspitzen, kehrte um, überflog nochmals das Boot und verschwand kurz darauf in den Wolken.

Ich war besorgt. »Die kennen jetzt unsere Position und schicken uns am Ende wirklich ein Kriegsschiff auf den Hals!«

»Vielleicht«, meinte Angelika. »Aber wir haben nichts zu verbergen, laß sie kommen!«

Bis zum Abend hatten wir die verbotene Zone wieder verlassen, waren aber noch zweimal von Flugzeugen beobachtet worden. Ich dachte mit Sorge an die Einklarierung in Tahiti. »Vielleicht müssen wir dort eine hohe Strafe zahlen. Ob sie mich am Ende noch einsperren?« grübelte ich.

Der Wind hatte sich fast gänzlich zur Ruhe begeben. Mit schlagenden Segeln rollte die SOLVEIG auf der trägen Dünung. Das Material wird in der Flaute mehr beansprucht als bei einer kräftigen Brise. Die Bäume sind ständig in Bewegung, weil der Wind zu schwach ist, sie auf einer Seite zu halten. Bolzen und Splinte, Schäkel und Ösen werden abgeschliffen. Segel schamfilen an der Saling, Nähte lockern sich oder reißen durch das Schlagen des schweren Tuches.

»Wollen wir die armen Segel nicht lieber bergen? Ich kann das Gestöhne der Schoten und Blöcke nicht mehr ertragen!« Angelika fühlte den Verschleiß des Materials, und auch mich quälte die enorme Belastung des gesamten Riggs. Trotzdem entgegnete ich: »Wir segeln noch immer, machen unsere zwei bis drei Knoten. Wann sollen wir ankommen, wenn ich jetzt das Boot ohne Segel driften lasse?« Wo blieb nur der Passat? Geduld! Er würde schon kommen. Über fünftausend Seemeilen hatten wir seit Panama zurückgelegt, seit drei Monaten keine Post erhalten, kein Telefongespräch geführt. Der Ozean war für uns eine Art Heimat geworden, der Zeitbegriff war verlorengegangen, und alle Sorgen, die mit der Zivilisation zusammenhingen, waren in weite Ferne gerückt.

Vielleicht hatte ich auch deshalb den Zwischenfall bei Mururoa so schnell vergessen. Jedenfalls träumte ich gelöst von einem Tag zum anderen. Wir lebten auf der SOLVEIG wie in einer schwimmenden Oase, niemand konnte uns erreichen, keine Termine bestimmten den Tagesablauf. Nur den Naturgewalten hatten wir uns anzupassen. Je stiller der Ozean, desto stärker empfand ich die Weite, machte mir Gedanken über die Unendlichkeit von Raum und Zeit, in der wir nur unsere kleine Existenz als Wirklichkeit empfanden.

Angelika las viel an Deck oder im Cockpit. Fontane, E. T. A. Hoffmann und Meyrink tauschten wir aus. Wenn es draußen zu heiß wurde, kam sie zu mir in die Kajüte.

Wir leisteten uns täglich zwei Mahlzeiten, und einmal unterzog ich mich der mühsamen Aufgabe, im schaukelnden Boot einen Kuchen zu backen. Die Kuchenstücke teilten wir später genau ein, die Teestunde wurde ein wichtiges Ereignis. Jedes gemeinsame Essen war ein Höhepunkt in dem sonst eintönigen Tagesablauf.

Am 17. Juni brachte uns zunehmender Wind das Ende der be-

Traditioneller Erdofen der Südseeinsulaner

sinnlichen Tage. Dem Wind folgte Regen, und da die Hitze blieb, wurde es schwül, die Luft zum Schneiden dick. Atmen erfrischte nicht, sondern ermüdete. Wir dachten nur noch an Tahiti.

Ich schwärmte Angelika vor: »Tahiti hat hohe Berge, über tausend Meter hoch, deshalb weht nachts ein kühler Wind von den Höhen herab durch die Täler. Die Luft in den Morgenstunden ist frisch und wird nach Sonnenaufgang mit dem Duft der Wälder und unzähliger Blüten gewürzt. Man kann Tahiti schon auf hundert Meilen Entfernung von See aus riechen!«

Solche und andere Verheißungen ließen Angelikas Erwartungen und ihre Vorfreude ins Unermeßliche steigen. Ja, ich versetzte mich durch meine Schilderungen selbst in eine Art Rausch.

Der 18. Juni sollte unser letzter Tag auf See sein. Selbst strömender Regen, der uns jede Sicht nahm und die Welt in trübes Grau verwandelte, vermochte unsere Stimmung nicht zu beeinträchtigen. Vielleicht wurde ich zu übermütig, zu sorglos, denn in der letzten Nacht – wir konnten die Küstenlinie von Tahiti zeitweilig schon erkennen – zog ich mir eine Verletzung zu.

Der Wind hatte in einigen Böen fast Sturmstärke erreicht. Ich stand am Ruder und schrie Angelika auf dem Vorschiff zu: »Versuch die Fock zu bergen, es weht zu hart! Ich nehme lieber den Motor!«

In diesem Augenblick änderte der Wind, von den nahen Bergen beeinflußt, plötzlich seine Richtung. Der Baum schlug über meinem Kopf auf die andere Seite, ich packte die Schot, um das Segel zu halten – vergebens –, der Tampen verdrehte meine Hand, riß sie nach hinten. Ein stechender Schmerz im Gelenk, mir wurde schwarz vor Augen – da wußte ich, ich würde die rechte Hand so bald nicht mehr benützen können. Mein Ärger über mich selbst war größer als der Schmerz. Ich blieb weiter am Ruder und erzählte Angelika erst später, was geschehen war.

Als die Morgensonne ihre ersten Strahlen über den Wolkenrand schickte, der noch immer dicht über der Kimm lag, leuchteten uns die grünen Berge Tahitis wie ein Märchenland entgegen. Ich breitete die Arme aus und lachte nur: »Da! Da liegt Tahiti!«

Angelika bekam feuchte Augen. Alle Mühen, auch die verletzte Hand, waren in diesem Augenblick vergessen.

Die Sonne stand schon hoch am Himmel, als wir auf die Hafeneinfahrt von Papeete zusteuerten, die eigentlich nichts anderes ist als eine Öffnung im Küstenriff. Mit atemloser Spannung beobachtete Angelika jede Einzelheit an der Küste. Ich deutete mit der Hand über den Bug. »Da vorn wird jetzt die Landebahn des Flughafens sichtbar, sie ist auf dem breiten Riff in der Lagune erbaut worden.« Jedes Gebäude erkannte ich wieder, es war für mich die Rückkehr an einen wohlbekannten Ort, an dem ich auf meinen Reisen schon viele Monate verbrachte hatte.

»Hier ist die Einfahrt!« rief ich, als ich das Ruder nach Backbord legte und Kurs auf die Mitte des Hafens nahm. »An Steuerbord siehst du einen kleinen Kirchturm zwischen den Bäumen, dort ist der Boulevard Pomare, an dem Yachten liegen. Da sollten wir festmachen!«

»Ob wir noch einen Liegeplatz finden?« zweifelte Angelika. »Die Yachten liegen dicht eine neben der anderen!« Sie zeigte auf die lange Reihe von Booten, große und kleine in den verschiedensten Farben, von Knallrot und Gelb bis Grün und Schwarz.

Doch ich war zuversichtlich. »Wir werden schon ein Plätzchen finden. Der Nationalfeiertag und damit die großen Feste in Tahiti beginnen erst am 14. Juli, in drei Wochen. Dann allerdings gibt es nicht die kleinste Lücke mehr.«

Es wäre nicht angenehm gewesen, wenn wir mitten im Hafen hätten ankern müssen. Frachter, Barkassen und vor allem die schnellen Fährschiffe nach Moorea und Bora Bora fahren dicht an den Ankerplätzen vorbei und bringen mit ihren Wellen die Yachten in heftige Bewegung, so daß Teller und Gläser vom Tisch fliegen.

Angelika hatte begonnen, die dreißig Meter langen Festmacher an Deck bereitzulegen. Die Segel waren schon aufgetucht und auf den Bäumen festgezurrt, die Fock lag aufgerollt in ihrem Beutel zwischen Deckshaus und Mast. Ich nahm etwas Gas weg und drehte in langsamer Fahrt zwei Runden an der Uferpromenade. Wir hatten Glück: Zwischen einem Spitzgatter, einem Holzschiff im Oldtimer-Stil, und einer weißen amerikanischen Yacht fand ich eine ausreichend breite Lücke.

»Laß den Anker fallen!« Ich gab das Kommando, nachdem ich unser Boot in die richtige Position gebracht hatte, um mit dem Heck voraus in den freien Platz hineinzumanövrieren. Mit dem Schlauchboot brachte Angelika dann drei Festmacher ans Ufer und belegte sie auf großen Pollern, die neben der Straße angebracht sind.

»Sind die Knoten fest?« rief ich.

»Ja, du kannst ziehen!« kam die Antwort.

Zug um Zug holte ich die Leinen dicht, bis sich die Ankerkette spannte.

Angelika pullte mit dem Dingi zurück und kletterte an Bord. »Wann gehen wir an Land? Ich bin so neugierig auf die Stadt!« Sie war ebenso ungeduldig wie ich.

»Wir müssen uns nur umziehen, alle anderen Arbeiten haben Zeit!« beschloß ich und fand sofort ihre Zustimmung.

Die verschmutzte Segelkleidung wanderte ins Vorschiff, wo schon ein ganzer Sack mit schmutziger Wäsche lag. »Morgen sollten wir eine Wäscherei suchen«, schlug ich vor, aber Angelika entgegnete: »Ich wasche lieber an Bord mit der Hand. Von jetzt an haben wir doch genug Süßwasser. Schließt du nicht den Schlauch an?«

»Ja, nachher besorge ich gleich ein Verbindungsstück. Drüben auf der Wiese habe ich schon einen Wasseranschluß gesehen.«

In frischer Kleidung stiegen wir ins Schlauchboot und zogen uns an den Festmachern die fünf Meter zum Ufer. Das heißt – wir wollten uns ziehen! In unserer Ungeduld hatten wir nur unser kleines Dingi aufgeblasen, das keinen festen Holzboden besitzt. Als Angelika nach mir auf die Ufersteine klettern wollte, verlor sie das Gleichgewicht, und das Dingi drehte sich um. Hilflos mußte ich zusehen, wie sie im schmutzigen Hafenwasser verschwand, kurz darauf wieder auftauchte und dann keuchend über die glitschigen Steine ans Ufer kletterte.

»Dein Vorschlag mit der Wäscherei war doch nicht so schlecht«, sagte sie bedächtig.

Als sie so vor mir stand, von oben bis unten triefend vor Nässe, konnte ich das Lachen nicht mehr unterdrücken. »Tahiti hat dich getauft!«

Angelika lachte ebenfalls und hatte es nun sehr eilig, sich mit dem Dingi zur SOLVEIG zurückzuziehen, um dort trockene Sachen überzustreifen.

Zehn Minuten später kletterten wir dann gemeinsam über die steile Böschung zur Straße.

»Hier geht's ja zu wie in Schwabing!« staunte sie. »Und was für eine Blütenpracht!«

»Jeder pflückt sich die Blüten, die ihm gefallen. Am nächsten Tag sind wieder zehnmal so viele nachgewachsen«, sagte ich voll Freude, denn jetzt war ich wirklich nach Tahiti zurückgekehrt. Ein Gefühl der Vertrautheit erwachte. Selbst der Verkehr, der sich schon vor Jahren auf Tahitis einziger Uferstraße gestaut hatte, rollte unverändert in dichten Reihen.

Wir schlenderten auf der Promenade entlang, vorbei an den bunten Yachten, die wie SOLVEIG mit dem Heck zum Ufer lagen. In der Banque de Tahiti wechselten wir Dollars in Pacific Francs, und dann suchte ich das kleine Lebensmittelgeschäft, in dem ich früher die knusprigen Baguettes und herrliche Steaks gekauft hatte. Schließlich fanden wir einen Betonbau, der an der Stelle des ehemals bescheidenen Ladens errichtet worden war: ein großer Supermarkt! Und mit der entsprechenden Auswahl an frischen Lebensmitteln und besten französischen Konserven. Hungrig griffen wir in die Regale, packten frisches Brot, Butter, Käse, Eier, Milch, Steaks und Wein in unsere Beutel.

»Ich könnte mich allein an den frischen Baguettes satt essen«, schwärmte Angelika, als sie eine halbe Stunde später die Steaks auf der Pfanne wendete. Von der meterlangen Weißbrotstange war nur mehr ein kleiner Rest übrig.

»Nimm mir mal den Teller ab«, bat sie und reichte ihn ins Cockpit herauf. »Hast du schon das Sonnensegel ausgespannt? Die Steaks sind gleich fertig!«

Mir lief das Wasser im Mund zusammen. Unser erstes frisches Fleisch seit drei Monaten!

»Ich komme mir vor wie in einem Café auf der Leopoldstraße«, schwärmte Angelika. Wir saßen uns im Cockpit gegenüber, jeder mit seinem Steak beschäftigt. »Also, wenn *ich* auf der Promenade entlangginge, würde ich uns beneiden«, fuhr sie fort. »Eine Wohnung auf dem Wasser mit Blick auf Moorea und Hafen. Wenn das nichts ist!«

»Nach dem Essen müssen wir erst mal zum Zoll und zur Polizei«, warf ich vorsichtig ein, um die gute Stimmung nicht zu verderben.

Ich dachte dabei an meine »unerlaubte Sperrzonenüberschreitung« vor Mururoa und die möglichen Folgen, falls eine Meldung vorlag. Die Polizeistationen aller Inseln Französisch-Polynesiens geben täglich über Funk ihre Berichte an die Zentrale in Tahiti. Extratouren von Seglern, Waffenverkäufe an die Einheimischen, Schlägereien oder schlichtes Wildern ziehen bei der Ankunft in Papeete sofortige Verhöre nach sich. Es folgt dann, je nach Lage der Dinge, eine Verwarnung oder die Ausweisung. Damit die Kosten für den Rücktransport in die Heimat nicht von der Verwaltung getragen werden müssen, hat jeder Fremde bei der Einreise ein Rückflugticket vorzuweisen oder eine entsprechende Summe auf der Bank zu hinterlegen.

Wir machten uns auf den Weg, diesmal Richtung Handelshafen, wo sich der kleine Kiosk der Behörden befand. *Douane* stand in ungelenker Schrift auf der Tür.

Die »Akte SOLVEIG« mit den Eintragungen meiner vorherigen Aufenthalte war sofort zur Hand, und wir erhielten ein Visum für drei Monate. Angelika sah mich an und zwinkerte. Kein Wort von

Die Tahitianerin Parmella

192

Mururoa! Auf dem Rückweg war unsere Stimmung noch um ein Grad besser. Wir waren nun frei, uns auf Tahiti und allen Nachbarinseln nach Belieben aufzuhalten.

In einem Café leisteten wir uns zwei Stück Kuchen, eingepackt von einer bildhübschen Verkäuferin mit schwarzen langen Haaren, die bis zur Hüfte reichten. Der Preis des Kuchens sei höflich verschwiegen, dafür konnte er aber jedem Vergleich mit deutschem Konditorkuchen standhalten.

Lange und gut schlief ich in dieser ersten Nacht im geschützten Hafen. Als ich am Morgen aufwachte, empfing mich Angelika mit einem gedeckten Frühstückstisch.

»Du bist schon auf?« wunderte ich mich und rieb mir den Schlaf aus den Augen.

»Daß du bei dem Straßenlärm hast schlafen können!« staunte sie. »Bis lange nach Mitternacht rollen hier Autos und Motorräder nur wenige Meter hinter unserem Heck vorbei. Ich habe die ganze Nacht nicht ein Auge zugetan.«

»Wahrscheinlich brauchst du länger, um dich an den ungewohnten Geräuschpegel zu gewöhnen«, tröstete ich. Aber Angelika war so fröhlich und unternehmungslustig, daß sie meinen Trost gar nicht brauchte. »Ab heute sollten wir SOLVEIGS Reparaturen in Angriff nehmen«, begann sie zu planen. »Um so mehr Zeit bleibt uns dann auf den Ankerplätzen in Moorea.«

Meine Liste konnte sich inzwischen sehen lassen:
Große Motordurchsicht,
neuen Wärmetauscher bestellen und einbauen,
Entrostung, neue Farbe aufspritzen, Düsen nachmessen,
Pumpendichtungen, evtl. neue Süßwasserpumpe montieren,
Getriebeöl,
Barograph-Batterie erneuern,
Kompaß justieren,
Lichtschalter für Instrumente und Ankerlicht neu schalten,
Leselampe über dem Kartentisch einbauen,
Deck abdichten und achteres Schapp,
Mastrutscher fetten und Bolzen nachsehen,
Windschutzscheibe reinigen und dichten,
Winschen zerlegen und fetten,
Schlauchbootboden abdichten,

Echolot auf eigene Leitung legen,
Herd entrosten – Thermometer und Neigungsmesser
montieren,
Ladezentrale fertig montieren – Uhr montieren,
Bilgepumpe und Salzwasserpumpe: Schläuche verlegen,
Moskitonetz besorgen,
Bilge auswaschen, Deck einölen, Außenhaut waschen ...

Angelika fühlte sich nach einem Jahr auf See mit SOLVEIG so verwachsen, daß sie auf dem Boot weit lieber arbeitete als in irgendeiner Wohnung an Land.

Zehn Tage vergingen. Erst ein knappes Drittel meiner umfangreichen Liste war gestrichen.

Seit langem – genauer: seit Mangareva – spukte eine Idee in meinem Kopf, mit der ich Angelika überraschen wollte, sobald ich eine Möglichkeit sah, sie zu verwirklichen. Angefangen hatte alles bei einem Gespräch mit ihr während einer Teestunde am vorletzten Tag in Mangareva.

»Wir können nicht länger als vierzehn Tage in Tahiti bleiben«, sagte ich damals, »sonst erreichen wir nicht rechtzeitig vor dem Monsunwechsel den Indischen Ozean.«

Betroffen hatte sie mich angeschaut und dann gefragt: »Ist das dein Ernst? Bringst du es tatsächlich fertig, ein Jahr um die halbe Welt zu segeln und dann nur zwei Wochen auf Tahiti zu bleiben?«

»Ich muß!« gab ich zur Antwort. »Wenn wir wie geplant im nächsten Frühjahr in Deutschland ankommen wollen, bleibt uns keine andere Wahl. Die Reparaturen nach der Kenterung, die Osterinsel und Pitcairn haben meinen ursprünglichen Zeitplan durcheinandergebracht.«

Angelika hatte darauf nichts mehr erwidert, aber ich spürte ihre Enttäuschung. Und ich konnte sie so gut verstehen, denn gerade ich hatte ihr ja von den polynesischen Inseln vorgeschwärmt. Auf der Überfahrt nach Tahiti brachte ich das Thema nicht mehr zur Sprache, bastelte aber heimlich an einem neuen Plan. In Papeete holte ich die dafür notwendigen Erkundigungen ein, und am Morgen des 5. Juli rückte ich schließlich mit meiner Idee heraus.

»Was hältst du davon«, begann ich nach dem Frühstück in möglichst gleichgültigem Tonfall, »wenn wir bis August auf Tahiti und den umliegenden Inseln bleiben?«

Angelika schaute mich verwirrt an. »Warum fragst du mich das? Du weißt doch, daß uns keine Zeit mehr dafür bleibt.«

»Vielleicht doch«, schmunzelte ich. »Wir segeln die Route wie vorgesehen, aber erst im August zu den Vanuatu-Inseln, bleiben dort ein bis zwei Monate, und dann segeln wir nicht über den Indischen Ozean nach Europa, sondern gegen den Passat wieder nach Tahiti. Wir lassen die Solveig hier liegen, fliegen im Frühjahr nach Deutschland zurück, und nach zwei Jahren setzen wir die Reise fort bis nach Alaska.«

»Das heißt, wir verlängern unsere Weltumsegelung? Ich bin dabei!« Angelika war begeistert. Der Zauber der Südsee hatte sie voll in seinen Bann gezogen. Wie zur Bestätigung fuhr auf der Straße gerade ein Omnibus mit singenden Mädchen vorbei.

»Also, dann ist die Sache abgemacht.« Ich lachte meinen Matrosen dankbar an. Wir hatten uns auf der ganzen Reise so wunderbar verstanden, daß ich sicher gewesen war, für diesen folgenschweren Plan mit ihrer Zustimmung rechnen zu können.

Ich schwang mich den Niedergang hinunter, holte eine Karte vom Pazifik und breitete sie auf dem Tisch aus. Angelika war ebenfalls in die Kajüte heruntergestiegen und vertiefte sich zusammen mit mir in die Seekarte.

»Weißt du«, erklärte ich, »diese Idee geht mir schon lange durch den Kopf. Wir wollten doch ohnehin später einmal vier Jahre im Pazifik segeln. Warum also nicht nach einer Unterbrechung von Tahiti aus?«

»Wenn wir das Boot so lange hier lassen, wer kümmert sich dann darum?« fragte sie nachdenklich.

Ich war zuversichtlich. »Auf Moorea wohnen meine Freunde Anne und Helmuth Hörmann. Vielleicht sind sie bereit, die Solveig unter ihre Fittiche zu nehmen.«

Von nun an gab es für uns nur noch ein Gesprächsthema: die neue Planung und die damit zusammenhängenden Fragen. Eine Menge Probleme und Schwierigkeiten würden auf uns zukommen, aber wir hatten uns damit Zeit erkämpft. Zeit für einen längeren Aufenthalt im Südpazifik!

Am Tag vor meinem Geburtstag stand ein flott gekleideter Herr in buntem Tropenhemd und mit einem riesigen Strohhut auf dem Kopf am Ufer: Helmuth Hörmann! Angelika und ich kletterten ins Dingi, ich fiel Helmuth um den Hals. Wir hatten uns vor acht Jahren an derselben Stelle verabschiedet, als ich meine Weltumsegelung in der kleinen Solveig III nach Westen fortsetzte und er mit seiner Frau Anne für unbestimmte Zeit auf Tahiti blieb.

Helmuth lud uns zu einer Pizza ein, und dabei gab es eine Menge zu erzählen über Erlebnisse und Wendepunkte unseres vergangenen Lebensabschnitts. Schließlich kam auch das Thema Solveig und unsere neue Reiseplanung zur Sprache.

Ohne langes Besinnen sagte Helmuth: »Mein Lieber, ich habe mir geschworen, nie mehr die Aufsicht über ein Boot zu übernehmen. Mit dieser undankbaren Aufgabe habe ich zu viele Enttäuschungen erlebt. Aber eure Solveig – und das ist ein Versprechen – werde ich betreuen, als ob es mein eigenes Schiff wäre.«

Angelika und ich waren überglücklich, unser großes Problem mit einem Schlag gelöst zu sehen. »Ich werde dir diese Freundestat nie vergessen«, versprach ich Helmuth.

Zwei Wochen später ankerte Solveig in der Cooks Bay von Moorea. Wir schwammen im glasklaren Wasser der Lagune, unternahmen zusammen mit Helmuth Streifzüge in die feuchte Wälder der tropischen Insel, hockten abends stundenlang im Cockpit und lauschten den melodiösen, sehnsüchtigen Gesängen der Einheimischen.

Am 1. August schließlich holten wir den Anker auf – leichten Herzens, wußten wir doch, es war kein Abschief für immer. Voller Erwartung, was wir in den dreitausend Seemeilen entfernten Vanuatu-Inseln erleben würden, steuerten wir auf die offene See.

HOCHZEIT AUF AMBRYM

Es gibt auf den Pazifikinseln nur noch wenige Naturvölker. Dazu gehören mehrere Stämme der Papuas in Neuguinea, das eine oder andere Dorf in den Salomonen und zwei Dörfer in den Vanuatus.

Vanuatu ist die neue Bezeichnung für eine über tausend Kilometer lange Kette von Inseln, die ein paar Jahrhunderte lang in europäischen Atlanten unter dem Namen Neue Hebriden zu finden war.

An den mit dichtem Regenwald bedeckten, gebirgigen Inseln hatten die europäischen Großmächte nur geringes wirtschaftliches Interesse. Um aber kein Niemandsland zu schaffen, wurde die Gruppe einer gemeinsamen französisch-britischen Verwaltung unterstellt, die erst 1980 nach der Machtübernahme durch die Unabhängigkeitsbewegung ihr Ende fand.

Etwa 100000 Menschen leben auf den 80 Inseln, die meisten in kleinen Dörfern im Busch oder in etwas größeren Siedlungen an der Küste. Nur einen geringen Teil der Einwohner zog es bisher in die stark europäisierte Hauptstadt Vila.

Belastet mit ihrer an Geschichten und Märchen, an Abenteuern und Grausamkeiten reichen Vergangenheit, drängen die Vanuatus einer ungewissen Zukunft zu. Jede Insel sucht ihren eigenen Weg. Manche halten fest an der Tradition naturverbundenen Lebens, andere streben mit Macht danach, die Schwelle zur Neuzeit zu überspringen.

Wir fanden stille, unberührte Dörfer auf der Insel Ambrym. Zum Teil lagen sie so versteckt, daß wir von See aus keine einzige der Hütten erkennen konnten. Als wir zum ersten Mal vor der Küste ankerten, glaubten wir uns zunächst allein. »Ein paar Kanus liegen am Strand, sonst sehe ich nichts.« Ich hob das Glas an die Augen und suchte langsam das Ufer ab.

Die Landschaft war wild-romantisch: zwischen Felsen ein kurzes Stück schwarzer Sandstrand, danach tropischer Regenwald. »Hinter den großen Bäumen müssen Hütten stehen. Die Leute verstecken sich«, sagte ich.

»Sollen wir mit dem Schlauchboot zum Strand fahren?« fragte Angelika.

Ich schüttelte den Kopf. »Lieber nicht. Warten wir ab, bis sie zum Vorschein kommen. Sicherlich haben sie uns schon längst gesehen.«

Wir waren bei einem Naturvolk und ganz auf uns allein gestellt. Es gab keine Behörde, keine Polizei. Das ungeschriebene Gesetz lautete, eine Insel nicht ohne Einladung zu betreten.

»Hilf mir mal mit der Persenning«, bat mich Angelika, und gemeinsam zogen wir die Plane über das Großsegel, um es vor der Tropensonne zu schützen.

Jetzt bemerkte ich eine Bewegung zwischen den Blättern, der Kopf einer Frau wurde sichtbar. »Du, da ist jemand. Ich sehe Gesichter hinter den Bäumen«, flüsterte ich.

Wir blieben ruhig stehen.

»Schau, die Mädchen kommen zum Strand!« sagte Angelika aufgeregt.

Tatsächlich schoben jetzt vier Mädchen ein Kanu ins Wasser und paddelten langsam, mit ernsten Gesichtern, auf uns zu.

Die i-Vanuatu, wie die Bewohner Vanuatus sich jetzt nennen, sind Melanesier. Im Gegensatz zu den hellhäutigen, glatthaarigen Polynesiern ist ihre Haut dunkelbraun, aber keineswegs schwarz. Dicke, aufgeworfene Lippen und kurzes Kraushaar geben ihnen ein negroides Aussehen. Die rassische Verwandtschaft mit den Papuas in Neuguinea und den Ureinwohnern Australiens ist unverkennbar. Auch fehlt ihnen die leichte Lebensart, der Humor der Polynesier.

»Wink doch mal!« forderte ich Angelika auf und hob die Hand. Beide lachten wir den Frauen einladend zu.

Sofort hellten sich ihre Mienen auf, sie lachten ebenfalls und nahmen nun mit raschen Paddelschlägen Kurs auf die verankerte SOLVEIG. Ihr Kanu war aus einem ausgehöhlten Baumstamm sorgfältig gebaut, mit kräftigem Ausleger. Die Verstrebungen, die den Ausleger trugen, waren mit Bastlaschings verbunden. So erhielt die Konstruktion Festigkeit und blieb im Seegang doch elastisch.

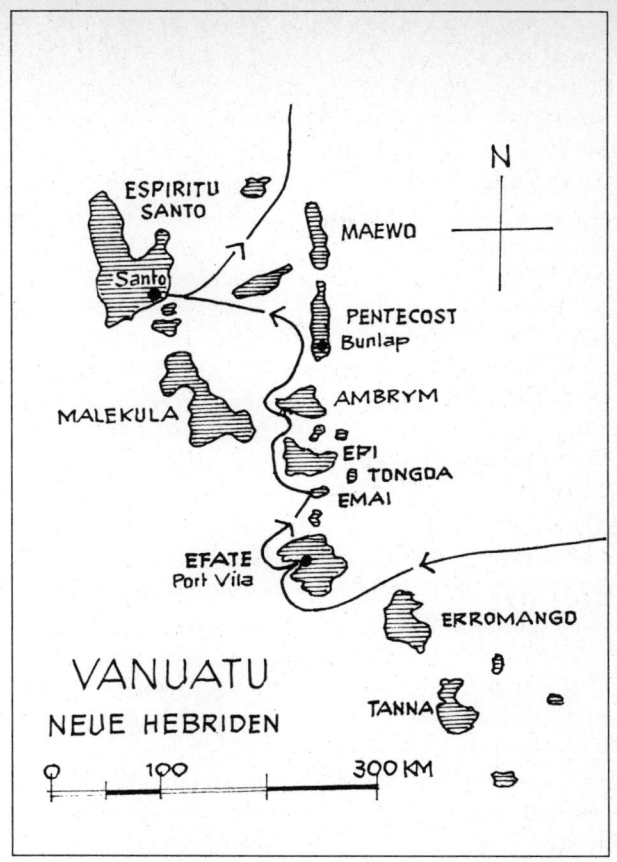

Es war eine Freude zu sehen, wie die vier Frauen aus dem Kanu, das fast bist zum Rand im Wasser lag, sich mit Leichtigkeit auf das Deck der SOLVEIG schwangen, ohne ins Wasser zu fallen.

Eine der Frauen sprach französisch, nur wenige Worte, aber es genügte ihr, um eine eifrige Unterhaltung mit Angelika zu beginnen. Die Jungen hatten tatsächlich abgewartet, welchen Erfolg die Annäherung der Mädchen haben würde. Als sie nun sahen, daß Gäste an Bord der SOLVEIG willkommen waren, schoben sie eiligst zwei weitere Kanus den Strand hinunter und näherten sich mit geübten Paddelschlägen ebenfalls. Flugs kletterten sie über die Badeleiter hoch oder krochen einfach unter der Reling hindurch an Deck. »Dürfen wir uns das Boot ansehen?« fragte der älteste unter ihnen, und als ich zustimmte, begannen sie über das ganze Deck auszuschwärmen und alle Einzelheiten in Augenschein zu nehmen. Sie zogen an Schoten und Stagen, befühlten den Aluminiummast und die Positionslampen, betrachteten eingehend den Kompaß, das Steuerrad und den Schalthebel des Motors. Da wurde gedreht, befühlt und betastet. Anzeige-Instrumente fanden besonderes Interesse, und die Frage: »Was ist das?« stellten sie mir abwechselnd in Englisch und Französisch. Ich merkte aber, daß sie meine Antworten nicht immer verstehen konnten.

»Warst du auf einer Schule?« wollte ich von einem der Jungen wissen, und stolz antwortete er: »Ja, ich habe Englisch gelernt!«

»Die anderen auch?« fragte ich weiter.

»Nein. Aber einige können Französisch.«

Es gab noch immer Unterricht von französischen oder englischen Missionaren, eine Erinnerung an die Zeit, da zwei Verwaltungen mit zwei Amtssprachen die Inseln beherrschten.

Wir machten uns auf, nun selbst zum Strand zu fahren. Unsere Gäste paddelten voraus und halfen uns dann, das Schlauchboot über die Korallen zu den Felsen zu tragen. Von der Dorfjugend begleitet, Angelika von Mädchen und Jungen geradezu umringt, stapften wir den steilen Pfad zur ersten Hütte hinauf.

Ich war fasziniert von der Pracht der Bäume. Unter ihnen entdeckte ich einen jahrhundertealten Banjan mit weitverzweigten Wurzeln und vielen Ästen, die zum Boden hinunter und in ihn hinein gewachsen waren.

Oben auf einem kleinen, festgetretenen Platz stand das halbe Dorf versammelt; Rauch drang aus dem Eingang der vordersten Hütte: Die Frauen waren gerade damit beschäftigt, die Abendmahlzeit zuzubereiten, auf offenem Feuer, ohne Rauchabzug noch oben. Denn sonst hätte es in die aus Bambus und Palmblättern geflochtene Hütte hineingeregnet.

Ich hatte Angelika aus den Augen verloren, sie war in den Kreis der Frauen aufgenommen worden, die nach alter Sitte von den Männern getrennt lebten.

Abraham, von hoher Gestalt und sicherem Auftreten, war

leicht als »Chief« kenntlich, obgleich er keinerlei äußere Zeichen seiner Würde trug. Er hatte mich erwartet und begrüßte mich mit Handschlag, nachdem sich der Schwarm der Mädchen und Jungen verlaufen hatte. Dann führte er mich durch den gesamten Dorfbereich.

»Es sind zwei Familien, die hier leben«, erklärte er mir. »Wir sind alle verwandt und arbeiten zusammen. Wir bestellen gemeinsam die Yams- und Taro-Pflanzungen, und unsere Frauen kochen abwechselnd. Diese Hütte hier ist das Küchenhaus.« Damit zeigte er auf die Bambushütte, in der Angelika verschwunden war. Ringsum spendete grüner dichter Wald Schatten, in den Zweigen sangen unzählige Vögel, und vom Abhang her hörte ich das Rauschen der Brandung. Ein kleines Paradies! Der fruchtbare Boden ließ Pflanzen aller Art gedeihen.

»Das sind unsere Papaya- und Limonenbäume, dort drüben wachsen Zuckerrohr und Bananenstauden.« Abraham zeigte mir so viele Gewächse und Früchte, daß ich die Namen gar nicht behalten konnte.

Mächtige Urwaldriesen breiteten ihr Laub schützend wie ein Dach über Bäume und Pflanzen, so daß die Früchte nicht den sengenden Strahlen der Tropensonne ausgesetzt waren. Abraham ging mit mir zu jedem einzelnen Baum, und ich spürte seine innere Bindung zu allen Pflanzen, die in den Lebensbereich der beiden Familien gehörten. Besonders stolz war er auf den wertvollsten Besitz seiner Familie, eine große Zahl mächtiger Schweine, die hinter Gattern in der Nähe der Hütten ihren Auslauf hatten.

Die Melanesier der Vanuatus leben in Familiengemeinschaften oder größeren Clans, die sich in Sitten und Riten, Legenden und Sagen, aber auch in ihrer Kultur deutlich von ihren Nachbarn unterscheiden. Es gibt an die hundert verschiedene Sprachen in der Inselgruppe. Zur allgemeinen Verständigung wird eine besondere Art von Pidgin-Englisch gesprochen, auch in den Rundfunksendungen aus Vila. Wenn man dann noch Englisch und Französisch als bisherige Amtssprachen hinzuzählt, wird der herrschende Sprachenwirrwarr offenbar. Auch die Verständigung mit Abraham war nur in kleinen Satzbruchstücken möglich.

Ich fragte ihn: »Werden bei euch noch Kanus gebaut, oder kauft ihr sie auf einer anderen Insel?«

Angelika ergänzt SOLVEIGS *Vorräte.*

»Wir machen sie selbst«, sagte er. »Komm mit!«

Ich trottete hinter ihm her, bis wir zu einem besonders schattigen Platz zwischen Sträuchern gelangten. Dort lag ein halbfertiger Einbaum, der zum Teil mit der Axt ausgehauen war, aber offenbar auch über einem Feuer ausgeglüht wurde.

»Wie viele Tage dauert es, so ein Kanu zu bauen?« wollte ich wissen.

»Zwei Wochen.«

Das schien mir kurz, aber Zeitangaben sind unzuverlässig bei Menschen, die in einer gänzlich anderen Vorstellungswelt leben als wir.

Mehrere Konservendosen mit Fisch und Fleisch, die wir als Geschenk mitgebracht hatten, fanden großen Anklang. Leider erlaubten es uns die Sprachschwierigkeiten nicht, Abrahams Sippe die Zubereitung deutscher Fertiggerichte zu erläutern.

»Wir sollten der Familie morgen noch mehr Konserven mitbringen«, schlug ich vor, als wir wieder im Boot waren und uns müde auf den Kojen im Salon ausstreckten.

»Mehrere Dosen mit Makrelen aus Fidschi sind noch da, die scheinen hier besonders beliebt zu sein«, meinte Angelika.

Wir hatten in einem hübsch geflochtenen Korb zwei Knollen Yams als Gegengeschenk erhalten. Angelika berichtete: »Auch ein Stück gekochten Yams haben mir die Frauen gegeben, den verarbeite ich morgen zum Mittagessen.«

Meine Freude darüber hielt sich in Grenzen, denn für fremde Küche kann ich mich nicht so begeistern wie Angelika.

»Machst du dir eigentlich keine Sorgen ums Boot, wenn wir hier an Land gehen?« fragte sie unvermittelt.

»Bei diesen Menschen fühle ich mich sicherer als in jedem europäischen Hafen«, erwiderte ich überzeugt. »Ich schließe nicht mal ab. Hier rührt keiner das Boot an, auch nicht aus Neugierde. Und keiner krümmt uns beiden auch nur ein Haar. Glaubst du, ich hätte dich sonst heute nachmittag so lange allein gelassen? Wo Geld und Politik die Menschen noch nicht verdorben haben, können wir ruhig schlafen.«

Ich war in meinem Element. Ich hatte die Bewohner dieser Inseln, sogenannte Wilde, lieben gelernt, seit ich das erste Mal mit ihnen in Berührung gekommen war. Und auch Angelikas Herz hatte sich der sanften Freundlichkeit der Naturkinder auf Ambrym geöffnet.

»Die Mädchen haben mich vor Haien gewarnt«, erzählte sie. »Niemand geht hier ins Wasser, und auch wir sollen ja nicht schwimmen. Das kleine Kind einer Amerikanerin ist vor ein paar Wochen am Strand im flachen Wasser von einem Hai gepackt worden. Die Mutter konnte nicht mehr helfen. Das geschah auf einer der größten Inseln, ich glaube, auf Efate.«

»Der ganze westliche Pazifik ist kein Badeplatz«, erinnerte ich mich. »Aber viel schlimmer finde ich die Bedrohung durch Malaria. Ich bin heute fast umgefallen vor Hitze in Hemd, Hose und Bootsstiefeln. Aber seitdem uns Resochin nicht mehr sicher schützt, müssen wir unsere Haut mit dicker Kleidung vor Stichen bewahren.«

Infolge mangelnder Vorsorge der Regierungen in Neuguinea, den Salomon-Inseln und Vanuatu nach der Unabhängigkeit sind zu viele Malariafälle unbehandelt geblieben, und die Krankheitserreger konnten sich dem Resochin anpassen, wurden immun. Seitdem ist die Malaria mit hunderttausend Erkrankungen pro Jahr wieder auf dem Vormarsch.

Tags darauf erwartete uns ein ganzes Empfangskomitee am Strand. Ein Dutzend Hände streckten sich aus, unser Schlauchboot unter den Büschen in Sicherheit zu bringen. Meine Kameratasche hing schon über den Schultern eines kräftigen Jungen, bevor ich danach greifen konnte.

Abraham erwartete uns gut gelaunt auf dem Dorfplatz unter den großen Bäumen. »Heute gehen wir mit euch ins Nachbardorf, da ist eine Hochzeit! Ihr sollt das Fest miterleben.«

Um zehn Uhr war Abmarsch, Abraham wollte später nachkommen. Unser Begleiter war ein junger Mann von etwa zwanzig Jahren, er hieß Obet. Mühevoll kritzelte er die Buchstaben in unser Gästebuch, als wir ihn danach fragten.

Mit uns gingen noch etwa acht Mädchen und Jungen. Auf einem zunächst steil ansteigenden Pfad kletterten wir durch den Busch. Der Regenwald war dicht, aber nicht düster oder undurchdringlich. Wo ein Wasserlauf den Weg durchschnitt, wurde das Grün üppiger. Breite Farnbäume streckten ihre zierlichen Finger aus, und im nassen Boden wuchs dicht an dicht riesiger Bambus.

Nach einer halben Stunde führte unser Weg wieder abwärts in eine Kokosplantage. Im Schatten der Palmen weideten Rinder. Eine Gruppe von Frauen winkte uns zu. Sie waren damit beschäftigt, Kokosnüsse aufzubrechen und die Schalen im Feuer zu verbrennen.

»Jetzt ist es nicht mehr weit«, sagte Obet, und wirklich – nach einer weiteren halben Stunde lugten die ersten Hütten zwischen den Bäumen hervor.

Mädchen und Kinder kamen uns entgegengerannt und umringten Angelika. Die weiße Frau mit dem langen glatten Haar war eine Sensation. Einige Mädchen konnten sich nicht zurückhalten, sie faßten Angelikas Haar an und ließen die langen Strähnen durch ihre Finger gleiten.

Männer und Frauen schenkten uns weniger Aufmerksamkeit. Sie schleppten ganze Bündel von Früchten, Bananenstauden und Yamsknollen zum Festplatz. Wir folgten ihnen und kamen zu einer Wiese unter großen, schattenspendenden Brotfruchtbäumen. Etwa hundert Zuschauer hatten einen Kreis gebildet. Alt und Jung saßen im Gras oder auf Baumstämmen.

Ihre Kleidung unterschied sich nicht vom Alltag: Die Frauen

waren in bunt bedruckten Stoffen, die Männer in T-Shirts und Hosen.

»Ist hier die Hochzeit?« fragte ich Obet.

»Du wirst sehen!« lautete die kurze, etwas scheue Antwort.

Ich merkte, daß er sich im Kreis der anderen Sippe unsicher fühlte und es vermied, sich mit uns sehen zu lassen. Er hatte wohl ein wenig Angst, für die ungeladenen Zuschauer verantwortlich gemacht zu werden.

Man musterte uns von allen Seiten mit nicht unfreundlichem Erstaunen. Wir beobachteten gespannt, wie immer mehr Früchte, an den Beinen gefesselte lebende Hühner und Teile geschlachteter Rinder herbeigeschleppt wurden. Große Stücke wie die Schenkel eines Rindes trugen jeweils zwei Männer mit einer Holzstange auf den Schultern.

Neugierig suchten wir den Platz mit unseren Augen ab, ob wir irgendwo Braut und Bräutigam entdeckten. Vergebens. Und Obet, den ich fragen wollte, war verschwunden. Statt dessen zerrten kräftige Männer nacheinander ein paar Schweine in den Kreis. Die Tiere quiekten herzzerreißend, und ich ahnte, daß sie als Opfer vorgesehen waren.

»Du, die Schweine werden jetzt erschlagen«, sagte ich warnend zu Angelika, die daraufhin vorsichtig den Rückzug antrat und hinter den nächstgelegenen Hütten verschwand.

Ich wollte das Schauspiel der Tötung mitansehen, weil es der Höhepunkt der Festlichkeit sein würde. Anstelle der geschnitzten Keulen von einst nahmen die Männer einfache Knüppel zur Hand. Während zwei Burschen das Schwein am Strick und am Schwanz festhielten, schwang der Kräftigste das Holz weit in die Höhe und schlug es mit solcher Wucht auf den Kopf des Tieres, daß es sofort zusammenbrach. Die Zuschauer begleiteten den Vorgang jedesmal mit »Oh« und »Ah«. Das Schwein schrie noch ein paarmal jämmerlich auf und wurde dann tot zu den Früchten gelegt, die pyramidenförmig aufgehäuft waren, mit einem Pfahl in der Mitte.

Nach der Tötung der Schweine, die auch mir Übelkeit verursachte, holte ich Angelika zum Festplatz zurück. Einige Frauen hatten ihre Flucht beobachtet und sie kichernd ausgelacht.

Wir sahen nun, daß ein älterer Mann eine Ansprache hielt: Wie wir später erfuhren, war dies der Vater der Braut. Dann näherte sich ein jüngerer Mann mit einem Papierbeutel und heftete ihn auf die Spitze eines Stabes. Beide Männer legten ihre ausgestreckten Hände auf das Päckchen, sprachen gemeinsam eine Art Eidesformel, und endlich nahm der Brautvater das Bündel an sich. Es enthielt Banknoten und war der Preis für die Braut.

Danach folgte weder Gesang noch Tanz, auch kein weiteres Opfer, wie es nach alter Tradition sicherlich dazugehört hätte.

Nachdem das Päckchen mit dem Brautgeld den Besitzer gewechselt hatte, begannen die Angehörigen der beiden Familien, die aufgehäuften Geschenke abzutragen. Wir konnten nicht erkennen, nach welchem Muster die Verteilung vorgenommen wurde, wir sahen nur, wie die Lebensmittelpyramide rasch dahinschmolz und einer nach dem anderen so viel herausnahm, wie er tragen konnte. Ich suchte Obet und fragte ihn nach dem Brautpaar.

»Da drüben die beiden, die jetzt in die Hütte gehen, die sind es!« Sie hatten an dem Fest nur als Zuschauer teilgenommen. Obet erklärte uns: »Braut und Bräutigam sind nicht wichtig. Außerdem leben sie schon seit Jahren zusammen und haben mehrere Kinder miteinander. Es dauert eben lange Zeit, bis ein junger Mann das Geld für den Kauf der Frau zusammensparen kann.«

»Und für wen ist dann die Feier, wenn nicht für die Braut?« wollte ich wissen.

Als er meine Frage verstanden hatte, wurde er sehr ernst. »Die Feier ist für die Familie, für das Dorf und für die Väter, die Alten. Ihnen gehört auch das Geld.«

Also waren die traditionellen Bräuche und die alte Sippenordnung noch zu einem gewissen Teil erhalten geblieben. Der Kern der Zeremonie aber, der Glaube an die Kräfte und Geister der Natur, an die Macht der Ahnen, an ihr Mana, war durch das Eindringen des Christentums verlorengegangen.

»Die Hälfte des Dorfes heiratet christlich«, erklärte Obet weiter. »Die andere nach altem Brauch wie heute.«

»Muß denn jeder Mann bei der Hochzeit für die Braut bezahlen?« erkundigte sich Angelika.

»Ja, das muß er«, sagte er traurig. »Ich werde noch lange Zeit brauchen, bis ich heiraten kann.«

»Wieviel wurde denn heute bezahlt?« fragte sie neugierig.

Er nannte eine Summe, die etwa eintausendfünfhundert Mark entsprach. »Und wie ist es bei euch?«

»Bei uns«, erklärte ich ihm, »muß nach alter Sitte die Familie der Braut etwas beisteuern. Nicht Geld, aber Ausstattung für das Haus, für die Küche. Das ist heute nicht mehr bei allen Familien üblich, aber früher war es so.«

Er sah mich erstaunt an, überlegte angestrengt und meinte dann: »Ich glaube, eure Sitte ist besser. Bei euch wäre ich schon lange verheiratet.«

Ich wollte von Obet noch erfahren, ob die traditionellen Kostüme mit Penisfutteral für die Männer und Bastrock für die Frauen gelegentlich getragen wurden.

»Nein«, meinte er, »bei uns nicht mehr. Wir kaufen unsere Kleidung. Aber es gibt noch ein Dorf oben im Wald, dort leben die Familien nach altem Brauch, ohne Kirche und ohne Missionar.«

»Kannst du uns in dieses Dorf führen?« Meine Bitte überraschte ihn. Er zögerte. »Mein Bruder lebt oben, ich kenne die Familie. Ich könnte mit euch hingehen. Aber Besuch von Fremden haben die Leute nicht gern. Wir können es versuchen, ich kann euch aber nichts versprechen.«

Wir sahen ihn am nächsten Tag wieder, als er mit seinem Auslegerkanu zur SOLVEIG paddelte.

»Ich habe mir überlegt, was wir machen können, um in das Dorf zu kommen. Ich werde fragen lassen. Das dauert ein paar Tage, vielleicht drei oder vier. Kann sein, daß das Dorf zur Zeit unter Tabu steht. Dann darf niemand hinein oder heraus. Das andere Dorf da oben auf dem Berg«, er zeigte auf eine etwa dreihundert Meter hohe Kuppe, »ist für vier Wochen unter Tabu. Sonst hätten wir es dort versuchen können.«

Wir waren bereit zu warten, denn wir wollten einmal ein wirklich »intaktes« Gemeinwesen, wie die Völkerkundler es nennen, mit Ahnenbildern, Männerhaus und traditioneller Kleidung erleben.

»Wenn wir hier noch eine Weile bleiben«, meinte Angelika erfreut, »werde ich morgen im Bach die Wäsche waschen.«

»Mit der Wäsche helfe ich dir. Bei der Gelegenheit hole ich gleich ein paar Kanister Wasser aus dem Bach, um unsere Tanks aufzufüllen«, versprach ich.

Unser winziges Schiff aus Kunststoff, das uns schon um die halbe Erdkugel getragen hatte, war uns in den Inseln ein schwimmendes Heim; es enthielt alles, was wir für unser leibliches Wohl brauchten, dazu meine gesamte Kameraausrüstung sowie Bücher und Seekarten, die es mir ermöglichten, jede noch so kleine Insel anzusteuern, einen Weg durch die kilometerlangen Korallenriffe zu finden.

Jeden Tag kam Obet an Bord. Er brachte uns frische Bananen, Pampelmusen und Papayas, aus denen Angelika die herrlichsten Fruchtsalate und Nachspeisen zauberte. Eines Morgens, wir waren gerade aufgewacht, hörte ich durch das offene Bullauge nahen Gesang. Ich sah zu Angelika hinüber, die mit geschlossenen Augen auf ihren Kissen lag.

»Hörst du das Lied?«

»Ja, wer ist das?« murmelte sie verschlafen.

»Ich weiß nicht. Der Mann singt schön, vielleicht ist er hinausgefahren zum Fischen. Ich sehe mal nach«, erwiderte ich.

Aufstehen dauert auf einem Boot in den Tropen nur eine Minute: Badehose an, Finger durch die Haare, fertig! Als ich an Deck kam, sah ich Obet in seinem Kanu, vielleicht zwanzig Meter entfernt.

»Wartest du auf uns?« rief ich.

»Ja«, sagte er leise.

Ich war erstaunt. »Warum hast du nicht gerufen?«

»Ich wollte euch nicht stören. Ich habe gesungen, weil ich dachte, dann hört ihr mich, wenn ihr wach seid.«

»Bist du schon lange da?«

»Eine halbe Stunde vielleicht.«

Ich war tief berührt von so viel Herzenstakt. Ich rief ihm zu, an Bord zu kommen, und ging hinunter zu Angelika, um ihr die Geschichte zu erzählen. Sie hatte Tränen in den Augen. »Daran könnte sich mancher ein Beispiel nehmen, der sich für besonders klug und gebildet hält«, sagte sie, während sie Bikini und Shorts anzog.

Wir luden Obet zum Frühstück ein und erfuhren die gute Nachricht: Morgen würde er mit uns in jenes Bergdorf gehen. »Es ist nicht weit, aber wir müssen uns zeitig auf den Weg machen. Um sieben Uhr oder besser etwas früher.«

Ich sagte begeistert zu, warnte aber Angelika später: »Stell dich auf eine weite und harte Tour ein. Wenn es mit der Entfernung stimmen würde, bestünde er sicher nicht auf dem Abmarsch um sieben Uhr.«

Am Abend lag unsere Ausrüstung für den kommenden Tag ausgebreitet auf dem Salontisch: eine Feldflasche mit Wasser, ein Paket Kekse, mehrere Konserven und Kautabak als Geschenke sowie eine Leica mit Objektiven und die große Beaulieu-Filmkamera mit 60-Meter-Spule, schließlich zwei Fläschchen Autan, um Hände und Gesicht gegen Malariamücken zu schützen. Eine Menge Sachen, wenn wir sie stundenlang durch den heißen, feuchten Regenwald tragen sollten.

Als wir um sieben Uhr mit dem Schlauchboot den Strand erreichten, wartete Obet schon.

»Es ist nur eine Stunde Weg«, versprach er fröhlich, und wir marschierten los, durch Kokosplantagen zunächst, an weidenden Rindern vorbei. Da und dort begegneten wir arbeitenden Frauen oder Männern an ihren Feuerstellen. Alle kamen sie auf uns zu, begrüßten Obet, Angelika und mich mit Handschlag, nannten ihren Namen und erfragten von uns Namen und Herkunft. Die Zeremonie wiederholte sich von Hütte zu Hütte, von Dorf zu Dorf, so daß wir nach zwei Stunden noch immer eine Stunde von unserem Dorf entfernt waren.

Der Rucksack mit den schweren Konserven fing an zu drücken, die Filmkamera wollte mir aus der Hand fallen. Neidisch dachte ich an Expeditionsteilnehmer, die solche Märsche im tropischen Urwald mit Trägern unternehmen. Zum Schluß führte der Pfad noch einen Hügel hinauf. Dann endlich streckte Obet den Arm aus und zeigte nach vorn: »Da liegt das Dorf!«

Ich sah nichts, denn mein ungeübtes Auge konnte die Hölzer der Hütten im Gewirr von Baumstämmen und Ästen nicht unterscheiden.

Nach wenigen Schritten hatten wir einen festgetretenen Platz erreicht. Am Boden kauerte ein alter, dunkelhäutiger Mann. Er war nackt bis auf einen breiten Gürtel aus Schweinsleder, den er um die Hüften trug; daran war das Penisfutteral befestigt.

Angelika erstarrte zunächst, und auch Obet war auf einmal recht schweigsam. So verharrten wir eine kurze Weile, dann entschloß sich Obet, auf den Alten zuzugehen. Wir blieben in gemessenem Abstand.

Der Alte – es war der Häuptling – erhob sich langsam und mit Würde. Die dünne Binde und das Futteral, das *Namba*, wurde voll sichtbar.

Ich hatte Angelika schon von meiner Begegnung mit einem Naturvolk erzählt, aber ihr unmittelbarer Eindruck war doch so stark, daß sie völlig verstört schien. Der muskulöse Körper des Mannes, seine selbstverständliche Herrschaft über den Stamm und die Würde des Alters verliehen ihm eine derartige Kraftausstrahlung, daß auch ich in Verlegenheit geriet.

Gespannt verfolgten wir Obets Gespräch mit dem Häuptling. Obet verstand die Sprache des Dorfes allerdings nur bruchstückhaft, wie er uns später verlegen gestand.

Der Alte blickte mehrfach zu uns herüber, schritt dann langsam auf uns zu und begrüßte uns. Er ging mit uns weiter bis zu einer Hütte, dort durften wir auf einer Pandanusmatte das Gepäck absetzen. Das Dorf vermittelte den Eindruck tiefen Friedens. Als einzige Störung empfand ich uns selbst.

Neugierig traten jetzt einige Frauen und Kinder, die sich ängstlich am Rockzipfel ihrer Mütter festhielten, aus der Hütte und betrachteten uns schweigend, ohne das in anderen Dörfern übliche Schnattern und Kichern. Zurückhaltung und Angst las ich in ihren Gesichtern.

Angelika näherte sich einem der Kinder, einem etwa fünfjährigen Mädchen, und reichte ihm ein Bonbon. Aber der alte Trick wirkte hier nicht. Im Gegenteil: Die Kleine fing bitterlich an zu weinen und lief davon. Angelika war betroffen. »Daß vor mir ein Kind davonläuft, als ob ich eine Hexe wäre, das hätte ich nie für möglich gehalten!«

»Es hat vor dir genausoviel Angst wie bei uns ein Kind vor dem ›Schwarzen Mann‹. Wenn du eine Weile ruhig stehenbleibst, wird es schon wiederkommen«, lächelte ich.

Unterdessen hatte Obet wieder mit dem Häuptling palavert und kam jetzt zurück. »Heute nachmittag findet ein Tanzfest vor dem Männerhaus statt. Ihr dürft dabeisein und zusehen. Aber ihr dürft den Platz jetzt noch nicht betreten, er ist tabu. Ihr müßt ein bis zwei Stunden warten.«

Ab und zu hörten wir Stimmen und das dumpfe Schlagen einer Trommel. Schaurig dröhnte es durch den Wald.

»Das ist der Klang der Schlitztrommel, der berühmten Trommel von Ambrym«, flüsterte ich Angelika zu. »Die Ambrymtrommeln sind aus langen Baumstämmen gemacht, die innen ausgehöhlt werden. Als Öffnung bleibt nur ein schmaler Schlitz. Durch die Länge des Baumes entsteht der dunkle, unheimliche Klang.«

Inzwischen hatten die jüngeren Frauen eine Mahlzeit bereitet, und uns wurde bedeutet mitzuessen. Es gab Yams, Taro und Fisch. Obet verschlang die Speisen mit beneidenswertem Appetit, während ich mich zwingen mußte, die Stücke in der merkwürdigen Soße herunterzuwürgen. Angelika ging es nicht viel besser.

Wieder erschien der Häuptling und nahm Obet beiseite, der darauf etwas verlegen zu erklären versuchte: »Der Chief sagt, der Tanzplatz vor dem Männerhaus ist für Frauen tabu. Wenn deine Frau zusehen will, muß sie ein Opfer geben, für die Geister.«

Ich gab Obet die geringe Summe, und er reichte sie an den Häuptling weiter. Diese Forderung war keine Folge der vordringenden Zivilisation; seit jeher stellte vielmehr die Erhebung von Bußen und Opfergaben ein Machtinstrument der geheimen Männerbünde dar.

Das Dröhnen der Trommeln war inzwischen lauter geworden, verebbte dann wieder. Wir wurden auf den Platz geführt.

Ein gespenstischer Anblick bot sich uns: In der Mitte stand eine hohe Ambrymtrommel, von einem maskenhaften Gesicht gekrönt. Seitlich neben den Büschen fiel mir eine Art Säule mit farbigen Motiven auf, deren bedeutendstes Bild eine große Eidechse war. Diese Holzsäule erinnerte mich an einen Totempfahl der Indianer.

Im Hintergrund stand das Männerhaus, eine große Hütte, deren Eingang mit den verschiedensten Muscheln und kleineren Figuren geschmückt war. Dazwischen hingen mehrere weiße Schädel von Schweinen, die an Stelle der früher verehrten menschlichen Totenschädel angebracht waren.

Obet trat zu mir und flüsterte: »Das Männerhaus darfst du nicht betreten, nicht einmal berühren, es ist tabu. Eine Kultstätte der *Suque*, des Männerbundes.« Rasch zog er sich wieder zurück.

Es war deutlich zu spüren, wie ihn die Situation bedrückte. Er

Eine abenteuerliche Reise geht zu Ende...

wurde hier konfrontiert mit der angestammten Religion seiner Vorfahren, der er untreu geworden war, deren Bedeutung ihm aber schmerzlich bewußt blieb. Mit dem Ende der Geheimkulte in den meisten Dörfern von Ambrym verlor das Leben seinen Sinn für die Bewohner. Das *Mana*, das Geistwesen, das in den Masken und Bildern lebte, spendete ihnen keine Kraft mehr.

Ich betrachtete die Figuren und Bilder, vielleicht die letzten, die auf Ambrym noch Leben besaßen, noch Gegenstand der Verehrung waren. Hinter dem Männerhaus fand ich eine aus Farnholz gearbeitete Statue, die mich in ihrem Ausdruck an die steinernen Giganten der Osterinsel erinnerte.

Rhythmisches Singen und Stampfen kündete den Beginn des Tanzes an. Ein Dutzend wild aussehender Gestalten hatte sich eingefunden, die Gesichter mit roter und gelber Farbe bemalt, weiße Striche über Stirn und Nase gezogen. Zu den Klängen der Holztrommel ertönte ihr schauriger Singsang.

Der Rhythmus wechselte, die Bewegungen wurden schneller, und wo die Füße den Boden aufwühlten, wurden die Löcher immer tiefer. Der ganze Platz schien zu erzittern – ich fühlte mich um Tausende von Jahren in der Geschichte der Menschheit zurückversetzt.

Schlagartig hörte der Spuk auf, danach erklangen die wehmütigen Töne einer Bambusflöte. Die Zeremonie war zu Ende. Benommen gingen wir zu unserem Gepäck zurück.

Wir hatten durch einen schmalen Spalt einen Blick in eine fremde, schon vergangene Welt geworfen. Eine Welt, deren Glaube an ein geistiges Leben nach dem Tod, an die Hilfe mächtiger Ahnen aus dem Jenseits für ihre lebenden Enkel stärker war als die Angst vor dem Tod. Der Tod war nur Teil des Lebens, und aus dieser Sicht erhielten auch die Menschenopfer, die bei großen Festen zum Ritual gehörten, ihre besondere Bedeutung.

Wir nahmen Abschied, dankten dem Häuptling für seine Gastlichkeit. Als Geschenk reichte er mir zaghaft eine kleine, aus Sandstein gefertigte Ahnenfigur. Offenbar ein echtes Stück, keine neue Arbeit.

Jetzt war es an mir, verlegen zu sein. Durfte ich das annehmen? Der Alte spürte mein Zögern, legte seine Hand auf die Figur und bedeutete mir, sie als Erinnerung an ihn zu behalten.

Obet drängte zur Rückkehr, er fürchtete die Dunkelheit. Es war kühler geworden, die Sonne hatte ihre Kraft verloren. Unser Gepäck trug sich nun leichter, die Konserven drückten nicht mehr in meinem Rücken. Der Pfad führte abwärts.

Wir sprachen wenig, jeder hing seinen Gedanken über das Erlebte nach.

»Ich bin froh, daß wir jetzt nicht nach Europa zurücksegeln werden, sondern nach Tahiti. Und daß wir von dort aus unsere Fahrt zu den Südseeinseln fortsetzen wollen.« Ich hatte Angelika eingeholt, die ein Stück vorausgegangen war.

»Ja«, meinte sie, »ich freue mich schon heute darauf, wenn wir hierher zurückkommen, wenn Obet, Abraham und all die anderen SOLVEIG wiedererkennen und uns begrüßen werden.«

Der Monat September neigte sich seinem Ende zu, und damit wurde auch unsere Zeit in den Inseln knapp. Mitte Dezember beginnt im westlichen Pazifik die Orkanperiode, und bis dahin mußten wir nach Tahiti zurückgesegelt sein.

Meile um Meile kämpfte sich SOLVEIG gegen den Passat voran. Wir hatten guten Grund, uns die harte Segelei aufzubürden, galt es doch, das Boot in den sichersten Hafen zu steuern, den es in Polynesien gab.

Unsere Lage wurde kritisch, als wir bei Stärke sechs, hoch am Wind segelnd, weit nach Norden abgedrängt wurden. Wind und Seegang nahmen weiter zu, ich mußte die Fock bergen, ein zweites Reff einbinden. Unter dieser Besegelung machten wir kaum noch Fahrt voraus. So versuchte ich, die einmal gewonnene Position wenigstens zu halten – vergeblich. Wir gerieten mehr und mehr nach Norden. Eines Nachts verloren wir eine Segellatte, am Segel selbst öffnete sich eine Naht.

Seit Tagen hatten wir in keiner Nacht mehr als zwei Stunden geschlafen. Schlafmangel ist der größte Feind des Seglers. Er untergräbt die Moral, trübt das Bewußtsein und hemmt die Denkfähigkeit.

»Es ist nicht leicht, sich das jetzt vorzustellen«, tröstete ich Angelika und mußte dabei das Heulen des Sturms überschreien, »aber du kannst sicher sein, daß der Wind nachlassen wird, daß er bald auch seine Richtung ändert.«

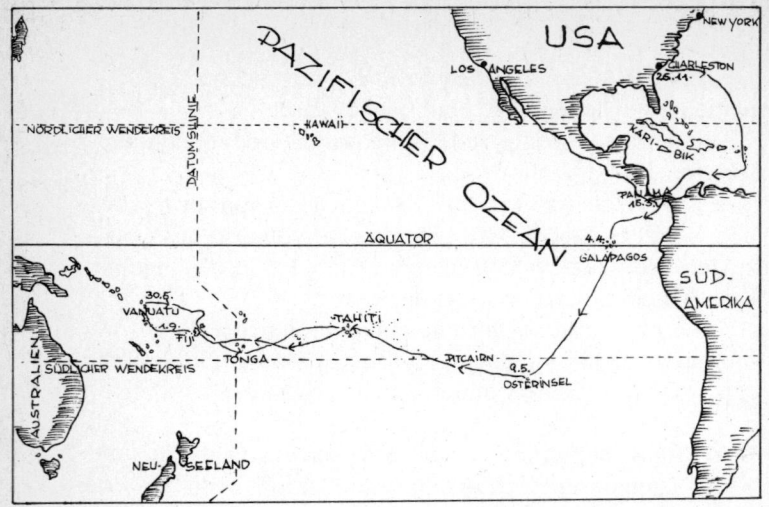

Angelika schwieg, war aber dankbar für die Zuversicht, die aus meinen Worten sprach.

Die neue Position ergab, daß wir weiter zurückgetrieben waren, als ich zunächst vermutet hatte. Zweifel wurden wach, ob wir bei solchem Wetter Tahiti überhaupt würden erreichen können. Doch endlich, nach fünf Tagen, hörte das Pfeifen auf, nur ein feines Singen war aus der Takelage vernehmbar. Die See beruhigte sich. Wir konnten wieder Segel setzen, machten einen Schlag nach Süden, später einen Schlag nach Norden. Wir kamen voran.

Wochenlang blieben wir in der großen Weite des Ozeans, lauschten den Schreien der Vögel, dem Rauschen der See. Wir hörten und fühlten Sturm und Flaute. Und wir freuten uns über jeden Tag, den wir gemeinsam auf unserem Boot verbringen durften. Am 11. Dezember kam Bora Bora in Sicht. Von dort waren es noch hundertfünfzig Meilen nach Moorea, wo uns die Cooks Bay zwischen ihren grünen Hügeln aufnahm.

SOLVEIG hatte ihren Liegeplatz erreicht. Das brave Schiff, mit dem wir im Eismeer überlebt und mit dem wir unsere schönsten Ziele angesteuert hatten, kam vorerst zur Ruhe.

216

Eine abenteuerliche Reise ging zu Ende. Wir hatten die Einsamkeit auf den Meeren genossen, jeder für sich und beide zusammen. Die Stille gab uns Kraft. Kraft auch zu neuen Ideen, unser Leben sinnvoll zu gestalten.

Eine dieser neuen Ideen hatte mich zu dem Entschluß gebracht, unsere Weltumsegelung nicht um jeden Preis in zwei Jahren zu vollenden, sondern nur zu unterbrechen. So gewannen wir für den weiteren Teil der Fahrt mehr von dem, was in Europa so rar geworden ist: Zeit.

ANHANG

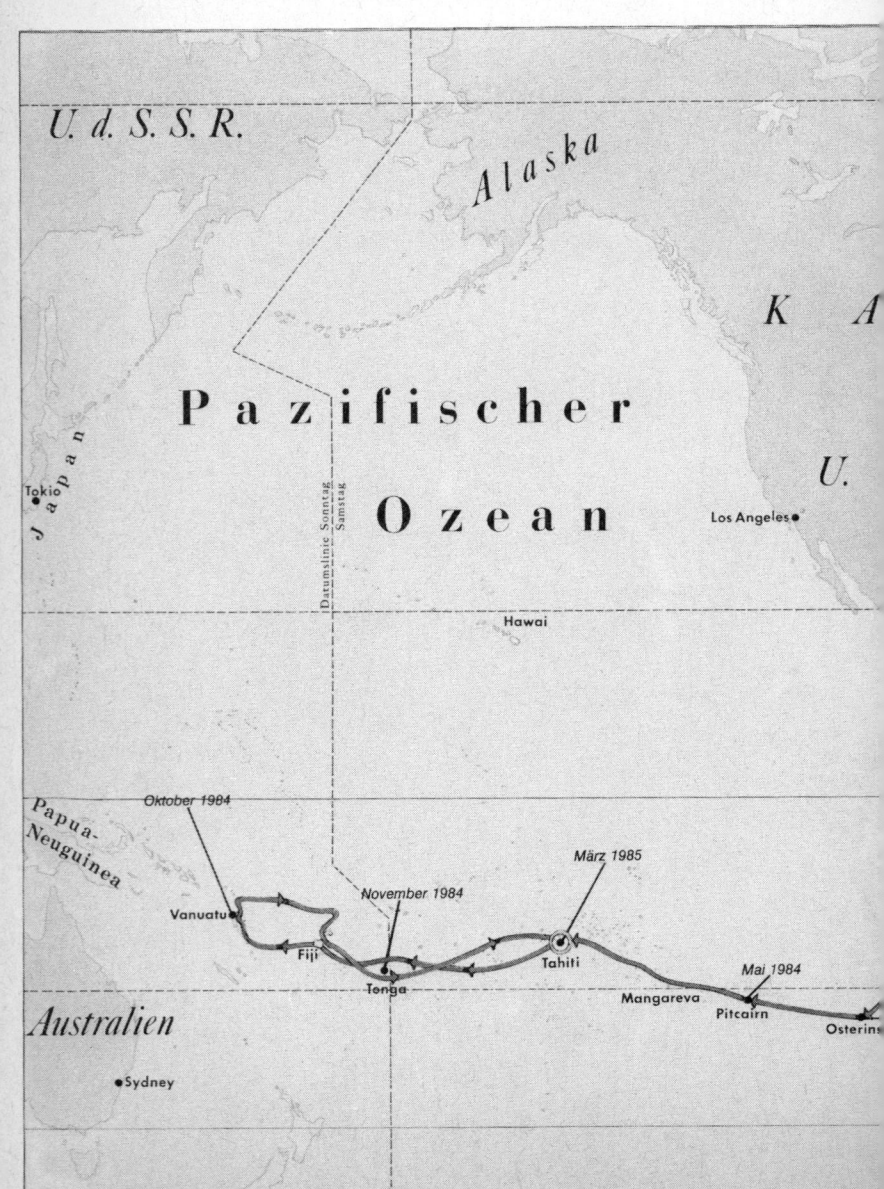

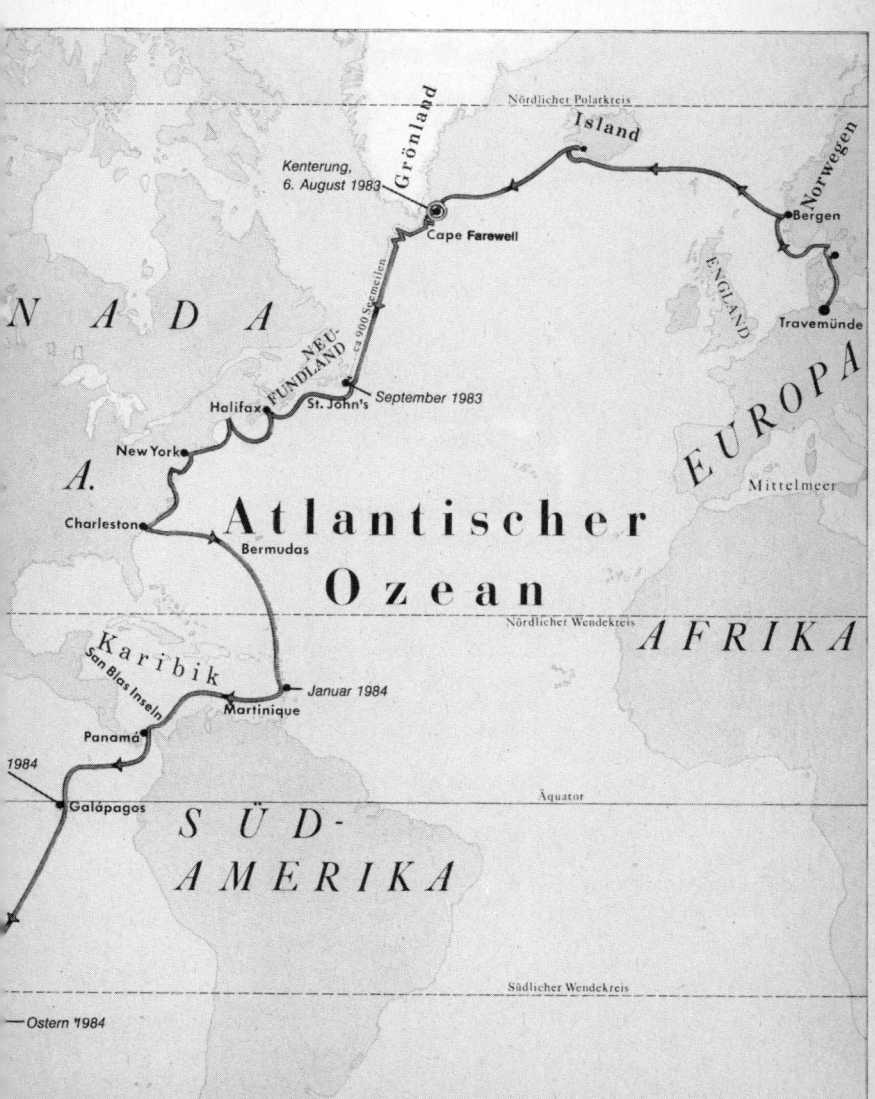

Nördlicher Polarkreis

Grönland

Island

Norwegen

Kenterung,
6. August 1983

Bergen

Cape Farewell

ENGLAND

Travemünde

N A D A

NEU-FUNDLAND

ca 900 Seemeilen

EUROPA

Halifax

St. John's

September 1983

New York

Mittelmeer

A.

Atlantischer

Charleston

Bermudas

Ozean

Nördlicher Wendekreis

AFRIKA

K a r i b i k

San Blas Inseln

Januar 1984

Panamá

Martinique

1984

Äquator

Galápagos

S Ü D -

A M E R I K A

Südlicher Wendekreis

Ostern 1984

DIE SOLVEIG IV

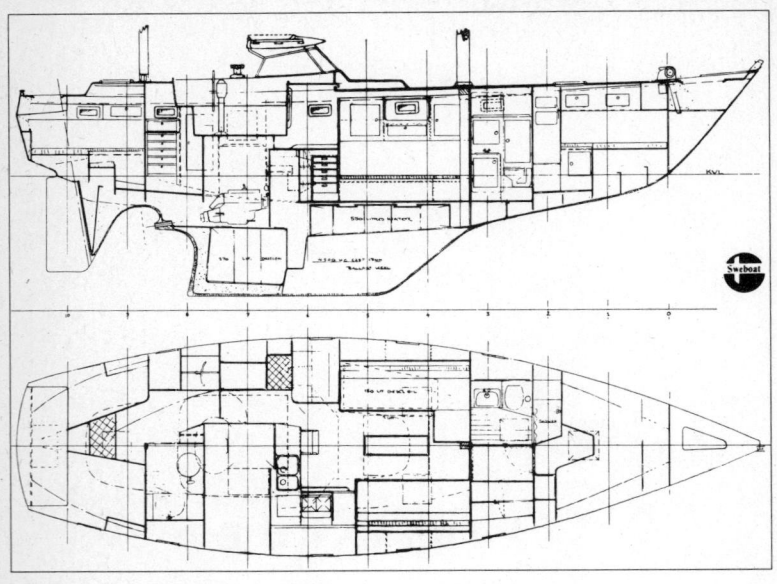

Bauwerft: Hallberg Rassy, Ellös,
Schweden
Typ: HR 42
Länge über alles: 12,93m
Länge in der Wasserlinie: 10,50m
Breite: 3,78m
Tiefgang: 2,05m
Ballast: 4,7t
Segelfläche: 75qm
Segel: Großsegel, Genua, Fock I
und II, Besan

Zusätzlich: zwei Passatsegel, ein 4/5-
Großsegel und ein Besanstagsegel aus der
Segelmacherei Obermeier/Breitbrunn
Motor: Volvo Penta Diesel MD 21 B 52 PS

Schlauchboot: Zodiac Cadet
Außenbordmotor: Yamaha 5 PS
Batterien: 6 x Varta 6 V 120 Ah
Generator: Bosch 75 A
Rettungsinsel: BFA Augsburg

SOLVEIG IV

NAVIGATION UND
SELBSTSTEUERUNG

Als Navigation bezeichnet man das Verfahren und das notwendige Können, ein Schiff wohlbehalten und in möglichst kurzer Zeit in seinen Zielhafen zu steuern. Aber eben das Steuern selbst wird in einem kleinen Boot mit kleiner Besatzung schon zum Problem.

Die HR 42 gehorchte dem Ruder aufgrund ihrer außerordentlichen Rumpfform in jeder Lage rasch und willig. Dennoch, abwechselnd oder gar allein Tag und Nacht am Ruder zu stehen, ist auf wochenlangen Ozeanüberquerungen fast eine Unmöglichkeit. In jedem Fall würde die Überanstrengung zu gefährlicher Ermüdung führen.

Ein System, mit dem sich das Boot selbständig auf Kurs hält, damit die Besatzung schlafen, essen und arbeiten kann, ist daher wichtige Voraussetzung für eine erfolgreiche Langfahrt. Für uns, in einer Ketsch von 12,90 m Länge und mit Radsteuerung, war die Aufgabe nicht mehr so leicht zu lösen wie auf meinen früheren Weltumsegelungen in der extrem kleinen, nur 7,30 m langen Sloop SOLVEIG III, wo es genügte, die Pinne über eine Steuerleine mit der Fock zu verbinden – und schon ließ sich das Boot auf Kurs halten!

Wir hatten deshalb auf der neuen SOLVEIG IV einen elektronisch steuernden Autopiloten und außerdem eine Windfahnensteuerung eingebaut. Die Windfahnensteuerung hielt das Boot in einem bestimmten Winkel zum Wind auf Kurs – ähnlich meinem früheren System mit Steuerleine zur Fock. Wurden Wind und Seegang jedoch zu stark, dann war das kleine Hilfsruder den Kräften, die auf die Yacht einwirkten, nicht mehr gewachsen.

Der mit einem Elektromotor ausgestattete Autopilot hielt dagegen den Kurs, unabhängig von Windstärke und Richtung. Bei gleichzeitiger Inbetriebnahme des Bootsmotors, dessen Generator reichlich Strom erzeugte, war der Autopilot die ideale Selbststeuerung, eine Art Heinzelmännchen am Ruder.

Unter Segeln aber war der Stromverbrauch zu hoch, als daß wir die Batterien längere Zeit damit belasten konnten. Ein Dilemma, das sich auch durch Nachladung vom Wellengenerator nicht beheben ließ.

Beide Systeme zusammen, Windfahne und Autopilot, jedes zu seiner Zeit eingesetzt, ergaben jedoch fast immer eine Möglichkeit, die SOLVEIG IV in der gewünschten Richtung segeln zu lassen. Fast immer, das heißt, wenn die betreffende Mechanik nicht durch Verschleiß ihren »Geist« aufgab.

Soviel über das Steuern beziehungsweise das nicht selber Steuern. Um zu wissen, wohin man zu steuern hat, muß man zuerst wissen, wo man sich gerade befindet. Die Positionsbestimmung ist deshalb das wichtigste Element der Navigation.

Bis vor wenigen Jahren gab es für Yachten zur Standortbestimmung auf hoher See nur den Sextanten und entsprechende nautische Tafeln. Dann kamen Taschenrechner auf den Markt, mit deren Hilfe sich die Berechnung einer Standlinie aus gemessener Höhe und genauer Uhrzeit gewaltig vereinfachen ließ. Selbst das Datum gab der Rechner automatisch ein und berücksichtigte auch die seit der letzten Messung versegelte Strecke. Und schließlich standen dann Decca-Navigator und Satelliten-Navigationsgerät auch dem Segler auf kleinen Booten zur Verfügung.

Je nach geplantem Fahrtgebiet halte ich das eine oder andere System für optimal, wobei die Satelliten-Navigation weltweit verwendet werden kann und von keinen Senderketten abhängig ist, die – wenn auch sehr selten – doch einmal ausfallen könnten. Unabhängig von Wetter, Tageszeit und Sichtverhältnissen – und das ist der große Vorteil gegenüber dem Sextanten – berechnen beide Systeme einen sehr genauen Standort.

Seitdem erstklassige Satelliten-Geräte für weniger als DM 4000 zu haben sind, halte ich aufwendige Taschenrechner-Programme für überholt. Allein schon deshalb, weil sie eben grundsätzlich davon abhängig sind, daß eine Gestirnsmessung mit dem Sextanten erfolgen kann. Und das ist nur bei klarem Wetter und guter Sicht möglich.

Da das elektronische Navigationsgerät Strom verbraucht, also geladene Batterien verlangt, und da jedes elektronische Gerät sowieso mal versagen kann, ist es aber unbedingt erforderlich, einen Sextanten an Bord zu haben, um in der Lage zu sein, eine Standortbestimmung mit Taschenrechner oder mit den nautischen Tafeln, unabhängig vom Bordstrom, vornehmen zu können. Es sollte Ehrensache für jeden Hochseesegler sein, diese nicht allzu komplizierten Rechenvorgänge zu beherrschen.

Die Navigation hat sich aber nicht nur mit Standort- und Kursberechnungen zu befassen, sondern auch mit gründlichen Überlegungen, welcher Kurs am ehesten oder am sichersten zum Ziel führt. Insbesondere dann, wenn man auf der zu segelnden Route nicht mit günstigem Wind oder angenehmen Wetterbedingungen rechnen kann.

Beides war bei mir schon zu Beginn der Reise der Fall. Bei der Atlantiküberquerung im hohen Norden hatte ich mit überwiegend westlichen Winden zu rechnen, mit häufigen Tiefdruckgebieten, schlechter Sicht und Nebel. Allein aus diesem Grund hielt ich die Anschaffung eines Satelliten-Gerätes für ratsam, wollte ich nicht kostbare Zeit verlieren oder Leben und Gesundheit aufs Spiel setzen.

Um den häufigen Gegenwind zu überlisten, hatte ich zwei Fahrtunterbrechungen auf Island und Grönland eingeplant, die mir Gelegenheit geben sollten, jeweils auf eine Periode günstigen Wetters zu warten. Ich hatte nicht das Glück, dieses Vorhaben zum Erfolg zu bringen. Auf Island gab es keine länger anhaltende Schönwetterperiode, und Grönland konnte ich nicht erreichen. Nach der Kenterung stand mir auch der Satnav nicht mehr zur Verfügung, und ich hatte mit allen Schwierigkeiten zu kämpfen, die sich aus den schlechten Wetterbedingungen ergaben.

Im Bermuda-Dreieck galt es, den Passat zu umgehen. Es wäre ein großer Fehler gewesen, die Antillen-Inseln direkt anzusteuern. Vielmehr mußte ich nördlich der Passatzone so weit nach Osten segeln, daß ich am Ende auf Südkurs einschwenken konnte und somit den Nordost-Passat von der Seite bekam.

Die Zone variablen Windes und die oft bedrückenden Flauten zwischen Panama und den Galapagos-Inseln waren nur mit Geduld zu meistern; ein besonderes Rezept hätte keinen entscheidenden Vorteil gebracht, ebensowenig auf dem langen Törn nach Südwesten zur Osterinsel. Der Südostpassat zwang zu einem wochenlangen Kurs am Wind.

Eine Aufgabe, die einige Überlegungen erforderte, war dagegen die Bewältigung der 3000-Meilen-Strecke von den nördlichen Vanuatu-Inseln nach Tahiti. Tahiti lag bei diesem »unmöglichen« Kurs in ostsüdöstlicher Richtung, also genau in der Hauptachse des Südostpassates. Ich mußte darauf hoffen, daß der Wind gelegentlich aus Süden und manchmal auch aus Osten wehen würde. Leider tat er mir den Gefallen zu Anfang nicht. So geriet ich sehr bald in Schwierigkeiten, als ich gegen den Starkwind aus SO nicht mehr aufkam. Mir blieb nur die Wahl, nach SW abzulaufen, was einem »Zurück« entsprochen hätte, oder nach NO, wobei ich immerhin ein wenig Ost machen konnte.

Da diese Wetterlage über eine Woche anhielt, geriet ich – die erhebliche Abdrift infolge des steilen Seeganges hinzugerechnet – viel zu weit nach Norden. Glücklicherweise setzte nach zehn Tagen Ostwind ein, der es mir ermöglichte, nach Süden zu segeln und eine Position zu erreichen, von der aus ich Tahiti mit ONO-Kurs ansteuern konnte. Trotz einiger schwerer Tage fast ohne Schlaf, trotz Schäden an den Segeln und der Selbststeueranlage, war es eine faszinierende Erfahrung, die Nöte der Frachtsegler und Walfänger vergangener Jahrhunderte einmal selbst zu erleben.

Meine Navigationsausrüstung:
C & P Vollsichtsextant
Nautische Tafeln H. O. 249
Rechner TI 59 mit Navigationsprogramm
Walker Sat Nav 402
Handfunkpeilgerät
VDO Sumlog SL, Windmeßanlage, Borduhr, Echolot und Kompaß
Seehandbücher, Leuchtfeuerverzeichnisse und Seekarten.

FOTOGRAFIEREN AUF SEE

Eine Yacht, die unter vollen Segeln bei frischer Brise durch die blaue See pflügt, ist ein so herrlicher Anblick, daß er wohl jeden, dem er vor Augen kommt, wünschen läßt, ihn als Bild festhalten zu können. Aber auch Segelboote im Hafen, etwa als Kulisse einer romantischen Abendstimmung, sind dankbare und beliebte Fotomotive.

Befindet man sich selbst auf einem Boot, so ist es bedeutend schwieriger, interessante und ausgewogene Einstellungen des Geschehens zu finden. Die oft heftigen, ruckartigen Bewegungen, denen man an Deck eines Schiffes ausgesetzt ist, behindern zusätzlich die Motivsuche.

Eine Kamera, die fest und selbstverständlich in der Hand liegt, deren Bedienungselemente ohne lange Überlegung leicht zu greifen sind und die einen hervorragenden Sucher besitzt, dürfte daher an Bord den besten Dienst leisten.

Mehr noch als an Land, wo man den Abstand zum Aufnahmeobjekt in der Regel verändern kann, sind bei dem beschränkten Platz an Bord auswechselbare Objektive verschiedener Brennweiten erforderlich. Neben Tele- und Normalobjektiv ist ein extremes Weitwinkelobjektiv nicht nur wegen des engen Raumes im Boot, sondern auch zur Erzielung spezieller Effekte besonders vorteilhaft.

Die Kamera sollte nicht zu empfindlich sein, einen kräftigen Stoß oder Schlag aushalten können. Sie wird unweigerlich früher oder später einmal von der Koje oder vom Sitz herunterfallen!

Diesen Anforderungen wurden meine Leicas gerecht.

Nicht nur die »klassische« Leica M 3 mit Durchsichtsucher und Schnittbildentfernungsmesser, sondern auch die beiden Leicas R 4 mit Spiegelreflexeinrichtung und automatischer Belichtungsmessung erwiesen sich als sehr robust.

Die Umgebung auf einem Boot – ständige Nähe des Salzwassers, Gefahr von Spritzern an Deck und Lagerung in einer feuchten Kajüte – ist für eine Foto- oder Filmkamera denkbar ungünstig. Es bildet sich rasch ein Korrosionsbelag auf den feinen Hochglanzflächen der mechanischen Teile, auf elektrischen Kontakten und auf Zahnrädern und Gewinden. Hemmungen in der Mechanik sind die unausweichliche Folge. Die Feuchtigkeit greift aber auch die Gläser der Objektive an: durch Pilzbewuchs, der sich ohne Nachschleifen der Optik später nicht mehr entfernen läßt.

Um all diese schädlichen Salzwassereinflüsse so weit wie möglich zu vermindern, habe ich meine Kameras und ihre Objektive in Aluminiumkoffern aufbewahrt. In die Koffer legte ich Beutel mit Silica-Gel, um die Luft trocken zu halten. Zur Kontrolle der Feuchtigkeit empfiehlt sich die Verwendung eines oder mehrerer Hygrometer. Steigt die Luftfeuchte im Koffer über 70 %, so ist eine Reaktivierung des Silica-Gels im Ofenrohr oder mit Heißluft erforderlich.

Die im Alukoffer verstauten Geräte sind möglicherweise beim plötzlichen Auftauchen eines Motivs nicht schnell genug zur Hand. Deshalb sollte wenigstens eine der Kameras immer griffbereit liegen, in einer Tragetasche vor Spritzwasser und Zerkratzen geschützt.

Trotz aller Vorsicht kann unvermutet auftretendes Spritzwasser dennoch Schaden anrichten. Bei der Landung an einem Sandstrand schlug mir eine besonders große Brandungswelle das Schlauchboot voll. Der Kamerabeutel wurde völlig durchnäßt. Leica und Filmkamera hatten dabei Salzwasser abbekommen. Ich fuhr sofort zum Boot zurück und wusch die nassen Stellen mehrmals und gründlich mit Süßwasser. Da kein Salzwasser in die Geräte eingedrungen war und ich das Süßwasser nach der Reinigung sofort und sorgfältig abtrocknete, haben beide Kameras überlebt.

Die Fototasche war natürlich unbrauchbar geworden, denn auch die sorgfältigste Trocknung nützt nichts. Salzkristalle setzen sich im Gewebe fest und ziehen bei jeder Gelegenheit, besonders nachts, Feuchtigkeit aus der Luft an, die sich dann zerstörend auf das in der Tasche aufbewahrte Gerät auswirkt. Deshalb sind zum Beispiel Ledertaschen ungeeignet auf einem Boot. Ein Kunststoffbeutel könnte vielleicht in Süßwasser gewaschen werden.

Ich habe schon so hoffnungslos vergammelte Kameras an Bord

von Yachten gesehen, meist preisgünstige japanische Modelle, daß ich nur raten kann, entweder eine qualitativ hochwertige Fotoausrüstung mit allem notwendigen Zubehör und entsprechenden Behältern auf die große Reise mitzunehmen, oder aber eine ganz einfache Automatik-Kamera, die bei Verlust leicht zu ersetzen ist.

Eine mehrjährige Reise in fremde Länder und Erdteile wird dem Fotoamateur in jedem Fall eine so große Zahl aufregender und interessanter Motive bescheren, daß es sich bestimmt lohnt, für die Fotografie und die Pflege der Geräte etwas Zeit und Geduld aufzuwenden.

Meine Fotoausrüstung:
   Zwei Leica-R 4-Gehäuse mit sieben verschiedenen Objektiven, Motor-Drive R 4, elektronisches Steuergerät
   Leica M 4 mit fünf Objektiven
   Nikonos IV A Unterwasserkamera
   Velbon-Stativ
   Filmmaterial: Kodachrome 64 und Kodacolor 100 und 200

GESUNDHEIT

Sind Sie denn nie krank geworden?« werde ich oft gefragt. Und ebenso häufig antworte ich, daß ich auf See keine ernsthaften Gesundheitsprobleme hatte. Ebensowenig wie die meisten anderen Hochseesegler.

Der menschliche Körper ist von der Natur für Belastungen geschaffen. Belastungen körperlicher Art stärken seine Abwehrkräfte, die ihn vor Krankheiten schützen. So haben wir in den sechzehn Tagen nach der Kenterung im Nordmeer, als wir uns in der eisigen Kälte stündlich am Ruder abwechseln mußten, nicht einmal einen Schnupfen bekommen!

In der modernen Industriegesellschaft hingegen wird alles dafür getan, Belastungen zu vermeiden, in der wohlgemeinten Absicht, das Leben leichter zu machen. Von der geheizten Wohnung gelangt man mit dem Aufzug in die ebenfalls geheizte Tiefgarage und dann ins Auto. Eine halbe Stunde Fahrt, dann in die nächste Tiefgarage, Aufzug und ins vollklimatisierte Büro. Telefon und Computer ersetzen per Knopfdruck die früher notwendigen Gänge, so daß sich auch der Bürotag auf dem Sessel abspielt. Nach Feierabend wieder Autofahrt und Wohnung. Schließlich Abendessen und Entspannung beim Fernsehen. Beim geringsten Anzeichen des Unwohlseins führt der Weg zum Arzt und dann mit möglichst vielen Tabletten nach Hause. Keine Arbeit mehr, keine Belastung, die sehr wohl helfen könnte, den Ausbruch einer Krankheit zu verhindern.

Ist es unter solchen Umständen ein Wunder, daß der verwöhnte Körper den Belastungen durch Bakterien, die ihn angreifen, immer weniger gewachsen sein wird?

Eine Weltumsegelung ist zwar kein ewiger Jungbrunnen, aber ich war an Bord weitaus seltener krank als bei meinen jeweiligen Landaufenthalten nach den Reisen. Unterwegs hielt ich mich an einige wenige Vorsichtsregeln:

1. Ich hatte eine gut sortierte Bordapotheke zusammenge-stellt. Wichtig: Erste-Hilfe-Ausrüstung, Salben gegen Prellun-gen, Antibiotika, verschiedene Spezialmittel gegen tropische Pilzinfektionen, Malariatabletten, Mittel gegen Darminfek-tionen, Mückenschutz zum Einreiben, jede Art von Mücken-abwehrmitteln, provisorische Zahnfüllung und Mikropur zur Desinfektion des Trinkwassers im Tank.

2. Ich habe die Sonne gemieden, meist eine Kopfbedeckung und vor allem luftdurchlässige Baumwollkleidung getragen.

3. Ich war vorsichtig mit einheimischen Gerichten und habe mög-lichst nicht in Restaurants gegessen. Ich glaube, daß ich mir durch das konsequente Einhalten dieser Regel so manche In-fektion erspart habe. Angelika, die sich für die einheimische Küche weit mehr begeistern konnte als ich, hatte zweimal mit hohem Fieber und Durchfall zu kämpfen.

4. Ich habe regelmäßig Vitaminpräparate wie Optovit E und Vit-amin-C-Tabletten eingenommen, um so das Fehlen von fri-scher Kost, insbesondere auf See, auszugleichen.

5. Als Nachschlagewerk empfiehlt sich ein leicht verständliches Gesundheitslexikon.

Sicher könnte man diese Liste noch beliebig verlängern. Doch eine Aneinanderreihung von Regeln halte ich für wenig sinnvoll. Vielmehr möchte ich die oft übertriebenen Ängste vor Krankhei-ten auf langen Reisen eher etwas beschwichtigen. Ich habe Bur-schen getroffen, die sich Dreck in jede Wunde schmierten, um damit, wie sie sagten, die Abwehrkräfte des Körpers zu mobilisie-ren!
Sie haben überlebt.

FACHWÖRTERVERZEICHNIS

achtern – hinten
Achterschiff – der hintere Teil eines Schiffes
aufschießen – Tauwerk richtig legen, aufrollen
auftuchen – sorgfältiges Auflegen des Segels auf den Baum
ausbaumen – mit Hilfe eines Baumes das Vorsegel ausspreizen
Autopilot – s. Anhang »Navigation«

Backbord – die linke Seite eines Schiffes
Backskiste – Kasten in einer Sitzbank zum Verstauen von Gegenständen
Bändsel – dünnes und kurzes Ende zum Befestigen
Baum – Holzbalken oder Metallrohr, an dem die Unterkante des Segels befestigt ist
Barkasse – robustes, größeres Verkehrsboot mit Motorantrieb für den Hafenverkehr
Barograph – Barometer-Schreiber. Schreibt die Luftdruckwerte auf Millimeterpapier
Bastlasching – Bastwicklung
Besan – das hintere Segel auf mehrmastigen Schiffen
Bilge – tiefste Stelle im Schiffsrumpf, in der sich eingedrungenes Wasser sammelt
Block – Scheibe, Rolle, über die ein Tau oder eine Leine geführt wird
Bug – das vordere Ende eines Schiffes
Bugkorb – Reling aus Stahl zur Sicherung beim Segelsetzen
Bullauge – meist rundes, wasserdicht verschließbares Fenster in der Bordwand
Bunkern – Einfüllen von Treibstoff

Cockpit – der im hinteren Teil des Bootes liegende offene Sitzraum

Deckshaus – bei größeren Yachten auf Deck stehender Aufbau
Dichtholen – Durchsetzen, Anziehen einer Schot, mit der das Segel bedient wird
Dingi – kleines Beiboot
driften – treiben, abtreiben
Dümpeln – unregelmäßiges Geschaukel bei Windstille oder am Ankerplatz
Dünung – Wellenbewegung des Wassers, die von einem nachlassenden oder nicht mehr vorhandenen Wind hervorgerufen wurde

Echolot – elektronisches Gerät zur Bestimmung der Wassertiefe mit Hilfe des Schalls

Fall – Kunststofftauwerk oder Stahlseil zum Setzen eines Segels
Fangleine – Leine zum Festmachen eines Dingis oder Schlauchbootes
Fender – aus Plastik oder Faser hergestellter Ballon, der die Schiffswand vor Beschädigung schützt
Festmacher – Leine zum Festmachen des Bootes
Funkfeuer – Funksender in Küstennähe
Fock – Vorsegel, welches vor dem Mast steht

Großfall – das Fall zum Setzen des Großsegels
Großmast – der große Hauptmast eines Bootes
Großsegel – auf einer Yacht das am Großmast gesetzte Segel

hoch am Wind – ein Boot im spitzen Winkel zur Windrichtung segeln lassen, in der Regel 40 bis 50 Grad
Huk – Vorsprung an einer Küste

Kajüte – der geschlossene Wohn- und Schlafraum unter Deck (Salon)
kardanische Aufhängung – bewegliche Aufhängung, hält Herd und Kompaß im Seegang in ebener Lage
Kimm – Horizont
Klampe – Beschlag zum Befestigen von Leinen
Knoten – Geschwindigkeit eines Schiffes, angegeben in zurückgelegten Seemeilen pro Stunde

Koje – fest eingebauter Schlafplatz an Bord
Kompaßrose – Scheibe zur Bezeichnung von Richtungsangaben (360-Grad-Teilung)

Landfall – das Erreichen der Küste nach einer längeren Seereise
Lee – Richtung, in die der Wind weht
Leine – Sammelbezeichnung für alle Arten von Tauwerk an Bord
lenzen – Wasser ausschöpfen
Luv – Richtung, aus der der Wind weht

Monsun – jahreszeitlich bedingter Wind, der Winter und Sommer in entgegengesetzten Richtungen weht

Niedergang – Treppe an Bord eines Schiffes

Pantry – Kücheneinrichtung an Bord
Passat – durch die Erdumdrehung hervorgerufener Wind, der ganzjährig aus der gleichen Richtung weht
Peilung – Richtungsbestimmung
Persenning – Schutzbezug aus Segeltuch
Pier – Anlegebrücke für Schiffe
Poller – meist eiserner Pfahl zum Festmachen von Leinen an Land oder an einer Pier
Positionslampen – weiße, rote und grüne Lampen, die nachts die Fahrtrichtung eines Schiffes erkennen lassen
pullen – rudern, Bewegen eines Bootes mit zwei Riemen

reffen – die Segelfläche durch Falten verkleinern
Rettungsinsel – aus Gummi oder Kunststoff gefertigtes Schlauchboot mit Zeltdach, das verpackt an Deck befestigt ist und sich nach Betätigung einer Reißleine selbständig aufblasen kann
Riemen – Ruderriemen (vom Laien meist als »Ruder« bezeichnet) zur Fortbewegung eines Ruderbootes
Rigg – die Takelage, d. h. Mast, Stage und Wanten, einschließlich des beweglichen Tauwerks
Rollen – seitliche Bewegung um die Längsachse des Bootes
Ruder – das Steuer eines Bootes
Rumpf – Bootskörper

Saling – Querstreben am Mast

schamfilen – scheuern, reiben

Sargasso-See – das windarme und zum Teil mit gelbem Sargasso-kraut bedeckte Seegebiet im Nordatlantik

Schäkel – U-förmiger Bügel aus Stahl oder Bronze zum Verbinden von Blöcken, Leinen, Segeln, Ketten

Schapp – kleines Fach im Boot

Scheuerleiste – Leiste um das Boot zum Schutz der Außenhaut

Schiebeluk – ein Luk, welches nicht durch Klappen, sondern durch Schieben geöffnet wird

Schot – Leine, mit der ein Segel in die richtige Stellung zum Wind gebracht wird

Schwell – Dünung, die in einen Hafen hineinläuft oder durch vorbeifahrende Schiffe entsteht

Schwengel – Hebel zur Handhabung

Seegang – die durch den gegenwärtigen Wind erzeugten Wellen

Seehandbuch – amtliches Handbuch mit Beschreibung der verschiedenen Küsten, Küstengewässer und Häfen

Seekarte – Karte, auf der die Wassertiefe sowie die Beschaffenheit des Meeresgrundes (Felsen etc.) dargestellt sind

Seemeile – sm, eine Bogenminute auf dem Gradsystem der Erde = 1,852 km

Sextant – Winkelmeßgerät für die Schiffsortbestimmung. Mit ihm wird der Winkel zwischen Gestirn und Horizont gemessen

Skipper – Kapitän einer Yacht

Slip – Schiene oder schräge Bahn, auf der ein Boot aus dem Wasser gezogen wird

Spitzgatter – Boot, bei dem das Heck ebenso wie der Bug spitz zuläuft

Steckschott – eine Türe, die eingesteckt wird, um den Eingang zur Kajüte zu schließen

Steuerbord – rechte Seite eines Bootes

Steuersäule – bei einer Radsteuerung die Halterung für das Steuerrad, die im Cockpit steht und oben den Steuerkompaß trägt

Steven – Bezeichnung des vorderen oder hinteren Teils des Schiffes

Stevenbeschlag – Bugbeschlag auf dem Steven

Süll – eine wasserabweisende Umrandung

Takelage – Mast, Bäume, Segel und alles stehende und laufende Gut

Tampen – auch Ende genannt, ein Stück geflochtenes Tauwerk (Leine)

Tide – Gezeiten (Ebbe und Flut)

Trosse – schwere Leine

Verholen – Verlegen eines Schiffes an einen anderen Liegeplatz

verzurren – mit einer Leine befestigen

Vorschiff – der vordere Teil des Schiffes

Vorstag – das Stahlseil, welches den Mast von vorne, also vom Bugbeschlag aus hält

Want(en) – Stahltauwerk zum seitlichen Abstützen des Mastes

Wende – Kursänderung, bei der das Boot mit dem Bug durch den Wind dreht und die Segel auf die andere Seite übergehen

Windfahne – Selbststeuerungsanlage, die über ein kleines Segel oder Platte (Windfahne) vom Wind bedient wird und ein Schiff bei gleichbleibenden Winden auf Kurs hält

Windhutze – ein mit breiter Öffnung geformter, drehbarer Lüfterkopf, der für Frischluft unter Deck sorgt

Winsch – eine Winde

LITERATUR

Bligh, William: A Voyage to the South Sea, Sydney 1979; Mutiny, London 1978

Eibl-Eibesfeldt, Irenäus: Galapagos, München 1960

Forster, Georg: Entdeckungsreise nach Tahiti und in die Südsee, Basel 1979

Friedel, Michael: Inseln zwischen Paradies und Hölle, Wien 1978

Heyerdahl, Thor: Aku-Aku, Oslo 1957

Langdon, Robert: The Lost Caravel, Sydney 1975

Maclean, Alistair: Captain Cook, London 1972

Michener, James A.: Verdammt im Paradies, München 1979

Overhoff, Julius: Südsee, München 1978

Reche, E.: Tangaloa, München 1926

Ritter, Friedrich: Als Robinson auf Galapagos, Berlin 1931

Stingl, Miloslav: Mein polynesisches Abenteuer, Berlin 1981

Treherne, John: The Galapagos Affair, New York 1983

Wittmer, Margret: Postlagernd Floreana, Frankfurt 1959

Ziehr, Wilhelm: Hölle im Paradies, Düsseldorf 1973

Pacific Islands Year Book, Sydney 1978

Bitte beachten Sie
auch die folgenden Seiten:

Maritimes im Ullstein Buch

Shane Acton
Shrimpy (22633)

Frank Adam
Hornblower Bolitho & Co.
(22809)

Bill Beavis
Anker mittschiffs! (20722)

Ernle Bradford
Großkampfschiffe (22349)

Dieter Bromund
Kompaßkurs Mord! (22137)
Ein Mann mit stillem Kielwasser
(22665)

Fritz Brustat-Naval
Kaperfahrt zu
fernen Meeren (20637)
Die Kap-Hoorn-Saga (20831)
Im Wind der Ozeane (20949)
Windjammer auf großer Fahrt
(22030)
Um Kopf und Kragen (22241)

L.-G. Buchheim
Das Segelschiff (22096)

Svante Domizlaff
Yachten im Orkan (22724)

Gerd Engel
Florida-Transfer (22015)
Münchhausen im Ölzeug
(22138)
Einmal Nordsee linksherum
(22286)
Sieben-Meere-Garn (22524)

Wilfried Erdmann
Der blaue Traum (20844)

Horst Falliner
Brauchen Doktor
an Bord! (20627)
Ganz oben auf dem
Sonnendeck (20925)

Gorch Fock
Seefahrt ist not! (20728)

Cecil Scott Forester
11 Romane um
Horatio Hornblower
Die letzte Fahrt der Bismarck
(22430)

Rollo Gebhard
Ein Mann und sein Boot (22055)

**Rollo Gebhard/
Angelika Zilcher**
Mit Rollo
um die Welt (20526)

Kurt Gerdau
Keiner singt ihre Lieder
(20912)
La Paloma, oje! (22194)
Große Freiheit See (22616)
Tatort Hochsee (22946)

Michael Green
Ruder hart links! (22617)
Ruder hart rechts! (22681)

Alexander Kent
18 marinehistorische
Romane um Richard
Bolitho und 21 moderne
Seekriegsromane

Wolfgang J. Krauss
Seewind (20282)
Seetang (20308)
Kielwasser (20518)
Ihr Hafen ist die See (20540)
Nebel vor
Jan Mayen (20579)
Wider den Wind
und die Wellen (20708)
Von der Sucht
des Segelns (20808)
Weite See (22862)

Klaus-P. Kurz
Westwärts wie die Wolken
(22111)

Hannes Lindemann
Allein über den Ozean (23062)

Sam Llewellyn
Laß das Riff ihn töten (22067)
Ein Leichentuch aus Gischt
(22230)
Schuß in die Sonne (22417)

Nordhoff / Hall
Die Meuterei auf der Bounty
2 Bde. (23031 und 23032)

C. N. Parkinson
Horatio Hornblower (22207)

Dudley Pope
Leutnant Ramage (22268)
Die Trommel schlug zum Streite
(22308)
Ramage und die Freibeuter
(22496)
Kommandant Ramage (22538)
Ramage in geheimer Mission
(22760)

Ramage – Lord Nelsons Spion
(22794)
Ramage und das Diamantenriff
(22861)
Ramage und die Meuterei
(22917)

Herbert Ruland
Eispatrouille (22164)
Seemeilensteine (22319)

Gaby Scheurer
Wir schenken uns ein Stückchen
Zeit (23048)

Rudolf Wagner
Weit, weit voraus liegt Antigua
(22390)
Kokosnüsse satt (23016)

Heide Wilts
Weit im Norden liegt Kap Hoorn
(23078)

Richard Woodmann
Kurier zum
Kap der Stürme (20585)
Der Mann
unterm Floß (20881)
In fernen Gewässern (22124)
Der falsche Lotse (22375)
Die Korvette (22559)
Unter falscher Flagge (22553)
Kutterkorsaren (22776)
Die Wette (22808)
Gezeiten in der Nacht, 2 Bde.
(22879 und 22932)

Elmo Wortmann
Auf Leben und Tod (22648)

Michael Green

Ruder hart rechts!

Kluge Ratschläge
für Fahrtensegler

Wer segelt, hat nichts zu
lachen ... Wirklich? Michael
Green beweist uns das
Gegenteil. Sein heiteres
Buch sorgt für Humor an
Bord und für ein befreiendes
Gelächter auch in den
haarigsten Situationen.

Ruder hart links!

Eine heitere
Segelanweisung

So ein Ferientrip mit alten
Freunden auf einer Charter-
yacht hat etwas Unwider-
stehliches. In diesem Buch
taucht wirklich alles auf, was
den Segelsport so beliebt
macht. Also – hart Ruder
legen und hinein ins Lese-
vergnügen!

ein Ullstein Buch